MISSION : POSSIBLE

STRATÉGIES D'AUTOCORRECTION DU FRANÇAIS

Renaud Bellemare

Beauchemin

CHENELIÈRE ÉDUCATION

Mission : *possible*
Stratégies d'autocorrection du français

Renaud Bellemare

© 2008 Groupe Beauchemin, Éditeur Ltée

Édition : Sophie Gagnon et Johanne O'Grady
Coordination : Chantal Lamarre
Révision linguistique : Maude Nepveu-Villeneuve
Correction d'épreuves : Marie Labrecque et Danielle Patenaude
Conception graphique et infographie : Nicolas Leclair (Protocole)
Illustration : Paul Bordeleau

Rédaction des activités interactives Odilon : Marc Savoie

Catalogage avant publication
de Bibliothèque et Archives nationales du Québec
et Bibliothèque et Archives Canada

Bellemare, Renaud, 1975-

   Mission : possible : stratégies d'autocorrection du français

   Comprend des réf. bibliogr. et des index

   Pour les étudiants du niveau collégial.

   ISBN 978-2-7616-5315-2

   1. Français (Langue) – Français écrit. 2. Révision de textes.
3. Français (Langue) – Grammaire. 4. Français (Langue) –
Français écrit – Problèmes et exercices. ı. Titre.

FC2420.B44 2008   448.2   C2008-940701-6

Beauchemin

CHENELIÈRE ÉDUCATION

5800, rue Saint-Denis, bureau 900
Montréal (Québec) H2S 3L5 Canada
Téléphone : 514 273-1066
Télécopieur : 514 276-0324 ou 1 800 814-0324
info@cheneliere.ca

ISBN 978-2-7616-5315-2

Dépôt légal : 2e trimestre 2008
Bibliothèque et Archives nationales du Québec
Bibliothèque et Archives Canada

Imprimé au Canada

2 3 4 5 6 M 23 22 21 20 19

Gouvernement du Québec – Programme de crédit d'impôt pour l'édition de livres – Gestion SODEC.

Ce projet est financé en partie par le gouvernement du Canada | 

Sources iconographiques

P. 83 : © Boréal 1989 ; **p. 90 :** © Just Jaeckin/Sygma/Corbis ; **p. 93 :** Gérard Schlosser, *Je la vois très peu* (détail) © ADAGP, 2004 ; **p. 97 :** © Suzanne Langevin ; **p. 109 :** © Boréal 1993. Photo de Yves Renaud ; **p. 114 :** Bibliothèque et Archives Canada : C-001125 ; **p. 119 :** *Le cochet, le chat et le souriceau*, extrait des *Fables de La Fontaine*, spectacle de Robert Wilson avec Audrey Bonnet, Comédie Française, Paris. Photo © Martine Franck / Magnum (détail) ; **p. 122 :** *Le verrou* de Jean-Honoré Fragonard © Musée du Louvre, Paris ; **p. 125 :** MISHIMA, Yukio. « Sotoba Komachi » dans *Cinq Nô modernes*, traduction Marguerite Yourcenar avec la collaboration de Jun Shiragi, Collection « Du monde entier » © Éditions Gallimard, 1991 ; **p. 136 :** © Présence africaine, 1960 ; **p. 143 :** © Éditions Albin Michel, 2007 ; **p. 149 :** Illustration de Gustave Doré ; **p. 154 :** Art romain, 1er siècle, *Tête de mort et vanités* (détail). Museo Nazionale Archeologico, Naples. Photo © Nimatallah/AKG-images ; **p. 162 :** © Culture Montréal ; **p. 166 :** Illustration : Marianne Dubuc © *L'actualité* ; **p. 170 :** Bibliothèque Nationale, Paris, France, Lauros/Giraudon/The Bridgeman Art Library ; **p. 172 :** akg-images.

*À Maude Berthiaume, pour qu'elle soit toujours fière
de lire et d'écrire en français.*

À Jules Gauthier, pour le caractère ludique de la langue.

REMERCIEMENTS

Mission: possible est le fruit d'un travail qui s'est étendu sur plusieurs années. Je tiens à témoigner ma profonde reconnaissance à tous ceux qui ont stimulé mon enseignement auprès des élèves de mise à niveau. Plus particulièrement, je remercie mon père, Yvon Bellemare, qui m'a convaincu que l'enseignement de la grammaire était une chose passionnante, mes collègues Lucie Libersan, Martine St-Pierre et Annick Trégouët, avec qui j'ai eu de riches débats sur les cours de mise à niveau, et les élèves à qui j'ai enseigné depuis 2004, qui ont accepté avec enthousiasme de se prêter à toutes sortes d'expériences en classe.

Ce projet n'aurait jamais vu le jour sans le concours de la formidable équipe qui a transformé le travail d'écriture en véritable partie de plaisir: Sophie Gagnon, Chantal Lamarre, Johanne O'Grady et Sophie Breton-Tran. Je les remercie d'avoir compris et défendu ce projet.

Enfin, j'exprime ma vive gratitude à Francis Berthiaume pour sa patience, son appui et son intérêt.

Bonjour_____,

Votre mission, *si toutefois vous l'acceptez...*

AVERTISSEMENT

Ce manuel contient de l'information ultrasecrète au sujet des missions que vous vous apprêtez à réaliser. En lisant ce texte, vous acceptez de participer à la plus importante opération qui vous sera jamais confiée: satisfaire aux exigences d'entrée en lecture et en écriture au collégial. Vous disposez de soixante heures pour vous acquitter de cette tâche.

Vous devrez faire preuve d'une grande détermination, d'initiative et de discipline pour affronter les périls qui vous guettent. Chaque fois qu'on vous confiera une mission, prenez soin de planifier l'opération et de vous entrainer suffisamment pour atteindre votre objectif. Il vous faudra maitriser le code linguistique, intégrer les connaissances que vous avez déjà acquises, parfaire vos compétences et apprendre à utiliser correctement les outils qui vous permettront de passer à travers les épreuves qui vous attendent.

Nous avons une grande confiance en vos capacités. C'est maintenant à vous de faire la preuve que vous êtes à la hauteur de notre attente. Soyez toujours sur vos gardes: les ennemis du système linguistique sont partout.

Particularités de l'ouvrage

Mission : possible est un manuel qui ne s'emploie pas de façon linéaire. Chaque chapitre regroupe des éléments qui participent à l'élaboration et à l'expérimentation de stratégies d'autocorrection du français. Ainsi, on puisera des éléments dans chacun des chapitres pour accomplir une mission. Cette structure facilite les parcours individualisés où chacun emprunte une voie particulière.

Chapitre : 001

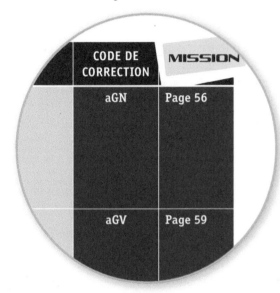

Le chapitre 001 est le point de départ vers les missions. L'**analyse des prélèvements** facilite l'identification des erreurs fréquentes. Le code de correction permet de mieux comprendre ses erreurs afin de faire face aux missions du chapitre 003, qui correspondent aux aspects linguistiques qui posent le plus souvent problème.

Chapitre : 002

Le chapitre 002 est consacré aux ouvrages de révision linguistique : dictionnaires, grammaires, précis de conjugaison et outils électroniques. On y trouve plusieurs exemples d'articles, dont chacune des composantes est expliquée à l'aide de pastilles. Cela permet de trouver plus facilement l'information qu'on cherche et de mieux comprendre les particularités de chaque ouvrage pour utiliser celui qui convient le mieux à une situation donnée.

1 **ÉON** **2** (Charles **de Beaumont**, c.
– *Londres 1810*, **4** officier et agent secre
de mission à la cour de Russie, puis à Londr
Mémoires **6** (*Loisirs du chevalier d'Éon*, 177⁴
laissa planer quant à son sexe (il portait souvent

1 **Orthographe** Dans le cas des noms de personnes, le nom patronymique (nom de famille) précède le ou les prénoms. Ici, la désignation la plus connue est un titre de noblesse qui tient lieu de pseudonyme.

4 **Défini**
mots ce qu
historiqu

5 **No**
l'esse
un

2 **Patronyme** Si la désignation
que pour une personne est

Chapitre : 003

Chacun des codes utilisés pour la correction fait l'objet d'un **itinéraire d'autocorrection** auquel on parvient après avoir identifié ses missions dans le chapitre 001. Le chapitre 003 présente donc la règle ou le principe général, quelques pièges à éviter et une liste des erreurs fréquentes. Chaque erreur fréquente fait l'objet d'exercices interactifs Odilon, qui permettent de s'entrainer avant de se lancer dans les situations d'écriture du chapitre 004. Il est facile de choisir les exercices qui font partie de l'entrainement en cochant les notions à approfondir. L'enseignant peut également assurer le suivi qui s'impose pour encadrer l'étudiant quant à sa maitrise du code linguistique.

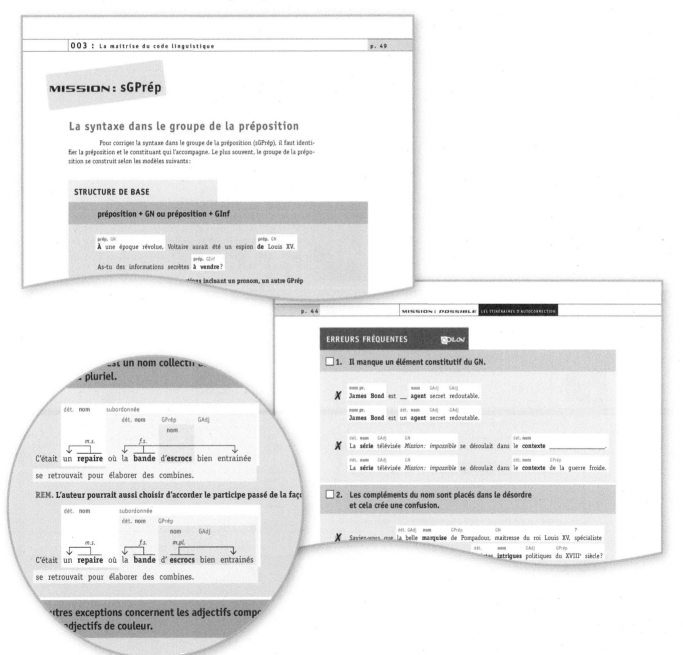

Chapitre : 004

Un ensemble diversifié de textes courants et littéraires constitue le point de départ d'une intégration des objectifs du cours. Le **genre** de chacun des textes est mis en valeur pour en marquer les principales caractéristiques formelles. L'**auteur** et l'**œuvre** dont l'extrait est tiré font l'objet d'une présentation qui permet de situer le texte dans le temps. La rubrique « **En action** » propose cinq situations d'écriture qui succèdent à la lecture d'un texte : ce sont autant d'occasions d'éprouver les stratégies d'autocorrection. « **Sur la même piste** » propose quelques œuvres écrites ou cinématographiques apparentées à l'extrait pour ceux et celles qui ont envie de poursuivre leurs découvertes.

---

004 : Situations de lecture et d'écriture   **p. 93**

Sa femme
Emmanuèle Bernheim

Texte
narratif

Le **roman** est un récit en prose d'une certaine longueur qui raconte l'histoire fictive de personnages qui évoluent dans un univers ressemblant à la réalité. C'est un genre littéraire qui se présente sous des formes très variées puisqu'il témoigne d'une longue tradition qui a su évoluer et se renouveler depuis le Moyen Âge.

Présentation de l'œuvre

Emmanuèle Bernheim (1955-...) est une auteure et une scénariste française. Elle a entre autres remporté le prestigieux prix Médicis en 1993 pour le roman *Sa femme* et a participé à l'écriture des scénarios *Sous le sable, Swimming Pool* et *5 x 2* avec François Ozon.

Son style dépouillé, exempt de subjectivité et de sentimentalité, détonne avec le propos de ses romans. Ici, elle raconte l'histoire de Claire, une médecin, éprise de Thomas, un homme marié. C'est le récit d'un adultère qui bouleverse le lecteur par la description presque clinique des comportements humains.

Mise en contexte

Claire est médecin. Elle vit pratiquement dans son cabinet, qui communique avec son appartement. La routine s'installe avec Michel, son amant qu'elle a quitté deux ans plus tôt, mais qu'elle voit encore plusieurs fois par semaine. Un jour, en passant devant un chantier de construction, elle rencontre Thomas Kovacs, un entrepreneur. Ils se fréquentent entre les consultations de Claire. Elle sait que leur relation est impossible, car il est marié et probablement amoureux de sa femme...

Sa femme   Sa femme   Sa femme   Sa femme   Sa femme   Sa femme   Sa femme   Sa femme

Quelle que soit l'heure à laquelle il arrivait, Thomas restait une heure et quart chez Claire. Jamais plus, rarement moins.

Un jour, elle débrancha son magnétoscope et sa cafetière électrique et dissimula son réveil dans le tiroir de la table de nuit. Ainsi Thomas n'aurait plus aucun moyen de connaître l'heure et il resterait plus longtemps.

5 Lorsqu'il sonna à la porte, avant d'aller lui ouvrir, Claire regarda l'heure à sa montre et la rangea dans son sac.
Il était huit heures moins vingt-cinq.

Ils étaient allongés côte à côte.

10 Claire écoutait le souffle de Thomas. Pour la première fois, oubliant l'heure, il s'endormirait peut-être auprès d'elle. Elle ne bougeait pas. Sa peau devenait moite aux endroits où leurs corps se touchaient. Elle ferma les yeux. Ils passeraient la nuit ensemble et, demain, ils prendraient leur petit déjeuner ensemble. Thomas mangeait

---

Il pleut sur N...
55 Et je me souviens
Le ciel de Nantes
Rend mon cœur chagrin³.

EN ACTION

1. Relevez toutes les informations qui vous permettent de vous repr...
   À partir de ces passages et d'éléments que vous imaginerez, écrivez...

2. En vous appuyant sur des passages de la chanson qui vous paraissen...
   le souci du détail l'émotion que vous avez ressentie à la lecture de « N...

3. Dans cette chanson, Barbara emploie un évènement personnel pour tou...
   vous que le fait d'utiliser un évènement intime pour créer produit des œ...
   Justifiez votre point de vue à partir d'extraits que vous relèverez dans ...

4. Barbara choisit délibérément de susciter la curiosité par rapport à la m...
   progressivement qu'elle révèle son identité pour créer une montée dra...
   moment où elle précise : « Mon père, mon père. » Montrez-le en vous...
   forme, ensuite sur le contenu de la chanson.

5. Relatez, en ordre chronologique, les évènements dont il est question...
   de Barbara.

SUR LA MÊME PISTE

Les chansons de Georges Brassens (1921-1981), de Jacques B...
(1927-...) et d'Anne Sylvestre (1934-...) ont marqué la mê...

« Dis, quand reviendras-tu ? », « À mourir pour mou...
...mour » sont des chansons incontournable...
...eur (1971) de...

Chapitre : 005

Le chapitre 005 regroupe des **trousses de survie** qui présentent de façon synthétique des notions méthodologiques et littéraires préparatoires aux cours de la formation générale. On y a recours de façon ponctuelle, comme on consulte un guide ou un aide-mémoire lorsqu'on écrit. D'ailleurs, plusieurs des situations d'écriture proposées au chapitre 004 s'appuient sur les notions abordées dans les trousses. Chacune est résumée et, lorsque c'est nécessaire, un exemple concret est proposé. L'ensemble des trousses constitue un excellent complément aux notes de cours des étudiants.

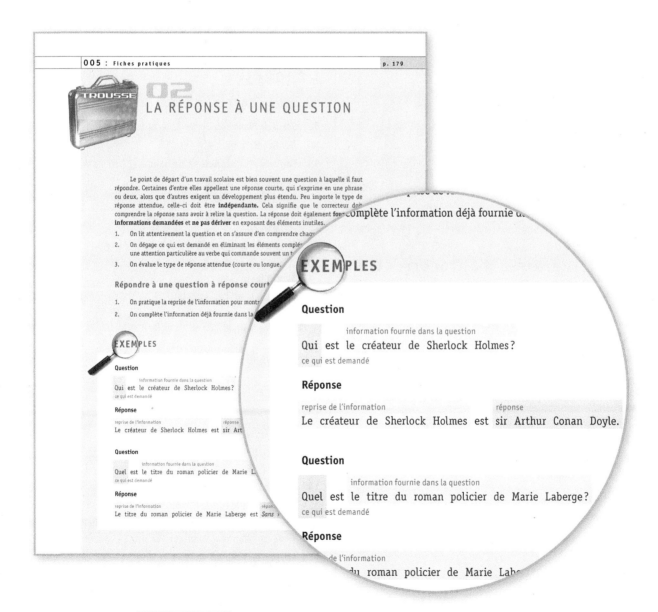

Mission: possible applique les rectifications orthographiques sauf, pour des raisons légales, dans les extraits qui ont été reproduits dans le chapitre 004.

Table des matières

Chapitre 005 :
Trousse de survie

Fiches pratiques

PARTIR
EN MISSION

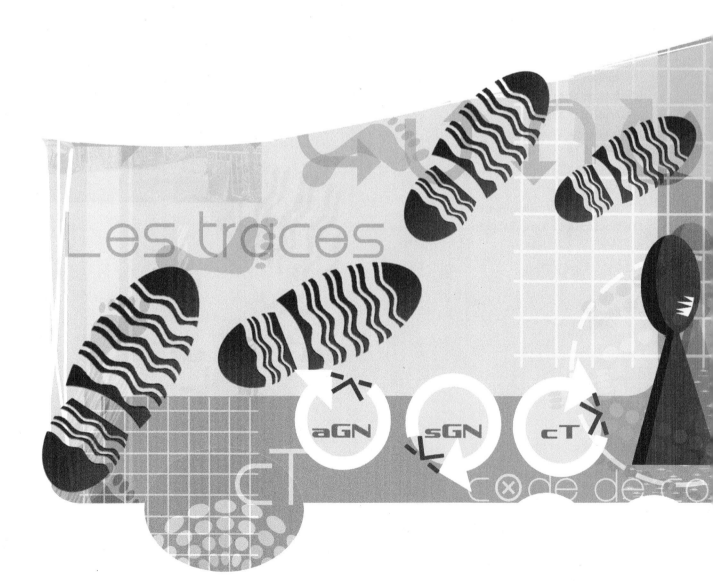

Les stratégies d'autocorrection de la langue

L'autocorrection de la langue demande beaucoup d'autonomie et de connaissances. Elle exige également la mise en pratique d'une stratégie qui permet de décortiquer et de hiérarchiser les éléments d'un texte de manière à porter une attention particulière aux aspects qui posent le plus souvent problème. Malheureusement, il n'existe pas qu'une seule stratégie d'autocorrection qui conviendrait à tous les scripteurs.

Le présent chapitre regroupe les outils qui accompagneront, avec l'aide d'un professeur, l'élaboration d'une stratégie d'autocorrection efficace, parce qu'adaptée à des besoins individuels. Cette stratégie s'appuie sur des connaissances déjà acquises au secondaire tout en attirant l'attention sur les compétences linguistiques à parfaire à l'entrée au collégial.

Une analyse des erreurs linguistiques qui se trouvent dans les textes permet, entre autres, de révéler les erreurs les plus fréquentes et d'orienter le travail d'autocorrection. La prise de conscience de ces erreurs constitue le point de départ de la démarche. Ensuite, le bilan des connaissances permet de mettre en relief les lacunes et de les combler. Enfin, un retour est effectué pour assurer, d'une part, le caractère permanent des progrès et, d'autre part, la pertinence de la stratégie.

Le chapitre permet également de constater les progrès au fil de la session et ainsi d'avoir une vue d'ensemble, un portrait du travail accompli.

Le code

Pour faciliter l'identification des aspects linguistiques qui posent problème, les erreurs sont codées. Chacun des codes correspond à un type d'erreur et, parfois, une précision quant à la nature de l'erreur est apportée. L'objectif de ce code de correction est d'abord d'éviter la multiplication des codes qui ne permettent pas une vue d'ensemble des difficultés, ensuite de vous diriger vers un ensemble de notions grammaticales interdépendantes.

Pour chaque type d'erreur, un programme qui rassemble des notions et des exercices est proposé pour parfaire vos compétences. Il s'agit d'une véritable mission d'autocorrection.

CODE DE CORRECTION

TYPE D'ERREUR		ERREURS FRÉQUENTES	CODE DE CORRECTION	MISSION
SYNTAXE	dans le groupe du nom	• Il manque un élément constitutif du GN. • Les compléments du nom sont placés dans le désordre et cela crée une confusion. • Il y a une confusion homophonique dans le cas du déterminant.	sGN	Page 42
	dans le groupe du verbe	• L'auxiliaire de conjugaison n'est pas bien choisi. • Les compléments du verbe sont mal ordonnés. • La transitivité du verbe n'est pas respectée. • Les pronoms compléments du verbe sont fautifs ou absents. • Il manque un adverbe de négation ou il y a double négation. • Il y a une confusion homophonique dans le cas des pronoms compléments du verbe ou du verbe lui-même.	sGV	Page 45
	dans le groupe de la préposition	• La préposition est inappropriée. • Il y a absence de préposition. • Il y a une confusion homophonique dans le cas des prépositions.	sGPrép	Page 49
	dans la phrase	• Il manque un constituant obligatoire de la phrase de base. • Il y a une erreur dans la transformation d'une phrase. • La phrase est subordonnée sans la phrase matrice. • Le pronom relatif est inapproprié. • La phrase est illisible. • Il y a une confusion homophonique dans le cas des pronoms relatifs ou des conjonctions.	sP	Page 51

TYPE D'ERREUR		ERREURS FRÉQUENTES	CODE DE CORRECTION	MISSION
ACCORD	dans le groupe du nom	• L'accord du déterminant, de l'adjectif ou du participe passé employé seul est fautif ou absent. • Le pronom de reprise ne correspond pas à son antécédent. • Le genre et le nombre du nom noyau sont inadéquats.	aGN	**Page 56**
	dans le groupe du verbe	• Le verbe ou l'auxiliaire de conjugaison n'est pas accordé avec le sujet. • Le participe passé ou l'attribut n'est pas accordé. • Le participe présent ou l'infinitif invariables sont accordés.	aGV	**Page 59**
	dans le groupe de l'adverbe	• Un adverbe invariable est accordé. • Il y a un mauvais accord dans l'un des cas particuliers de *tout* lorsqu'il est adverbe.	aGAdv	**Page 63**
CONJUGAISON		• Un verbe est bien accordé, mais est mal conjugué.	C	**Page 65**
ORTHOGRAPHE D'USAGE		• Un mot est mal orthographié. • Il y a un problème avec les signes auxiliaires. • Un mot est mal abrégé.	U	**Page 67**
PONCTUATION		• Un signe de ponctuation est absent ou fautif. • Il y a un mauvais usage des majuscules et des minuscules. • Un signe d'encadrement est absent.	P	**Page 69**
LEXIQUE		• Une expression ou un mot est un anglicisme. • Une expression ou un mot n'a pas de sens. • Le registre de langue ne convient pas à la situation d'énonciation. • Un mot n'existe pas.	L	**Page 73**
COHÉRENCE	logique	• Un organisateur textuel ne convient pas. • Il y a absence d'organisateur textuel. • Il y a rupture textuelle.	cL	**Page 75**
	temporelle	• La concordance des temps est inadéquate. • Il y a absence ou abus ou incohérence dans l'utilisation des organisateurs temporels.	cT	**Page 77**

Les traces

Les missions qui vous seront confiées correspondent aux problèmes les plus fréquents que vous rencontrez lorsque vous écrivez. Quand vous recevrez un texte corrigé, vous en ferez l'analyse en relevant les codes qui y sont inscrits pour compléter le tableau intitulé « Analyse des prélèvements* ». En tenant compte de votre progression et du type d'erreur le plus récurrent, vous ciblerez alors une mission qui consistera à réduire de manière substantielle le nombre de fautes liées à ce type d'erreur. Vous inscrirez le code correspondant à chacune des missions au bas du tableau△.

Pour chacune des missions, vous vous appliquerez en premier lieu à élaborer un plan tactique en remplissant la colonne « avant » du tableau intitulé « Planification et évaluation des stratégies d'autocorrection ». Cette étape est cruciale, car elle vous permet de rassembler ce dont vous aurez besoin pour accomplir votre mission.

En second lieu, différentes épreuves vous seront proposées dans le cadre du cours. Vous devrez mettre en pratique votre plan tactique dans le contexte de différentes situations d'écriture. Vous devrez, à l'issue de cette mission, prouver que vous avez atteint vos objectifs en réduisant – ou même en éradiquant – les fautes qui correspondent au code de correction. Vous choisirez vous-même le texte qui sera évalué et votre correcteur tiendra compte de la mission que vous avez ciblée.

Vous reprendrez alors la même démarche à partir de votre texte corrigé, en faisant son analyse. Vous pourrez également remplir la colonne intitulée « après » du tableau « Planification et évaluation des stratégies d'autocorrection ». Vous aurez peut-être à ajuster le tir...

Attention ! Soyez toujours sur vos gardes, car vos missions sont cumulatives !

ANALYSE DES PRÉLÈVEMENTS

TYPE D'ERREUR		CODE
SYNTAXE	dans le groupe du nom	sGN
	dans le groupe du verbe	sGV
	dans le groupe de la préposition	sGPrép
	dans la phrase	sP
ACCORD	dans le groupe du nom	aGN
	dans le groupe du verbe	aGV
	dans le groupe de l'adverbe	aGAdv
CONJUGAISON		C
ORTHOGRAPHE D'USAGE		U
PONCTUATION		P
LEXIQUE		L
COHÉRENCE	logique	cL
	temporelle	cT
NOMBRE TOTAL D'ERREURS		
NOMBRE DE MOTS DANS LE TEXTE		
TOTAL / 500 MOTS = (nombre de fautes x 500) ÷ nombre de mots		

---

* Pour chacun des codes, vous relevez le **nombre d'erreurs**, ce qui permet de cibler le type d'erreur le plus fréquent.

△ Il permet également d'observer votre amélioration liée à la maitrise de la langue.

 **Code correspondant aux erreurs les plus fréquentes dans le texte**

TEST DIAGNOSTIQUE	DATES DE REMISE DES TRAVAUX DÉCOMPTE DES ERREURS POUR CHACUN DES CODES					
	/ /	/ /	/ /	/ /	/ /	/ /

MISSION					
1	2	3	4	5	6

Le plan tactique

Avant une mission d'autocorrection, il convient de définir les moyens qui seront mis en œuvre pour atteindre l'objectif. Il faut d'abord faire le bilan des connaissances liées à l'objet de votre mission. Ensuite, vous dressez la liste de l'équipement nécessaire à votre réussite (grammaire, exercices, dictionnaire, etc.) et établissez des besoins particuliers ou formulez des commentaires liés à votre mission (rencontrer votre professeur, travailler en équipe, exprimer votre motivation, etc.). Il vous faut enfin élaborer une stratégie concrète qui permettra de réduire, voire d'éliminer les erreurs correspondant au code de correction qui fait l'objet de votre mission.

MISSION 1
CODE

AVANT

BILAN DES CONNAISSANCES

Inscrivez ce que vous savez déjà à propos de votre mission.

ÉQUIPEMENT NÉCESSAIRE À LA RÉUSSITE DE LA MISSION

Faites la liste des outils dont vous pensez avoir besoin pour relever votre mission.

BESOINS PARTICULIERS OU COMMENTAIRES

Exprimez-vous au sujet de la mission, notamment en nommant des besoins qui ne sont pas matériels.

STRATÉGIE POUR RÉDUIRE LES ERREURS RELATIVES À LA MISSION

Précisez, étape par étape, ce que vous ferez pour réaliser votre mission.

Après la mission, il faut faire un rapport en reprenant chacune des rubriques pour rendre compte de ce qui a réellement été fait. Il vous est alors possible de tenir compte des bons coups et des embuches qui ont marqué votre mission et de les prendre en considération dans les missions ultérieures.

PLANIFICATION ET ÉVALUATION DES STRATÉGIES D'AUTOCORRECTION

APRÈS

Inscrivez ce que vous avez appris.

_____

_____

_____

_____

Faites la liste des outils dont vous aurez besoin pour continuer à vous corriger.

_____

_____

Exprimez-vous au sujet de la mission que vous venez d'accomplir.

_____

_____

Apportez quelques modifications à la stratégie à laquelle vous aviez pensé avant d'entreprendre votre prochaine mission.

_____

_____

MISSION 2

CODE _____

AVANT

BILAN DES CONNAISSANCES

Inscrivez ce que vous savez déjà à propos de votre mission.

_____
_____
_____
_____

ÉQUIPEMENT NÉCESSAIRE À LA RÉUSSITE DE LA MISSION

Faites la liste des outils dont vous pensez avoir besoin pour relever votre mission.

_____
_____
_____
_____

BESOINS PARTICULIERS OU COMMENTAIRES

Exprimez-vous au sujet de la mission, notamment en nommant des besoins qui ne sont pas matériels.

_____
_____
_____
_____

STRATÉGIE POUR RÉDUIRE LES ERREURS RELATIVES À LA MISSION

Précisez, étape par étape, ce que vous ferez pour réaliser votre mission.

_____
_____
_____
_____

PLANIFICATION ET ÉVALUATION DES STRATÉGIES D'AUTOCORRECTION

APRÈS

Inscrivez ce que vous avez appris.

_____

_____

_____

_____

Faites la liste des outils dont vous aurez besoin pour continuer à vous corriger.

_____

_____

_____

_____

Exprimez-vous au sujet de la mission que vous venez d'accomplir.

_____

_____

_____

_____

Apportez quelques modifications à la stratégie à laquelle vous aviez pensé avant d'entreprendre votre prochaine mission.

_____

_____

_____

_____

MISSION 3

CODE _____

AVANT

BILAN DES CONNAISSANCES

Inscrivez ce que vous savez déjà à propos de votre mission.

_____

_____

_____

_____

_____

ÉQUIPEMENT NÉCESSAIRE À LA RÉUSSITE DE LA MISSION

Faites la liste des outils dont vous pensez avoir besoin pour relever votre mission.

_____

_____

_____

_____

_____

BESOINS PARTICULIERS OU COMMENTAIRES

Exprimez-vous au sujet de la mission, notamment en nommant des besoins qui ne sont pas matériels.

_____

_____

_____

_____

STRATÉGIE POUR RÉDUIRE LES ERREURS RELATIVES À LA MISSION

Précisez, étape par étape, ce que vous ferez pour réaliser votre mission.

_____

_____

_____

_____

PLANIFICATION ET ÉVALUATION DES STRATÉGIES D'AUTOCORRECTION

APRÈS

Inscrivez ce que vous avez appris.

_____

_____

_____

_____

Faites la liste des outils dont vous aurez besoin pour continuer à vous corriger.

_____

_____

_____

_____

Exprimez-vous au sujet de la mission que vous venez d'accomplir.

_____

_____

_____

_____

Apportez quelques modifications à la stratégie à laquelle vous aviez pensé avant d'entreprendre votre prochaine mission.

_____

_____

_____

_____

MISSION 4

CODE

AVANT

BILAN DES CONNAISSANCES	Inscrivez ce que vous savez déjà à propos de votre mission.
ÉQUIPEMENT NÉCESSAIRE À LA RÉUSSITE DE LA MISSION	Faites la liste des outils dont vous pensez avoir besoin pour relever votre mission.
BESOINS PARTICULIERS OU COMMENTAIRES	Exprimez-vous au sujet de la mission, notamment en nommant des besoins qui ne sont pas matériels.
STRATÉGIE POUR RÉDUIRE LES ERREURS RELATIVES À LA MISSION	Précisez, étape par étape, ce que vous ferez pour réaliser votre mission.

PLANIFICATION ET ÉVALUATION DES STRATÉGIES D'AUTOCORRECTION

APRÈS

Inscrivez ce que vous avez appris.

_____

_____

_____

_____

Faites la liste des outils dont vous aurez besoin pour continuer à vous corriger.

_____

_____

_____

_____

Exprimez-vous au sujet de la mission que vous venez d'accomplir.

_____

_____

_____

_____

Apportez quelques modifications à la stratégie à laquelle vous aviez pensé avant d'entreprendre votre prochaine mission.

_____

_____

_____

_____

MISSION 5
CODE

AVANT

BILAN DES CONNAISSANCES

Inscrivez ce que vous savez déjà à propos de votre mission.

_____

_____

_____

_____

ÉQUIPEMENT NÉCESSAIRE À LA RÉUSSITE DE LA MISSION

Faites la liste des outils dont vous pensez avoir besoin pour relever votre mission.

_____

_____

_____

_____

BESOINS PARTICULIERS OU COMMENTAIRES

Exprimez-vous au sujet de la mission, notamment en nommant des besoins qui ne sont pas matériels.

_____

_____

_____

_____

STRATÉGIE POUR RÉDUIRE LES ERREURS RELATIVES À LA MISSION

Précisez, étape par étape, ce que vous ferez pour réaliser votre mission.

_____

_____

_____

PLANIFICATION ET ÉVALUATION DES STRATÉGIES D'AUTOCORRECTION

APRÈS

Inscrivez ce que vous avez appris.

_____

_____

_____

_____

Faites la liste des outils dont vous aurez besoin pour continuer à vous corriger.

_____

_____

_____

_____

Exprimez-vous au sujet de la mission que vous venez d'accomplir.

_____

_____

_____

_____

Apportez quelques modifications à la stratégie à laquelle vous aviez pensé avant d'entreprendre votre prochaine mission.

_____

_____

_____

_____

MISSION 6

CODE [   ]

AVANT

BILAN DES CONNAISSANCES

Inscrivez ce que vous savez déjà à propos de votre mission.

_____

_____

_____

_____

ÉQUIPEMENT NÉCESSAIRE À LA RÉUSSITE DE LA MISSION

Faites la liste des outils dont vous pensez avoir besoin pour relever votre mission.

_____

_____

_____

_____

BESOINS PARTICULIERS OU COMMENTAIRES

Exprimez-vous au sujet de la mission, notamment en nommant des besoins qui ne sont pas matériels.

_____

_____

_____

_____

STRATÉGIE POUR RÉDUIRE LES ERREURS RELATIVES À LA MISSION

Précisez, étape par étape, ce que vous ferez pour réaliser votre mission.

_____

_____

_____

_____

PLANIFICATION ET ÉVALUATION DES STRATÉGIES D'AUTOCORRECTION

APRÈS

Inscrivez ce que vous avez appris.

_____

_____

_____

_____

Faites la liste des outils dont vous aurez besoin pour continuer à vous corriger.

_____

_____

_____

_____

Exprimez-vous au sujet de la mission que vous venez d'accomplir.

_____

_____

_____

_____

Apportez quelques modifications à la stratégie à laquelle vous aviez pensé avant d'entreprendre votre prochaine mission.

_____

_____

_____

_____

S'OUTILLER POUR ACCOMPLIR LA MISSION

Chapitre : 002

MISSION : *POSSIBLE*   **L'ÉQUIPEMENT**

Les ouvrages de révision linguistique

Qui peut prétendre connaitre avec exactitude tout le lexique, toutes les nuances et toutes les exceptions de la langue française? Même les plus grands spécialistes se questionnent et doutent chaque jour. C'est ce qui fait du français une langue passionnante, riche et complexe, une langue qui pose des défis.

Corriger les erreurs dans un écrit, c'est avant toute chose savoir utiliser les ouvrages de révision linguistique. Plus encore, écrire sans fautes correspond souvent à tirer le maximum des dictionnaires, des grammaires et des précis de conjugaison qui participent à l'amélioration générale du texte. À ces volumes courants s'ajoute aujourd'hui une série d'outils électroniques qui soutiennent la rédaction à l'ordinateur. Pour arriver à maitriser correctement le français, il ne faut pas hésiter à consulter ces ouvrages, à s'y référer dès qu'un doute ou une hésitation apparait.

Chaque question ou chaque piège de la langue appelle un outil bien précis. Il faut savoir, par exemple, chercher l'orthographe d'un mot dans un dictionnaire, un cas particulier d'accord dans la grammaire et la bonne désinence d'un verbe dans le précis de conjugaison. Il faut aussi faire preuve de vigilance et d'assurance quand un logiciel de correction signale une erreur afin de ne pas la corriger aveuglément.

L'arsenal pour dénouer l'intrigue

Un auteur se pose une grande variété de questions quand il écrit. Pour répondre à chacune d'elle, il importe d'utiliser le bon outil. Ainsi, il ne serait pas pertinent de chercher le sens d'un verbe dans un précis de conjugaison ou la règle d'accord du déterminant dans un dictionnaire. Voici quelques questions fréquentes et l'outil de révision linguistique dans lequel on trouve la réponse la plus précise.

QUESTIONS COURANTES	OÙ TROUVER LA RÉPONSE
• Quelle est l'orthographe d'un mot ? • À quelle classe appartient un mot ?	Dictionnaire
• Comment prononce-t-on un mot ? • Quelle est l'origine d'un mot ? • Comment utiliser un mot ? • Quelle préposition choisir pour accompagner un mot ? • Quel est le sens d'un mot ? • Où sont les définitions les plus complètes ?	Dictionnaire de langue
• Par quoi pourrais-je remplacer un mot ?	Dictionnaire de langue (par un synonyme) ou grammaire (par un pronom)
• À qui ou à quoi réfère un nom propre ? • À quoi ressemble une chose ?	Dictionnaire encyclopédique
• Quels sont les sens les plus fréquents d'un mot ? • Où sont les définitions les plus simples ?	Dictionnaire encyclopédique ou pragmatique
• Où trouver un mot employé surtout au Québec ? • Quelles sont les difficultés liées à l'usage d'un mot ?	Dictionnaire pragmatique
• Quelles sont les règles pour écrire correctement en français ? • Quelles sont les exceptions liées à une règle ? • Comment organiser un texte ? • Comment ponctuer un texte ? • Comment construire une phrase ? • Comment accorder un mot ? • Quelles classes de mots sont variables ?	Grammaire
• Où trouver la bonne désinence d'un verbe conjugué à un mode, un temps et une personne ?	Précis de conjugaison
• Comment connaitre la transitivité d'un verbe ?	N'importe quel dictionnaire et certains précis de conjugaison

Les dictionnaires

Le dictionnaire est probablement l'ouvrage de référence par excellence. Il sert le plus souvent à vérifier l'orthographe ou à connaitre le sens d'un mot, mais il ne se limite pas à cela. Pour répondre à des besoins particuliers, il prend plusieurs formes. On trouve, par exemple, des dictionnaires de langue comme *Le Petit Robert de la langue française,* des dictionnaires encyclopédiques tels que *Le Petit Larousse illustré,* des dictionnaires de traduction (ou bilingues), des dictionnaires de synonymes, des dictionnaires spécialisés (ou thématiques), et même des dictionnaires humoristiques !

Ils partagent tous certaines caractéristiques qui les différencient d'autres ouvrages semblables : ce sont d'abord des ouvrages de référence qui prennent la forme d'un recueil de mots (ou d'expressions) appartenant à une langue ; pour chacun des mots, des informations s'y rapportant sont présentées, le plus souvent sous forme de définition. Ce sont aussi des ouvrages dont les entrées sont organisées selon l'ordre alphabétique. Il s'agit donc d'ouvrages qui s'intéressent au lexique, au vocabulaire d'une langue.

Aucun dictionnaire français ne peut prétendre exposer tout le lexique. Conséquemment, les auteurs doivent faire des choix qui déterminent le nombre d'entrées, les définitions, la présentation et le contenu. Ces choix sont présentés dans les pages liminaires du dictionnaire. Pour éviter de le percevoir comme un ouvrage d'une absolue objectivité, il est intéressant de prendre connaissance de ces pages pour en connaitre les orientations.

Le dictionnaire de langue

Le dictionnaire de langue vise à faire le point sur le lexique général de la langue. Il répertorie les mots les plus utilisés et s'attarde à leurs diverses significations par les définitions. Le plus souvent, le dictionnaire de langue porte une attention particulière à l'étymologie (l'origine d'un mot) et à l'évolution du sens du mot depuis son apparition. C'est le dictionnaire par excellence pour ceux qui écrivent. Il s'intéresse aux différents usages d'un mot qui évoluent constamment; c'est pourquoi il est mis à jour régulièrement. *Le Petit Robert de la langue française* est le dictionnaire de langue le plus connu.

LE PETIT ROBERT

① **ESPION, IONNE** ② [εspjiɔ̃,jɔn] ③ n. – ④ 1380; ⑤ de *espier* → 2. épier; dépit* (encadré) ⑥ **1.** vx Personne chargée d'épier les actions, les paroles d'autrui pour en faire un rapport. ⑦ ⇨ **mouchard, sycophante.** ⑨ *«À peine à cinquante pas du château, j'aperçois mon espion qui me suit»* (Laclos). ⑥ ◊ MOD. Personne rétribuée appartenant à une police secrète non officielle. ⑦ ⇨ **indicateur, mouton;** ARG. **barbouze.** ⑧ *Les espions de Richelieu, de Fouché.* ⑥ **2.** Personne chargée de recueillir clandestinement des documents, des renseignements secrets sur une puissance étrangère. ⑦ ⇨ 2. **agent** (secret), FAM. **sous-marin,** 1. **taupe; espionnage.** ⑧ *Fausse identité d'un espion. Mata-Hari, espionne de la guerre de 1914. Espion servant deux puissances* (cf. Agent* double). *Surveillance des espions.* ⑦ ⇨ **contre-espionnage.** ◊ EN APPOS. ⑧ *Avion-espion, bateau-espion,* chargé de missions de renseignement en territoire étranger. ⑥ **3.** N. m. ④ (1834) PAR ANAL. Petit miroir incliné qui sert à regarder sans être vu[1].

① **Orthographe** L'entrée des noms (ou des adjectifs) exprime le masculin et le féminin lorsque le mot varie en genre. On lit *espion, espionne*.

② **Prononciation** La prononciation est en alphabet phonétique. Le masculin et le féminin sont tous les deux présentés.

③ **Classe du mot** Le mot est un nom qui existe sous une forme masculine et une forme féminine. Pour cette raison, on n'indique pas le genre, qui varie selon la désinence.

④ **Datation** On donne la date d'apparition du nom.

⑤ **Étymologie** Le mot est originaire du mot *espier*. L'astérisque renvoie à l'encadré étymologique du mot *dépit,* qui partage la même origine.

⑥ **Définitions** La première définition est toujours au sens propre, le sens premier du mot. Il est à remarquer que le sens propre est vieux (VX), difficilement compréhensible aujourd'hui. Les autres définitions témoignent de divers usages du mot, notamment de l'emploi moderne (MOD.) et d'un sens par analogie (PAR ANAL.).

⑦ **Renvois analogiques** Ce sont des renvois vers des mots qui présentent une ressemblance de sens, à quelques nuances près. On indique les registres de langue argotique (ARG.) ou familier (FAM.) de certains mots pour éviter des emplois incorrects.

⑧ **Exemples de l'emploi** Ils servent à mettre le mot en contexte d'écriture. On trouve, entre autres, des expressions fréquentes. On retrouve ici l'emploi au masculin et au féminin, au singulier et au pluriel ainsi qu'une nuance quant à l'utilisation en apposition.

⑨ **Citation d'auteur** Les citations d'auteurs célèbres servent d'exemples. Ici, le sens propre, quoique vieux, a été retenu.

1. Paul ROBERT (dir.), « Espion, ionne », *Le Nouveau Petit Robert 2006: Dictionnaire alphabétique et analogique de la langue française,* texte remanié et amplifié sous la dir. de Josette Rey-Debove et Alain Rey, nouvelle édition du *Petit Robert,* Paris, Dictionnaires Le Robert, 2005, p. 947.

2. Paul ROBERT (dir.), « Équiper », *ibid.,* p. 934.

(1) **ÉQUIPER** (2) [ekipe] (3) v. tr. (4) <1> – (5) *eschiper* 1160; *esquiper* v. 1210; (6) a. norm. *skipa*, de *skip* «navire» (7) **1.** Pourvoir (un navire) de ce qui est nécessaire à la navigation. (9) *Équiper un navire*, en personnel (équipage*) et en matériel (armement, fret, provisions). (9) *Équiper un baleinier, une flotte.* (8) ⇨ **armer, avitailler, gréer.** P. p. adj. BLAS. (9) *Navire équipé,* dont les cordages, les voiles sont d'un émail différent de celui de la coque. (7) **2.** (5) (1535) Pourvoir des choses nécessaires à une activité. (9) *Équiper une armée, des troupes. Équiper un cavalier. – Être bien équipé pour la chasse.* (10) «*Un cheval de haute taille, lourdement équipé*» (Fromentin). (8) ⇨ **harnaché.** (9) ◊ *Équiper un objet,* en vue d'une destination particulière. (9) *Équiper une automobile d'une alarme.* (8) ⇨ **munir.** (10) «*le réchaud à repasser, équipé en gril à braise, encombrait un coin de la terrasse*» (Colette). (9) ◊ *Équiper une cuisine, un atelier* (8) (⇨ **outiller**). «*Ces salles étaient d'ailleurs équipées pour soigner les malades dans le minimum de temps*» (Camus). (8) ⇨ **aménager, installer.** (9) *Équiper une région d'un réseau routier, électrique. Équiper économiquement, industriellement un pays.* (8) ⇨ **développer, industrialiser.** (7) **3.** S'ÉQUIPER (3) v. pron. (5) (1671) Se munir d'un équipement, du nécessaire. (9) *S'équiper pour une expédition, une exploration, la pêche sous-marine. –* FAM. (9) *S'équiper contre le froid, la pluie.* (3) P. p. adj. (9) *Vous n'êtes pas équipé pour une longue marche! – Se vêtir d'un équipement militaire.* (10) «*Mettez-vous en tenue, Gilieth, équipez-vous, avec vos armes et vous prendrez le commandement d'une patrouille*» (Mac Orlan). ◊ *Se pourvoir d'équipements modernes.* (10) «*un monde qui s'équipe de plus en plus*» (Valéry). (11) ◊ CONTR. Déséquiper. Désarmer, déshabiller. Démunir[2].

(1) **Orthographe** L'entrée des verbes est toujours à l'infinitif. On trouvera les différentes désinences du verbe dans un tableau de conjugaison ((4)).

(2) **Prononciation** La prononciation est en alphabet phonétique, où chaque lettre correspond à un phonème. Cet alphabet est présenté au début du dictionnaire.

(3) **Classe du mot** Le verbe *équiper* est un verbe transitif. C'est un verbe qui commande un complément direct (CD) exprimé ou sous-entendu. Il n'a pas le même sens qu'à la forme pronominale *s'équiper*. Le participe passé adjectif *équipé* a lui aussi son sens et ses usages.

(4) **Modèle de conjugaison** Le chiffre <1> renvoie au modèle de conjugaison 1, situé à la fin du dictionnaire.

(5) **Datation** On présente les anciennes formes ou significations du mot et la date qui témoigne de leur apparition.

(6) **Étymologie** Le mot est originaire de l'ancien normand (a. norm.), plus particulièrement du mot *skipa*.

(7) **Définitions** La première définition est toujours au sens propre, le sens premier du mot. Les autres définitions témoignent de divers usages du mot, placés du sens le plus concret au plus abstrait.

(8) **Renvois analogiques** Ce sont des renvois à des mots qui présentent une ressemblance de sens, à quelques nuances près. Ces renvois peuvent être utilisés comme des synonymes.

(9) **Exemples de l'emploi** Ils servent à mettre le mot en contexte d'écriture. On trouve, entre autres, des expressions fréquentes ou un emploi qui relève d'un registre familier (FAM.). On peut alors remarquer que le verbe se construit en respectant la forme *équiper + qqch.* ou *qqn* à la forme active, *être équipé + pour + qqch.* à la forme passive. La forme pronominale autorise les constructions *s'équiper + pour + qqch., s'équiper + contre + qqch.* ou *s'équiper + de + qqch.*

(10) **Citations d'auteurs** Les citations d'auteurs célèbres servent d'exemples pour les différentes désinences du mot. Pour le verbe *équiper,* les citations montrent le participe passé, l'impératif et le présent de l'indicatif.

(11) **Antonymes** L'article se termine par quelques mots de sens contraire aux différentes définitions. Un point entre les termes marque le passage d'un sens à un autre.

Le dictionnaire encyclopédique

Le dictionnaire encyclopédique se situe à mi-chemin entre le dictionnaire de langue et l'encyclopédie, dont l'objectif est de présenter la somme des connaissances humaines à un moment donné de son histoire. Il en existe deux types : d'une part, ceux qui présentent tant le lexique que les noms propres, comme le *Petit Larousse illustré,* et d'autre part, ceux qui se consacrent exclusivement aux noms propres, comme le *Petit Robert des noms propres.* Tous deux visent à présenter le monde et son savoir à partir d'un point de vue influencé par la culture de la communauté de langue française, car il est évidemment impossible de retenir toutes les connaissances de l'humanité dans un ouvrage.

LE PETIT LAROUSSE

1. ① **ESPION, ONNE** ② n. ③ (ital. *spione*). ④ Agent secret chargé d'espionner, de recueillir des renseignements, de surprendre des secrets pour le compte d'une autre personne, de son pays. ◇ ⑤ MIL. ⑥ *Avion, satellite espion*, de reconnaissance. – ⑥ REM. Peut s'employer en appos., avec ou sans trait d'union. ⑤ *Des avions(-) espions.*
2. ① **ESPION** ② n. m. ④ Miroir oblique installé devant une fenêtre[3].

① **Orthographe** L'entrée des noms (ou des adjectifs) exprime le masculin et le féminin lorsque le mot varie en genre. On lit *espion, espionne.*

② **Classe du mot** Dans sa première définition, le mot est un nom qui existe dans une forme masculine et une forme féminine. Pour cette raison, on n'indique pas le genre, qui varie selon la désinence retenue. Le deuxième sens du mot désigne un nom masculin.

③ **Étymologie** Le mot est originaire de l'italien *spione.*

④ **Définitions** On présente deux définitions du nom.

⑤ **Exemples de l'emploi** Les exemples ne concernent que le sens militaire du terme.

⑥ **Remarque** Une remarque grammaticale précise un usage particulier du nom, concernant ici le nom employé en apposition.

① **ÉQUIPER** ② v. t. ③ (mot d'orig. germ.). ④ Pourvoir du nécessaire en vue d'une activité déterminée, d'une utilisation précise. ⑤ *Équiper un enfant pour un séjour en colonie.* ◆ **s'équiper** ② v. pr. ④ Se munir du nécessaire. ⑤ *S'équiper pour le ski*[4].

① **Orthographe** L'entrée des verbes est toujours à l'infinitif. On trouvera les désinences du verbe dans un précis de conjugaison.

② **Classe du mot** Le verbe *équiper* est un verbe transitif : on équipe quelque chose ou quelqu'un. On le distingue du verbe *s'équiper,* conjugué à la forme pronominale.

③ **Étymologie** Le mot est d'origine germanique.

④ **Définitions** Le sens du mot varie selon la forme du verbe. Il y a une définition particulière à la forme pronominale.

⑤ **Exemples de l'emploi** Ils servent à mettre le mot en contexte d'écriture. On peut alors remarquer que le verbe se construit en respectant la forme *équiper + qqn* ou, à la forme pronominale, *s'équiper + pour + qqch.*

---

3. « Espion, onne », *Le Petit Larousse illustré en couleurs 2005,* Paris, Larousse, 2004, p. 429.

4. « Équiper », *ibid.* p. 425.

5. « Éon, (Charles de Beaumont, chevalier d') », *ibid.,* p. 1341.

6. « KGB », *ibid.,* p. 1485.

1 **ÉON** **2** (Charles **de Beaumont**, chevalier **d'**), **3** *Tonnerre 1728 – Londres 1810*, **4** officier et agent secret de Louis XV. **5** Chargé de mission à la cour de Russie, puis à Londres, il est célèbre pour ses Mémoires **6** (*Loisirs du chevalier d'Éon*, 1774) et pour le mystère qu'il laissa planer quant à son sexe (il portait souvent des habits de femme)[5].

1 **Orthographe** Dans le cas des noms de personnes, le nom patronymique (nom de famille) précède le ou les prénoms. Ici, la désignation la plus connue est un titre de noblesse qui tient lieu de pseudonyme.

2 **Patronyme** Si la désignation la plus connue pour une personne est un pseudonyme, comme c'est le cas ici, le patronyme est signalé entre parenthèses avec les prénoms.

3 **Dates** Le chevalier d'Éon est né à Tonnerre en 1728 et décédé à Londres en 1810.

4 **Définition** On résume en quelques mots ce qui caractérise ce personnage historique.

5 **Note historique** L'article résume l'essentiel de sa carrière et souligne un détail anecdotique qui a fait la célébrité du personnage.

6 **Œuvre** On précise le titre d'une œuvre importante écrite par ce personnage et la date de sa publication.

1 **KGB** **2** (*Komitet Gossoudarstvennoï Bezopasnosti*, **3** en fr. Comité de sécurité de l'État), **4** nom donné de 1954 à 1991 aux services chargés du renseignement et du contre-espionnage à l'intérieur et à l'extérieur de l'URSS. **5** (Une partie de ses pouvoirs ont été repris, en Russie, par le Service fédéral de sécurité, ou FSB[6].)

1 **Orthographe** En français, on nomme cet organisme par son sigle.

2 **Désignation non abrégée** La désignation complète du sigle est présentée dans la langue d'origine, le russe.

3 **Traduction** On présente la traduction de la désignation complète du sigle en français.

4 **Définition** On décrit en une phrase ses caractéristiques principales.

5 **Note historique** L'article se termine par un commentaire qui permet de constater ce qu'il est advenu du KGB à la dissolution de l'URSS.

LE PETIT ROBERT DES NOMS PROPRES

(1) **ÉON** (2) **(Charles DE BEAUMONT, chevalier D')** ◆ (3) Agent secret français (4) (Tonnerre 1728 – Londres 1810). (5) Il dut sa célébrité au doute qu'il entretint sur son sexe. Éon accomplit en Russie une mission secrète pour Louis XV, en tant que lectrice de l'impératrice Élisabeth, puis combattit pendant la guerre de (6) Sept* Ans, avant d'être secrétaire d'ambassade à Londres. À son retour en France (1777), le chevalier d'Éon reçut l'ordre de ne plus quitter les habits féminins bien qu'il fût très probablement un homme[7].

(1) **Orthographe**   Dans ce cas, la désignation la plus connue et la plus utilisée est un pseudonyme lié au titre de noblesse du personnage historique.

(2) **Patronyme**   Si la désignation la plus connue pour une personne est un pseudonyme, comme c'est le cas ici, le patronyme est signalé entre parenthèses avec les prénoms.

(3) **Définition**   On décrit en quelques mots l'essentiel du personnage.

(4) **Dates**   Le chevalier d'Éon est né à Tonnerre en 1728 et décédé à Londres en 1810.

(5) **Note historique**   L'article présente rapidement les grandes étapes de la vie du chevalier d'Éon et note au passage l'incertitude au sujet de son sexe.

(6) **Renvoi**   Un astérisque indique qu'un mot fait l'objet d'un article dans le dictionnaire. On pourra consulter l'article consacré à la *guerre de Sept Ans*, placé selon le nom de cette guerre, dans les *S*.

(1) **KGB** (2) n. m. (3) [Komitet Gossoudarstvennoï Bezopasnosti] – (4) russe (5) «Comité pour la sécurité d'État» ◆ (6) Organisme de la police politique soviétique qui succéda en 1954 au MGB (ministère de la Sécurité d'État, (7) ➔ **NKVD**). (8) Il était spécifiquement chargé des missions de protection politique de l'État soviétique tant à l'intérieur (lutte contre les «dissidents» et contre-espionnage) qu'à l'extérieur (renseignement et protection des frontières). Les troupes frontalières étaient sous sa responsabilité. Par son énorme pouvoir de contrôle (sur les nominations, les autorisations d'emplois, de voyages) et de répression, ce fut l'élément clé du système totalitaire soviétique. À partir de 1991, il a subsisté en Russie sous le nom de MGB, mais il fut démantelé par B. Eltsine en déc. 1993 et seuls subsistent les services de contre-espionnage[8].

(1) **Orthographe**   En français, on nomme cet organisme par son sigle.

(2) **Classe du mot**   Le sigle est un nom masculin, ce qui spécifie qu'il est précédé d'un déterminant comme un nom commun. Les sigles sont du genre et du nombre du mot principal de la désignation, ici *komitet* (comité).

(3) **Désignation non abrégée**
La désignation complète à l'origine du sigle est présentée dans la langue d'origine, le russe.

(4) **Origine**   Le sigle est d'origine russe.

(5) **Traduction**   On présente la traduction de la désignation complète du sigle en français.

(6) **Définition**   On décrit en une phrase les caractéristiques principales.

(7) **Renvoi**   Le renvoi vers *NKVD* attire l'attention sur une information complémentaire qui permettrait de mieux comprendre l'article.

(8) **Note historique**   L'article se termine par un commentaire historique qui place le terme dans un contexte élargi.

---

7. Paul ROBERT (dir.), « Éon (Charles de Beaumont, chevalier D') », *Le Petit Robert des noms propres 2007 : Dictionnaire illustré*, rédaction dirigée par Alain Rey, nouvelle édition refondue et augmentée, Paris, Le Robert, 2006, p. 696.

8. Paul ROBERT (dir.), « KGB », *ibid.*, p. 1166.

Le dictionnaire pragmatique

Le dictionnaire pragmatique est un nouveau type de dictionnaire. Il présente l'information relative au lexique en tenant compte, en plus, des questions que se pose la personne qui le consulte. Les articles mettent l'accent sur les difficultés liées à l'usage d'un mot. Elles peuvent relever de la grammaire, de l'orthographe, de la conjugaison, de la prononciation ou du lexique. Unique ouvrage de ce type en français, le *Multidictionnaire de la langue française* a également la qualité d'être un ouvrage québécois qui répond aux besoins des utilisateurs d'ici. D'ailleurs, certains mots ou usages absents des dictionnaires européens font l'objet d'une note qui souligne le fait qu'ils sont des québécismes, soit des mots ou des expressions propres au français du Québec.

MULTIDICTIONNAIRE DE LA LANGUE FRANÇAISE

(1) **ÉQUIPER** **(2)** v. tr., pronom.

(2) VERBE TRANSITIF

(3) Pourvoir quelqu'un, quelque chose de ce qui est nécessaire.

(4) *Équiper les élèves d'ordinateurs.*

(2) VERBE PRONOMINAL

(3) Se doter du nécessaire. **(4)** *Ils se sont équipés pour la plonge.*

(5) SYN. se munir.

(6) 〓 À la forme pronominale, le participe passé s'accorde toujours en genre et en nombre avec le sujet.

(7) CONJUGAISON [VOIR MODÈLE – AIMER][9].

(1) **Orthographe** L'entrée des verbes est toujours à l'infinitif. Le modèle de conjugaison (**7**) présente les désinences du verbe.

(2) **Classe du mot** Le verbe *équiper* est un verbe transitif qui peut aussi se conjuguer à la forme pronominale.

(3) **Définitions** Selon la forme verbale, le sens du mot n'est pas le même. Ici, *équiper* n'a pas le même sens que *s'équiper*. Il n'y a qu'une seule définition par forme, celle qui correspond à l'usage le plus fréquent.

(4) **Exemples de l'emploi** Ils servent à mettre le mot en contexte d'écriture. On trouve, entre autres, des expressions fréquentes. On peut alors remarquer que le verbe se construit en respectant la forme *équiper* + *qqn ou qqch.* + *de qqch.* à la forme transitive et *s'équiper* + *pour qqch.* à la forme pronominale.

(5) **Synonyme** Le verbe *équiper* à la forme pronominale peut être remplacé par le synonyme *se munir.*

(6) **Note grammaticale** La note attire l'attention sur une particularité grammaticale, ici l'accord du participe passé à la forme pronominale.

(7) **Modèle de conjugaison** L'article renvoie au modèle de conjugaison que l'on retrouve sous forme de tableau inséré dans le dictionnaire à la page du verbe *aimer.*

---

9. Marie-Éva de VILLERS, « Équiper », *Multidictionnaire de la langue française,* 4ᵉ éd., Montréal, Éditions Québec Amérique, coll. « Langue et culture », 2003, p. 572.

MULTIDICTIONNAIRE DE LA LANGUE FRANÇAISE (suite)

> **1 ESPION, IONNE 2** n. m. et f.
>
> **3** Agent secret. **4** *Ces espions travaillent pour les deux puissances.*
>
> **5** ⌸ Le nom peut être apposé à un autre nom, avec ou sans trait d'union ; il est alors invariable. **4** *Des navires(-)espion, avion(-) espion*[10].

1 Orthographe L'entrée des noms (ou des adjectifs) exprime le masculin et le féminin lorsque le nom varie en genre. On lit *espion, espionne*.

2 Classe du mot Le mot est un nom qui existe dans une forme masculine et une forme féminine.

3 Définition Il n'y a qu'une seule définition, très courte, qui peut être un synonyme. On ne présente que l'usage le plus courant.

4 Exemple de l'emploi Il sert à mettre le mot en contexte d'écriture. On remarque ici que le pluriel du nom a été retenu pour l'exemple.

5 Note grammaticale La note attire l'attention sur une particularité grammaticale, ici la construction en apposition, et l'illustre par des exemples.

> **1 KGB**
>
> **2** Sigle de *Komitet Gosudarstvennoye Bezopastnosti* (police secrète soviétique)[11].

1 Orthographe Malgré qu'il s'agisse d'un nom propre, le sigle *KGB*, qui appartient au lexique courant, fait l'objet d'un article dans le dictionnaire.

2 Définition Il n'y a qu'une seule définition, très courte, qui peut être un synonyme. On présente la désignation complète du sigle.

---

10. Marie-Éva de VILLERS, « Espion, ionne », *op. cit.*, p. 578.

11. Marie-Éva de VILLERS, « KGB », *ibid.*, p. 840.

Les grammaires

La grammaire, c'est l'ensemble des règles qui permettent de s'exprimer dans une langue donnée. Par extension, c'est aussi le manuel qui regroupe ces règles. Alors que le dictionnaire traite du lexique d'une langue, la grammaire s'intéresse à la manière de construire des énoncés correctement articulés.

Contrairement au dictionnaire, qui présente ses articles en ordre alphabétique, une grammaire présente les règles dans un ordre qui lui convient. Pour cette raison, chaque grammaire a ses particularités et s'emploie différemment. Il est aussi à noter qu'il existe une grande variété de grammaires de langue française et que chacune s'adresse à des utilisateurs différents. On trouve, par exemple, des grammaires pédagogiques pour des élèves qui apprennent la langue, ou encore, des grammaires très spécialisées conçues pour des utilisateurs expérimentés.

La grammaire est donc un outil essentiel parce qu'elle offre des réponses précises aux problèmes que rencontrent tous les scripteurs. Pour trouver ces réponses, il faut consulter l'index à la fin du manuel. Toutes les grammaires en ont un. Une bonne grammaire présentera un index détaillé qui permettra de trouver rapidement ce qu'on cherche.

GRAMMAIRE PÉDAGOGIQUE DU FRANÇAIS D'AUJOURD'HUI[12]

Pour savoir à quelle page trouver l'information sur une règle, on consulte l'index de la grammaire en cherchant par mots clés. Par exemple, si l'on cherche la règle d'accord du participe passé employé avec l'auxiliaire *avoir* et les exceptions liées à cette règle, on peut chercher sous la rubrique « Accord » ou sous la rubrique « Participe ». Les deux recherches renvoient à la même page de la grammaire.

Recherche **de l'accord** du participe passé employé avec l'auxiliaire *avoir*

Recherche de l'accord **du participe passé** employé avec l'auxiliaire *avoir*

Index

LÉGENDE	**Chiffres en gras**	Renvoi à une définition
	Italique	Terme qui présente une difficulté
	Magenta	Orthographe
	!	Rubrique *Attention !*
	REM.	Rubrique *Remarque*

A

A / à, 13
à
  marque de l'infinitif, 108 **!**, 187 REM. 2
  répétition de, 235
Abrègement, 335-337
Abréviation, 286 **!**
Accent, 13-14
  aigu, 13
  circonflexe, 13-14
  grave, 13
Accords
  dans le GN, 265-267
  de l'adjectif, 265-267
   noyau du GAdj attribut du complément direct, 272
   noyau du GAdj attribut du sujet, 267
  du déterminant, 265
  du participe passé
   d'un verbe occasionnellement pronominal, 267 **!**
   d'un verbe impersonnel, 271
   dans les formes verbales surcomposées, 271
   employé avec l'auxiliaire *avoir*, 270-272
   employé avec l'auxiliaire *être*, 267-268
   employé avec le pronom *en*, 271
   employé sans auxiliaire, 167
   suivi de l'infinitif, 272
  du verbe, 267
  régis par le complément direct, 270-272
  régis par le sujet, 267-269
Acronyme, 336-337
Addition (manipulation), 70
Adjectif, 163-169, *voir aussi* GAdj
  accords, *voir* Accords
  classifiant, 70, **164**, 171, 231 **!**
   place, 171
  comparatif, 169
  complexe, 167
  composé, 167, 322
   pluriel, 324-325
  de couleur, 167

  et participe présent, 167 REM., 168 REM.
  féminin (formation du)
   règle générale, 164
   règles particulières, 165
  ordinal, 146 REM. 2
  participe, **167**, 171 REM.
  pluriel (formation du)
   adjectifs composés, 324-325
   règle générale, 166
   règles particulières, 166
  qualifiant, 70, 163-**164**, 170, 231
   mise en degré, 168-169
   place, 171
  receveur, 169
  simple, 167
  superlatif, 169
Adverbe, 220-223, *voir aussi* GAdv
  complexe, 222, 323
  coordonnant, 225
  corrélatif, 222 **!**, 259
  en *-ment* (formation)
   règle générale, 223
   règles particulières, 223
  exclamatif, 225
  interrogatif, 159 **!**, 225
  marque de modalité, 45, 226
  modificateur, 223, 226 **!**
  organisateur textuel, 226
  simple, 222
Alinéa, 286
Aller + infinitif, 211 REM.
Alphabet, 11
Alphabet phonétique international (API), 9-10
Analogie, 375-377
  et contexte, 357
Anglicisme, 307, **338**-339
Antécédent, 149
  du pronom relatif, 157
Antithèse, 363
Antonymes, 371-375
Apostrophe (mot hors phrase), 101 **!**, 281
Apostrophe (signe), 14
Appeler, 199 REM. 2

M

Modalité
  auxiliaires de , **44**, 178, 196 REM.
  marques de, 22, **43**-45, 226
  verbale, 195-196
MODÈLE DE BASE, 63-65
Modes, 175, **194**, 197
  impératif, 206-207
  impersonnel, 194, 203-204
  indicatif, 207-212
  infinitif, 203-204
  non temporel, 194
  participe, 204
  personnel, 194
  subjonctif, 204-206
  temporel, 194
Modificateur, **120**-121, 260
  de l'adjectif, 120, 170
  de l'adverbe, 120
  de la préposition, 121
  du déterminant, 121
  du pronom, 121
  du verbe, 120, 185 **!**
Morphologie, 3
Mot
  complexe, 310
  composé, 321-325, 341
   pluriel, 338
  dérivé, **311**, 341
  emprunté, 337-338
  évolution des mots, 290-297
  famille de mots, **341**-346
  hors phrase, 101 **!**
  mot-valise, **334**-335
  origine des mots, 290-297
  simple, 310
  suppléant de sens voisin, 345-346

N

N'est-ce pas, 279 **!**
Narrateur, 7
Nature de mots, *voir* **Classes de mots**
Ne + aucun, ni, personne, rien, 91 **!**
Ne explétif, 91, 255 **!**, 260 **!**
Néologisme, **296**-297
Ni, 91 **!**
Nom, 123-131, *voir aussi* GN
  commun, 123
   employé sans déterminant, 130
  complexe, 129
  composé, 129, **322**, 324-325
  dérivé, 129
  donneur, 131
  féminin (formation du)
   règle générale, 127
   règles particulières, 127

  genre, 126-128
  nombre, **128**-129
  personne, 129
  pluriel (formation du)
   noms composés, 324-325
   noms précédés de *à, de, en, sans*, 217 **!**
   règle générale, 128
   règles particulières, 129
  propre, 123, 125-126
  simple, 129
  trait sémantique, 124-125
Nominalisation, 31, 342-343
Nous
  de majesté et de modestie, 153 REM. 2, 193 REM. 1
Noyau, 72-73
Nu, 167 REM. 3

O

On, 154, 193 REM. 2, 269
Onomatopée, 101 **!**
Opération langagière, 81 **!**
Organisateur textuel, 51, 218, 226
Organisation textuelle, 80
Orthographe, 3
  grammaticale, **62**-63
Où, 159 REM. 1
Ou / Où, 13

P

P (symbole), 72
Paragraphe, **51**, 286
Parenthèses, 284
Paronymie, **355**
Participe, 167
  adjectif, 167
  passé, 176, 201, **204**
   accord, *voir* Accords
   composé, 197 REM.
  présent, 188, 190, **204**
Passé
  antérieur, 209
  composé, 208-209
  proche, 207
  simple, 209
Passé, 166 REM. 2
Passive (phrase), **92**-94
Périphrase, 31, 364, **386**
Personne, 91 **!**, 149, 161 **!**
Personne grammaticale, 175, 193
Peser (complément), 271
Phonème, **9**-11
Phonologie, 3
Phrase, 60, **72**-77
  à construction particulière, **77**, 99-101

---

12. Suzanne-G. CHARTRAND et collab., *Grammaire pédagogique du français d'aujourd'hui*, Boucherville, Graficor, 1999, p. 270 à 272, 388 et 393.

Résultat de la recherche

3.3 Les accords régis par le complément direct du verbe

3.3.1 L'accord du participe passé employé avec l'auxiliaire *avoir*

① **RÈGLE :** S'il est placé avant le verbe, le nom noyau d'un GN complément direct, ou le pronom complément direct, donne son genre et son nombre au participe passé employé avec l'auxiliaire *avoir*.

> D (f. pl.)
>
> *Ces réserves naturelles, je les ai toutes visitées.*
> R (f. pl.)

Le participe passé *visitées* prend les marques du féminin et du pluriel de son donneur, le pronom *les*. Celui-ci est un complément direct placé avant le verbe, et il a pour antécédent le GN *Ces réserves naturelles*, dont le noyau est le nom *réserves*[3].

② Le complément direct est placé devant le verbe dans quatre cas seulement :

1. Dans la subordonnée relative commençant par le pronom relatif *que*, qui remplit la fonction de complément direct :

> D (m. pl.)
>
> *Willy a mangé tous les bleuets que sa mère a achetés.*
> R (m. pl.)

2. Dans le GV où le complément direct est un pronom personnel conjoint placé devant le verbe :

> D (f. s.)
>
> *Votre plate-bande sera très belle, mais vous ne l'aurez jamais terminée à temps.*
> R (f. s.)

3. Dans la phrase de type interrogatif ou exclamatif où le complément direct du verbe est placé au début de la phrase :

> D (f. s.)
>
> *Quelle laitue as-tu semée ?*
> R (f. s.)

---

3. L'antécédent du pronom est souligné dans les exemples.

4. Dans la phrase emphatique où le complément direct du verbe est encadré par **②** *c'est... que :*

> D (f. s.)   D (f. pl.)
>
> *C'est son érablière et toutes ses installations que le verglas a dévastées.*
> R (f. pl.)

DE PLUS **③**

Cas particuliers d'application de la règle d'accord du participe passé employé avec l'auxiliaire *avoir*

1. Dans les formes verbales surcomposées [20.8.1971], on n'accorde que le deuxième participe passé :

> *Quand je les ai eu récoltées, j'ai fait goûter mes prunes à tous mes amis.*

2. Le participe passé des verbes impersonnels est toujours invariable :

> *Ah ! que de soins il a fallu pour avoir ce beau jardin !*

3. Quand le complément direct du verbe est le pronom *le* (*l'*) qui reprend une phrase ou une subordonnée, le participe passé est invariable :

> *Cette terre est rocailleuse. Les voisins me l'avaient dit.*

4.* Quand le complément direct du verbe est le pronom *en*, le participe passé est invariable :

> *Des bleuets, nous en avons cueilli quand nous étions enfants !*

④ **REM.** Cependant, l'accord est souvent fait dans l'usage : *Des fraises, j'en ai mangées cet été !*

5.* Lorsque des verbes comme *courir, coûter, durer, mesurer, peser, valoir,* etc., sont construits avec un complément exprimant la durée, la mesure ou le prix, le participe passé est invariable :

> *Les dix années que mon chat a vécu...* (durée)
>
> *Les cinq kilogrammes qu'a pesé cette dinde...* (mesure)
> *Les 50 dollars qu'a coûté ce bouquet...* (prix)

6.* Lorsque le participe passé employé avec *avoir* est suivi d'un verbe à l'infinitif, il reçoit le genre et le nombre du pronom complément, si celui-ci est complément direct du verbe au temps composé :

> D (m. pl.)
>
> *Audrey était parmi les élèves que j'ai vus entrer dans l'école.*
> R (m. pl.)

---

① **Règle générale** La règle est énoncée et s'applique à la grande majorité des cas.

② **Détails de la règle** La règle est détaillée et explicitée. Des exemples illustrent des particularités.

③ **Cas particuliers** On présente et explique les cas particuliers relatifs à la règle de l'accord du participe passé employé avec l'auxiliaire *avoir*.

④ **Remarques** Les auteurs de la grammaire attirent l'attention sur des règles qui ne font pas l'unanimité et qui peuvent être contestées.

Le pronom *que* est complément direct du verbe *ai vus*. Cela se vérifie par le remplacement. Si on le remplace par un autre pronom complément direct, celui-ci apparaît devant le verbe *ai vus* :

> (les élèves) *que j'ai vus entrer*
>
> ↳ je   *les ai vus entrer*

Le participe passé ne s'accorde pas si le pronom complément direct qui précède le verbe est complément du verbe à l'infinitif :

> *Dans la foule, il y avait plusieurs personnes que j'ai cru reconnaître.*

Le pronom *que* est complément direct du verbe *reconnaître*. Si on le remplace par un autre pronom complément direct, celui-ci apparaît devant l'infinitif :

> (plusieurs personnes) *que j'ai cru reconnaître*
>
> ↳ *j'ai cru*   *les reconnaître*

④ **REM.** Plusieurs grammairiens recommandent aujourd'hui que le participe passé conjugué avec *avoir* et suivi d'un infinitif reste invariable dans tous les cas.

3.3.2 L'accord de l'adjectif noyau du GAdj attribut du complément direct

RÈGLE : Le nom noyau d'un GN complément direct, ou le pronom complément direct, donne son genre et son nombre à l'adjectif noyau du GAdj attribut du complément direct.

> D (m. pl.)

LA NOUVELLE GRAMMAIRE EN TABLEAUX[13]

Recherche **de l'accord** du participe passé employé avec l'auxiliaire *avoir*

Recherche de l'accord **du participe passé** employé avec l'auxiliaire *avoir*

13. Marie-Éva de VILLERS, *La Nouvelle Grammaire en tableaux*, Montréal, Éditions Québec Amérique, coll. « Langue et culture », 2003, p. 124, 125, 284 et 304.

Résultat de la recherche

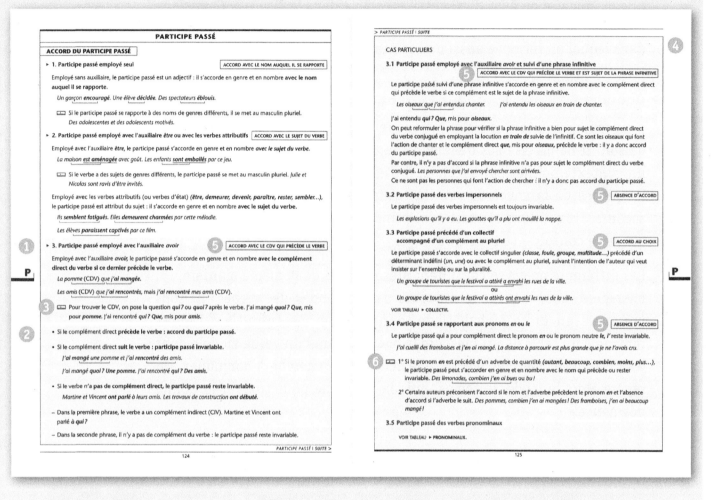

PARTICIPE PASSÉ

ACCORD DU PARTICIPE PASSÉ

▸ **1. Participe passé employé seul**   ACCORD AVEC LE NOM AUQUEL IL SE RAPPORTE

Employé sans auxiliaire, le participe passé est un adjectif : il s'accorde en genre et en nombre **avec le nom auquel il se rapporte.**

*Un garçon **encouragé**. Une élève **décidée**. Des spectateurs **éblouis**.*

    Si le participe passé se rapporte à des noms de genres différents, il se met au masculin pluriel. *Des adolescentes et des adolescents motivés.*

▸ **2. Participe passé employé avec l'auxiliaire *être* ou avec les verbes attributifs**   ACCORD AVEC LE SUJET DU VERBE

Employé avec l'auxiliaire *être*, le participe passé s'accorde en genre et en nombre *avec le sujet du verbe.*

*La maison **est aménagée** avec goût. Les enfants **sont emballés** par ce jeu.*

    Si le verbe a des sujets de genres différents, le participe passé se met au masculin pluriel. *Julie et Nicolas sont ravis d'être invités.*

Employé avec les verbes attributifs (ou verbes d'état) (*être, demeurer, devenir, paraître, rester, sembler...*), le participe passé est attribut du sujet : il s'accorde en genre et en nombre **avec le sujet du verbe.**

*Ils **semblent fatigués**. Elles **demeurent charmées** par cette mélodie.*

*Les élèves **paraissent captivés** par ce film.*

▸ **3. Participe passé employé avec l'auxiliaire *avoir***   ⑤ ACCORD AVEC LE CDV QUI PRÉCÈDE LE VERBE

Employé avec l'auxiliaire *avoir*, le participe passé s'accorde en genre et en nombre **avec le complément direct du verbe si ce dernier précède le verbe.**

*La pomme (CDV) **que j'ai mangée**.*

*Les amis (CDV) **que j'ai rencontrés**, mais **j'ai rencontré** mes amis (CDV).*

③   Pour trouver le CDV, on pose la question *qui ?* ou *quoi ?* après le verbe. J'ai mangé *quoi ? Que*, mis pour *pomme*. J'ai rencontré *qui ? Que*, mis pour *amis*.

② • Si le complément direct **précède le verbe** : accord du participe passé.

• Si le complément direct **suit le verbe** : participe passé invariable.
   J'ai mangé une pomme et j'ai rencontré des amis.
   J'ai mangé quoi ? Une pomme. J'ai rencontré qui ? Des amis.

• Si le verbe n'a pas de complément direct, le participe passé reste invariable.
   *Martine et Vincent **ont parlé** à leurs amis. Les travaux de construction **ont débuté**.*

– Dans la première phrase, le verbe a un complément indirect (CIV). Martine et Vincent ont parlé *à qui ?*

– Dans la seconde phrase, il n'y a pas de complément du verbe : le participe passé reste invariable.

PARTICIPE PASSÉ | SUITE >

124

> *PARTICIPE PASSÉ | SUITE*

CAS PARTICULIERS ④

3.1 Participe passé employé avec l'auxiliaire *avoir* et suivi d'une phrase infinitive
   ⑤ ACCORD AVEC LE CDV QUI PRÉCÈDE LE VERBE ET EST SUJET DE LA PHRASE INFINITIVE

Le participe passé suivi d'une phrase infinitive s'accorde en genre et en nombre avec le complément direct qui précède le verbe si ce complément est le sujet de la phrase infinitive.

*Les oiseaux **que j'ai entendus** chanter.*   *J'ai entendu les oiseaux en train de chanter.*

J'ai entendu *qui ? Que*, mis pour *oiseaux*.

On peut reformuler la phrase pour vérifier si la phrase infinitive a bien pour sujet le complément direct du verbe conjugué en employant la locution *en train de* suivie de l'infinitif. Ce sont les oiseaux qui font l'action de chanter et le complément direct *que*, mis pour *oiseaux*, précède le verbe : il y a donc accord du participe passé.

Par contre, il n'y a pas d'accord si la phrase infinitive n'a pas pour sujet le complément direct du verbe conjugué. *Les personnes **que j'ai envoyé** chercher sont arrivées.*

Ce ne sont pas les personnes qui font l'action de chercher : il n'y a donc pas accord du participe passé.

3.2 Participe passé des verbes impersonnels   ⑤ ABSENCE D'ACCORD

Le participe passé des verbes impersonnels est toujours invariable.

*Les explosions **qu'il y a eu**. Les gouttes **qu'il a plu** ont mouillé la nappe.*

3.3 Participe passé précédé d'un collectif accompagné d'un complément au pluriel   ⑤ ACCORD AU CHOIX

Le participe passé s'accorde avec le collectif singulier (*classe, foule, groupe, multitude...*) précédé d'un déterminant indéfini (*un, une*) ou avec le complément au pluriel, suivant l'intention de l'auteur qui veut insister sur l'ensemble ou sur la pluralité.

*Un groupe de touristes que le festival a **attiré** a **envahi** les rues de la ville.*
     OU
*Un groupe de touristes que le festival a **attirés** ont **envahi** les rues de la ville.*

VOIR TABLEAU ▸ COLLECTIF.

3.4 Participe passé se rapportant aux pronoms *en* ou *le*   ⑤ ABSENCE D'ACCORD

Le participe passé qui a pour complément direct le pronom *en* ou le pronom neutre *le, l'* reste invariable.

*J'ai cueilli des framboises et j'en ai **mangé**. La distance à parcourir est plus grande que je ne l'avais **cru**.*

⑥   1° Si le pronom *en* est précédé d'un adverbe de quantité (*autant, beaucoup, combien, moins, plus...*), le participe passé peut s'accorder en genre et en nombre avec le nom qui précède ou rester invariable. *Des limonades, combien j'en ai **bues** ou **bu** !*

2° Certains auteurs préconisent l'accord si le nom et l'adverbe précèdent le pronom *en* et l'absence d'accord si l'adverbe le suit. *Des pommes, combien j'en ai **mangées** ! Des framboises, j'en ai beaucoup **mangé** !*

3.5 Participe passé des verbes pronominaux

VOIR TABLEAU ▸ PRONOMINAUX.

125

---

① **Règle générale**   La règle est énoncée et s'applique à la grande majorité des cas.

② **Détails de la règle**   La règle est détaillée et explicitée. Des exemples illustrent les règles et les particularités.

③ **Note grammaticale**   On facilite la compréhension de la règle en expliquant une notion connexe.

④ **Cas particuliers**   On présente et explique les cas particuliers relatifs à la règle de l'accord du participe passé employé avec l'auxiliaire *avoir*.

⑤ **Résumé de la règle**   En quelques mots, on indique s'il y a accord ou non.

⑥ **Note grammaticale**   On attire l'attention sur des nuances et des usages contestés de la règle.

Les précis de conjugaison

Le précis de conjugaison est un aide-mémoire qui permet de bien orthographier un verbe conjugué. Certains précis sont intégrés à une grammaire ou à un dictionnaire, comme dans *la Nouvelle Grammaire en tableaux. L'Art de conjuguer* de Bescherelle est un précis de conjugaison dans lequel on retrouve aussi une section sur la grammaire du verbe.

Ce type d'ouvrage se consulte rapidement et facilement pour trouver la bonne désinence du verbe conjugué. Par contre, ce n'est pas un outil qui peut répondre à toutes les questions relatives aux verbes ou à la conjugaison. Il ne précise pas quel mode ou quel temps doit être utilisé dans un contexte donné ; par exemple, il n'est pas vraiment utile pour éviter les pièges de la concordance. Une grammaire sera alors d'un meilleur secours. Il faut donc connaitre les principes de la conjugaison française avant de consulter ce type d'ouvrage.

Les différents précis se consultent presque tous de la même manière. On cherche d'abord le verbe à conjuguer dans un index des verbes : ils sont présentés en ordre alphabétique, dans leur forme infinitive. L'index renvoie à un tableau qui présente la conjugaison d'un verbe modèle dont les désinences sont les mêmes que celui qu'on cherche à conjuguer. On repère alors le mode, le temps, puis la personne pour trouver la bonne désinence.

BESCHERELLE : L'ART DE CONJUGUER[14]

Pour trouver la bonne désinence d'un verbe conjugué, on consulte l'index des verbes. Par exemple, si l'on cherche la désinence du verbe *contrefaire* **à la 3ᵉ personne du singulier au passé simple de l'indicatif**, on cherche ce verbe dans la liste qui nous dirige vers un tableau de conjugaison modèle.

Recherche du verbe *contrefaire* dans un index des verbes

Recherche de la bonne désinence du verbe *contrefaire* à la 3ᵉ personne du singulier au passé simple de l'indicatif

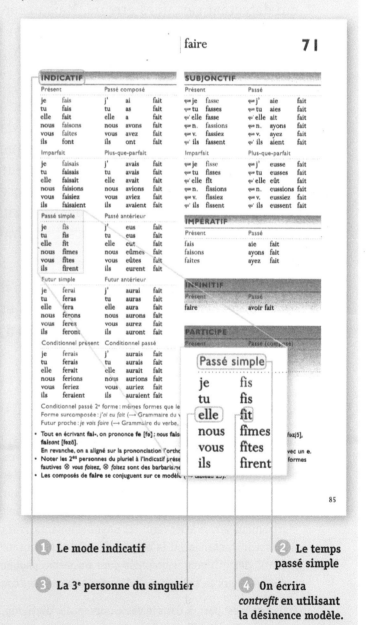

Le verbe est transitif direct avec un participe passé variable.

Le tableau du modèle de conjugaison est le 71.

1 Le mode indicatif

2 Le temps passé simple

3 La 3ᵉ personne du singulier

4 On écrira *contrefit* en utilisant la désinence modèle.

14. BESCHERELLE, *L'Art de conjuguer: Dictionnaire de 12 000 verbes*, éd. révisée par Chantal Contant, linguiste, avec la collab. de Noëlle Guilloton, term. a., Montréal, Hurtubise HMH, coll. « Bescherelle », 2006, p. 203 et p. 85.

Les outils électroniques

Le syndrome de la page blanche serait-il devenu celui de l'écran blanc? Aujourd'hui, écrire est bien souvent associé à l'ordinateur. On rédige des courriels, des travaux, des commentaires sur des forums de discussion, des blogues. Même la conversation a été remplacée par l'écrit dans les salons de clavardage! Il faut aussi savoir que de formidables outils de correction sont intégrés à l'ordinateur. Les traitements de texte, comme *Microsoft Word*, sont équipés de dictionnaires et de grammaires qui détectent certaines erreurs. Mais encore, des logiciels de correction plus puissants peuvent être installés sur votre ordinateur, comme *Antidote* ou *Correcteur 101*. Enfin, le Web regorge de ressources sur le français: il ne faut pas se priver de les consulter.

Sans vouloir les diaboliser, il faut préciser que ces outils peuvent néanmoins devenir source de problèmes pour des locuteurs malhabiles. Peu importe l'outil de correction électronique utilisé, aucun ne prétend corriger toutes les erreurs (et aucun ne peut y parvenir!). Ils s'adressent principalement à des rédacteurs qui disposent d'une maitrise suffisante du français pour pouvoir douter des propositions de l'ordinateur car, quoi que l'on en pense, l'ordinateur n'est pas intelligent. Il ne comprend pas ce qui est écrit.

Pour bien utiliser ces outils électroniques, il importe de comprendre leur fonctionnement. Ainsi, on constate qu'il est impossible de demander à un ordinateur de corriger tous les aspects d'un texte.

Le dictionnaire électronique

Le dictionnaire électronique est l'outil de révision linguistique le plus sûr, car l'ordinateur compare les mots écrits dans un texte à ceux contenus dans sa propre banque, beaucoup plus étendue que peut l'être celle d'un dictionnaire en papier. En effet, toutes les désinences possibles d'un mot s'y trouvent: féminin, pluriel, temps, mode, etc. Même les noms propres les plus usités en français en font partie. Dans les textes courants, le dictionnaire électronique arrive à des résultats impressionnants pour ce qui a trait à l'orthographe d'usage: il résout instantanément la plupart des questions qui relèvent des consonnes redoublées, des accents, des différentes graphies pour un même phonème, etc. En comparant les mots d'un texte avec ceux de sa banque, il détecte la plupart des coquilles en une fraction de seconde.

Mais rien n'est parfait dans le vaste univers des dictionnaires électroniques, car ce type d'outil a aussi des limites. Dès que le lexique utilisé dans un texte dépasse l'usage courant, le dictionnaire ne reconnait plus les termes. Des mots qui se rapportent au langage technique ou scientifique ne sont pas nécessairement reconnus par le dictionnaire électronique. Il faut alors faire une vérification dans un lexique, un manuel scientifique ou un dictionnaire spécialisé.

Il est néanmoins intéressant de savoir que tous les dictionnaires électroniques permettent d'ajouter des mots. Il est donc possible d'enrichir le dictionnaire des termes d'un domaine technique fréquemment abordé.

Le dictionnaire électronique est également maladroit s'il y a erreur homophonique. Comme il ne comprend pas le texte, il ne détecte que les mots qu'il ne reconnait pas, même si le sens est absurde. Par exemple, le dictionnaire ne détectera pas d'erreur dans les cas suivants puisqu'il reconnait ces mots, même s'ils sont mal utilisés :

 C'est dans l'armoire à ballet que j'avais dissimulé le microphone.

 Elsa avait laissé une trace de rouge à lèvres sur le ver.

La correction grammaticale électronique

La correction grammaticale électronique est beaucoup plus problématique, car l'ordinateur se bute à deux problèmes de taille : il ne comprend pas le sens du texte qu'il révise et il doit intégrer une multitude de nuances grammaticales qui caractérisent le français. Il serait trop facile de suivre aveuglément les conseils et les suggestions d'un correcteur grammatical, ce qui entrainerait une multiplication des erreurs plutôt que leur correction.

Il faut d'ailleurs savoir qu'un correcteur grammatical, quel qu'il soit, fonctionne à partir de phrases graphiques. L'ordinateur évalue la syntaxe, les accords, le lexique, la conjugaison, la ponctuation à l'intérieur d'une séquence qui commence par une lettre majuscule et qui se termine par un point. Plus la phrase est simple, plus la correction grammaticale est fiable, car l'ordinateur arrive facilement à identifier les groupes et les accords qui les régissent.

La correction par phrase graphique rend l'ordinateur incompétent lorsqu'il s'agit de détecter des erreurs grossières et fréquentes comme la reprise pronominale ou la concordance des temps. Par exemple, il ne verra pas les erreurs suivantes :

 L'inspecteur s'était fondu à la foule. Il *évite* (évita) son ennemi qui le *poursuit* (poursuivait). Il put rentrer chez lui sans problème.

 Gina s'était introduite chez la présidente en son absence. *Il* (Elle) plaça rapidement les microphones sous le tapis et dans le combiné du téléphone, puis quitta l'appartement sans attirer l'attention.

L'analyse par phrase présente également un grand désavantage : lorsqu'une phrase est non syntaxique ou mal ponctuée, l'ordinateur n'est pas en mesure d'en dégager les constituants obligatoires et d'en vérifier les accords. Il est alors incapable de faire des propositions cohérentes au scripteur. Au mieux, tout ce qu'il peut faire, c'est indiquer qu'il est incapable d'analyser la phrase !

Somme toute, les correcteurs électroniques sont des outils dont il ne faut pas se passer lorsqu'on travaille à l'ordinateur. Toutefois, ils sont conçus pour des scripteurs habiles et aptes à remettre en question une suggestion de correction. Il faut alors bien comprendre la façon de procéder de l'ordinateur et bien connaitre la grammaire. Surtout, il faut tenir compte d'un atout dont ne dispose pas l'ordinateur : l'auteur comprend ce qu'il écrit.

FLAIRER LES PIÈGES

Chapitre : 003

MISSION : *POSSIBLE*   LES ITINÉRAIRES D'AUTOCORRECTION

La maitrise du code linguistique

Pour chacune des missions associées à un type d'erreur, un ordre est donné pour en présenter les caractéristiques principales. On y trouve les règles générales liées à la mission et quelques pièges à éviter, mais l'accent est surtout mis sur les erreurs les plus fréquentes pour permettre à l'agent d'accomplir la mission sans tomber dans les pièges qui sont placés sur son itinéraire.

En aucun cas, ces ordres de mission ne peuvent remplacer une grammaire, qui présentera avec plus de détails et de subtilités les règles liées à la mission. Il ne faut donc pas hésiter à consulter la ou les sections de la grammaire qui traitent de l'aspect linguistique combiné à la mission.

Il serait également opportun de prendre le temps de consolider la connaissance des règles et des principes liés à la mission en planifiant un entrainement. Pour cette raison, chaque itinéraire cible des erreurs fréquentes qui font l'objet d'exercices interactifs Odilon. Certains privilégieront un entrainement intensif avant de partir en mission, d'autres opteront pour un entrainement régulier à petites doses. Ce qui importe, c'est que celui-ci favorise la réduction des erreurs en situation d'écriture.

La syntaxe

La syntaxe est la partie de la grammaire qui concerne la construction des phrases. Elle est constituée des règles touchant les éléments qui composent une phrase (groupes syntaxiques) et la place qu'ils occupent dans celle-ci.

Chacun de ces groupes répond également à un certain nombre de règles de syntaxe. Pour cette raison, on trouvera des ordres de mission pour la syntaxe dans le groupe du nom (sGN), dans le groupe du verbe (sGV), dans le groupe de la préposition (sGPrép) et dans la phrase (sP). Une grammaire présentera quant à elle l'ensemble des règles syntaxiques pour tous les groupes.

MISSION: sGN

La syntaxe dans le groupe du nom

Pour corriger la syntaxe dans le groupe du nom (sGN), il faut reconnaitre le nom qui correspond au noyau du groupe et les constituants qui l'accompagnent (déterminant et compléments). Ensuite, il faut s'assurer que la composition du groupe respecte la structure suivante:

STRUCTURE DE BASE

déterminant + nom commun (+ complément du nom)

dét.	**nom**	GAdj			dét.	**nom**	subordonnée relative			

Un **espion** compétent doit protéger l'**information** qui est classée secrète.

Toutefois, il existe des pièges à éviter à vérifier dans une grammaire.

PIÈGES À ÉVITER

1. Si le noyau du GN est un nom propre, il n'est précédé d'un déterminant que dans certains cas.

nom pr. — dét. GAdj nom GPrép
Washington est un vrai **nid** d'espions.

dét. nom pr. — dét. nom GPrép
La **Chine** est aujourd'hui active dans l'**implantation** de taupes en milieu industriel.

2. L'adjectif qualifiant peut être placé avant ou après le nom dans certaines situations.

dét. nom GAdj — dét. GAdj nom pr.
Une **agente** secrète a infiltré le célèbre **Kremlin**.
        classifiant   *qualifiant*

3. Lorsqu'il y a plusieurs compléments du nom, il ne faut pas nuire au sens de la phrase et s'assurer de ne pas la surcharger.

nom pr. — dét. GAdj nom
Margaretha Geertruida Zelle est le véritable **nom**

GPrép

GN

dét. nom nom pr. GAdj GAdj
de l'**espionne Mata Hari**, accusée et fusillée par les Français en 1917,
subordonnée relative
qui a marqué la Première Guerre mondiale.

ERREURS FRÉQUENTES   ⓞDILON

☐ **1. Il manque un élément constitutif du GN.**

✗
nom pr. ‖ nom GAdj GAdj
James Bond est __ **agent** secret redoutable.

nom pr. ‖ dét. nom GAdj GAdj
James Bond est un **agent** secret redoutable.

✗
dét. nom GAdj GN ‖ dét. nom
La **série** télévisée *Mission : impossible* se déroulait dans le **contexte** _____.

dét. nom GAdj GN ‖ dét. nom GPrép
La **série** télévisée *Mission : impossible* se déroulait dans le **contexte** de la guerre froide.

☐ **2. Les compléments du nom sont placés dans le désordre et cela crée une confusion.**

✗
dét. GAdj nom GPrép GN ?
Saviez-vous que la belle **marquise** de Pompadour, maitresse du roi Louis XV, spécialiste

dét. nom GAdj GPrép
dans l'imitation des sceaux, a participé à maintes **intrigues** politiques du XVIIIe siècle?

REM. Ici, on ne sait pas qui, de la marquise de Pompadour ou de Louis XV, était « spécialiste dans l'imitation des sceaux ».

dét. GAdj nom GPrép GN
Saviez-vous que la belle **marquise** de Pompadour, spécialiste dans l'imitation des sceaux et

GN ‖ dét. nom GAdj GPrép
maitresse du roi Louis XV, a participé à maintes **intrigues** politiques du XVIIIe siècle?

☐ **3. Il y a une confusion homophonique dans le cas du déterminant.**

✗
? nom GPrép ‖ dét. nom
Se **voleur** à la tire travaille pour un **agent**.

dét. nom GPrép ‖ dét. nom
Ce **voleur** à la tire travaille pour un **agent**.

✗
? nom GAdj
C'est **lunettes** noires lui permettent de ne pas être remarquée.

dét. nom GAdj
Ses **lunettes** noires lui permettent de ne pas être remarquée.

MISSION: sGV

La syntaxe dans le groupe du verbe

Pour corriger la syntaxe dans le groupe du verbe (sGV), il faut identifier le verbe conjugué et les constituants qui l'accompagnent (compléments et attributs). Il faut également reconnaitre la sorte de verbe, car cela a une influence directe sur la construction du groupe. S'agit-il d'un verbe intransitif, transitif direct, transitif indirect, attributif ou pronominal? Chaque sorte de verbe induit une construction différente, même si elles sont toutes construites à partir du modèle suivant:

STRUCTURE DE BASE

verbe conjugué (+ complément)

Selon le type de verbe employé, la structure de base peut prendre différentes formes.

Construction du GV dont le noyau est un verbe intransitif: verbe

Les agents doubles **abondent** [v. intr.] au Pentagone.

Construction du GV dont le noyau est un verbe transitif direct: verbe + complément direct

La taupe **bloquait** [v. tr. dir.] les transactions. [GN / CD]

Construction du GV dont le noyau est un verbe transitif indirect: verbe + complément indirect

Le SCRS **contribue** [v. tr. ind.] à la sécurité du Canada. [GPrép / CI]

Construction du GV dont le noyau est un verbe attributif: verbe + attribut

À force d'enquêter, on **devient** [v. attr.] détective. [GN / attr.]

Construction du GV dont le noyau est un verbe pronominal: pronom + verbe (+ complément)

La rumeur **s'ébruita** [pron. v. pron.] jusqu'au bureau d'Edgar Hoover.

Toutefois, il existe des pièges à éviter à vérifier dans une grammaire.

PIÈGES À ÉVITER

1. **Le sens d'un verbe peut changer selon la construction du groupe verbal. En cas de doute, on vérifie dans un dictionnaire.**

Le suspect <u>a filé</u>.
  v. intr.
  s'est échappé

L'officier <u>filait</u> <u>le suspect</u> depuis déjà plusieurs heures.
  v. tr. *GN*
  suivait *CD*

2. **On peut ajouter un modificateur à un groupe verbal. Il s'agit d'un groupe de l'adverbe (GAdv) ou d'un groupe de la préposition (GPrép).**

Le FBI **se heurtait** <u>rarement</u> <u>aux limites de la loi</u>.
  pron. **v. pron.** *GAdv* *GPrép*
  modificateur *CI*

Nous **goutions** <u>avec satisfaction</u> <u>le plaisir de la mission accomplie</u>.
  v. tr. *GPrép* *GN*
  modificateur *CD*

3. **Lorsqu'il y a plusieurs compléments du verbe, on place d'abord le complément direct (CD), puis le complément indirect (CI), à moins que le complément direct soit trop long.**

Le gouvernement **a intégré** <u>son espionne vedette</u>
  v. tr. *GN*
  CD

<u>à l'équipe de conception du navire militaire</u>.
GPrép
  CI

Elle **jura** <u>au tribunal</u> <u>que jamais plus elle ne se prêterait à du transfert d'information</u>.
  v. tr. *GPrép* *subordonnée complétive*
  CI *CD*

4. Lorsqu'un complément du verbe est remplacé par un pronom, il faut le placer devant le verbe.

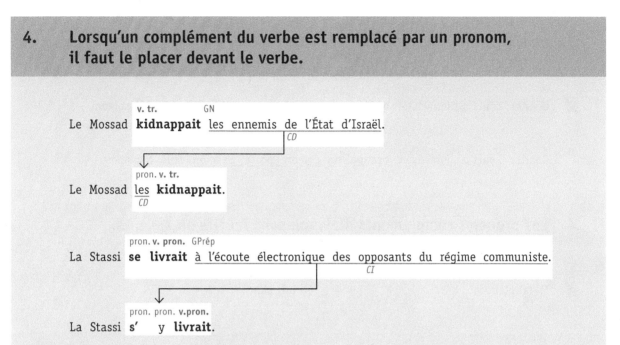

Le Mossad **kidnappait** les ennemis de l'État d'Israël.

Le Mossad les **kidnappait**.

La Stassi **se livrait** à l'écoute électronique des opposants du régime communiste.

La Stassi **s'** y **livrait**.

ERREURS FRÉQUENTES ▣DILON

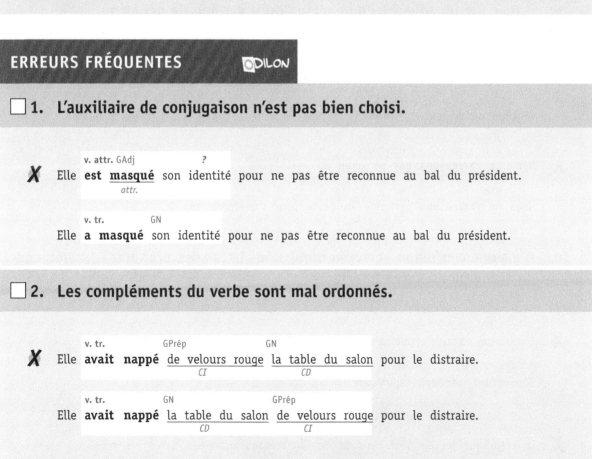

☐ **1. L'auxiliaire de conjugaison n'est pas bien choisi.**

✗ Elle **est masqué** son identité pour ne pas être reconnue au bal du président.

Elle **a masqué** son identité pour ne pas être reconnue au bal du président.

☐ **2. Les compléments du verbe sont mal ordonnés.**

✗ Elle **avait nappé** de velours rouge la table du salon pour le distraire.

Elle **avait nappé** la table du salon de velours rouge pour le distraire.

☐ 3. La transitivité du verbe n'est pas respectée.

✗ Charles Louis Schulmeister **occupa** d'un célèbre poste d'espion sous Napoléon.

> v. tr. — GPrép
> d'un célèbre poste d'espion = CI

Charles Louis Schulmeister **occupa** un célèbre poste d'espion sous Napoléon.

> v. tr. — GN
> un célèbre poste d'espion = CD

☐ 4. Les pronoms compléments du verbe sont fautifs ou absents.

✗ Il la plait.

> pron. v. tr. ind.
> la = CD

Il lui plait.

> pron. v. tr. ind.
> lui = CI

☐ 5. Il manque un adverbe de négation ou il y a double négation.

✗ L'équipe du sergent __ **quadrillait** plus le secteur depuis déjà quelques heures.

> v. tr. — GAdv GN

L'équipe du sergent ne **quadrillait** plus le secteur depuis déjà quelques heures.

> GAdv v. tr. — GAdv GN

✗ Nous ne **ramenions** pas personne au poste pour l'interrogatoire.

> GAdv v. tr. — GAdv GPron — GPrép

Nous ne **ramenions** personne au poste pour l'interrogatoire.

> GAdv v. tr. — GPron — GPrép

☐ 6. Il y a une confusion homophonique dans le cas des pronoms compléments du verbe ou du verbe lui-même.

✗ Elles mon secouru rapidement.

> ? ? GAdv

Elles m'**ont secouru** rapidement.

> pron. v. tr. — GAdv
> m' = CD

✗ Il à trafiqué les données pendant de nombreuses années.

> GPrép ? GN

Il **a trafiqué** les données pendant de nombreuses années.

> v. tr. — GN
> les données = CD

MISSION : sGPrép

La syntaxe dans le groupe de la préposition

Pour corriger la syntaxe dans le groupe de la préposition (sGPrép), il faut identifier la préposition et le constituant qui l'accompagne. Le plus souvent, le groupe de la préposition se construit selon les modèles suivants :

STRUCTURE DE BASE

préposition + GN ou préposition + GInf

prép. GN
À une époque révolue, Voltaire aurait été un espion **de** Louis XV.
prép. GN

prép. GInf
As-tu des informations secrètes **à vendre** ?

REM. Il existe aussi des constructions incluant un pronom, un autre GPrép ou un GAdv.

Toutefois, il existe des pièges à éviter à vérifier dans une grammaire.

PIÈGES À ÉVITER

1. Le noyau du GPrép peut être un déterminant contracté.

dét.   GN
Au Royaume-Uni, le MI6 est l'un des services **de** renseignements.
À le
prép. GN

2. Il faut répéter les prépositions *à*, *de* et *en* dans des groupes coordonnés.

prép.   GPrép
    prép. GInf   GPrép
      prép. GN
Avant de partir **en** mission, il téléphone **à** sa mère, **à** sa sœur et **à** son meilleur ami.

prép. GN   prép. GN   prép. GN

3. **Dans certains cas, il n'est pas nécessaire d'ajouter un constituant à la préposition.**

                prép. GN   prép.   GN   prép.

Les règles **de** sécurité sont claires: il faut se placer **devant** le suspect, jamais **derrière**.

ERREURS FRÉQUENTES   ◎DILON

☐ 1. La préposition est inappropriée.

                   prép. GN   prép. GN

✗ Le MI6 est situé **en** Londres.   Le MI6 est situé **à** Londres.

☐ 2. Il y a absence de préposition.

✗ Lucien Dumais est un agent secret __ Montréal qui a travaillé ___ l'Angleterre.

                                       prép. GN   prép. GN

Lucien Dumais est un agent secret **de** Montréal qui a travaillé **pour** l'Angleterre.

                                          prép. GInf

✗ On avait tablé ___ l'écoute électronique **pour** déjouer les groupes terroristes.

                    prép. GN   prép. GInf

On avait tablé **sur** l'écoute électronique **pour** déjouer les groupes terroristes.

☐ 3. Il y a une confusion homophonique dans le cas des prépositions.

                                                            prép. GN   GPrép

                     ?   prép. GN   dét.   GN

✗ Cette Russe est à la solde **du** FBI.   Cette Russe est **à** la solde **du** FBI.

                                  prép. GPrép

                                        prép. GInf   GPrép

                                                              prép. GN

               ?

✗ Ils passèrent part Tokyo **avant d'**aller déposer les informations **à** Vladivostok.

             prép. GN   prép. GPrép

                                 prép. GInf   GPrép

                                                            prép. GN

Ils passèrent **par** Tokyo **avant d'**aller déposer les informations **à** Vladivostok.

MISSION : sP

La syntaxe dans la phrase

Pour corriger la syntaxe dans la phrase (sP), il faut s'assurer qu'elle respecte le modèle de la phrase de base ou qu'elle est transformée convenablement. Le modèle de la phrase de base est le suivant:

STRUCTURE DE BASE

sujet + prédicat (+ complément de phrase)

sujet	prédicat
Richard Sorge, agent secret soviétique d'origine allemande,	**a espionné** le Japon

complément de phrase
pendant la Seconde Guerre mondiale.

Toutefois, il existe d'autres sortes de phrases qu'il faut apprendre à construire à l'aide d'une grammaire.

PIÈGES À ÉVITER

1.   La phrase a subi une transformation de type.

PHRASE DE BASE QUI N'A SUBI AUCUNE TRANSFORMATION DE TYPE

sujet	prédicat	complément de phrase
La NSA	**est** l'agence responsable du décryptage des codes secrets	aux États-Unis.

Phrase interrogative partielle

sujet	prédicat	complément de phrase
Quelle	**est** l'agence responsable du décryptage des codes secrets	aux États-Unis?

Phrase interrogative totale

sujet	prédicat	(sujet)	complément de phrase
La NSA	**est-**	elle l'agence responsable du décryptage des codes secrets	aux États-Unis?

Phrase impérative

prédicat conjugué à l'impératif	complément de phrase
Sois l'agence responsable du décryptage des codes secrets	aux États-Unis.

Phrase exclamative

	sujet	prédicat		complément de phrase
Comme	la NSA	**est** l'agence responsable du décryptage des codes secrets		aux États-Unis !

2. La phrase a subi une transformation de forme.

PHRASE DE BASE QUI N'A SUBI AUCUNE TRANSFORMATION DE FORME

sujet	prédicat
La Direction générale de la sécurité extérieure	**supervise** le contrespionnage

complément de phrase
en France.

Phrase négative

sujet	prédicat
La Direction générale de la sécurité extérieure	ne **supervise** jamais le contrespionnage

complément de phrase
en France.

Phrase passive

sujet	prédicat
Le contrespionnage	**est supervisé** par la Direction générale de la sécurité extérieure

complément de phrase
en France.

Phrase emphatique

sujet	prédicat
C'est la Direction générale de la sécurité extérieure qui	**supervise** le contrespionnage

complément de phrase
en France.

Phrase impersonnelle

sujet prédicat
Il **paraît** que la Direction générale de la sécurité extérieure supervise le contrespionnage

complément de phrase
en France.

3. La phrase est une phrase à construction particulière.

Phrase à présentatif

présentatif
Voilà les informations que vous attendiez.

Phrase infinitive

GInf
Ne jamais laisser tomber une enquête.

Phrase non verbale

Moi? Espion? Oh! non! Jamais!

ERREURS FRÉQUENTES   ⊙DILON

☐ 1. Il manque un constituant obligatoire de la phrase de base.

✗
complément de phrase   prédicat
De 1979 à 1999, _____ **vend** des secrets aux Soviétiques.

complément de phrase   sujet   prédicat
De 1979 à 1999, Robert Hanssen, agent du FBI, **vend** des secrets aux Soviétiques.

☐ 2. Il y a une erreur dans la transformation d'une phrase.

✗
sujet   prédicat (sujet)
Est-ce que le matricule de James Bond **est**-il 007?

sujet   prédicat
Est-ce que le matricule de James Bond **est** 007?

OU

sujet   prédicat (sujet)
Le matricule de James Bond **est**-il 007?

☐ 3.   La phrase est subordonnée sans la phrase matrice.

✗
complément de phrase
<u>Bien qu'</u>il soit avant tout reporter.
subordonnant

complément de phrase   sujet   prédicat
<u>Bien qu'</u>il soit avant tout reporter, Tintin **mène** souvent des enquêtes.
subordonnant

✗
complément du nom
<u>Qui</u> est le père des aventures du célèbre James Bond.
subordonnant

sujet

              complément du nom

Ian Fleming, <u>qui</u> est le père des aventures du célèbre James Bond,
            subordonnant

prédicat
était aussi **connu** comme agent de renseignements du MI5.

☐ 4.   Le pronom relatif est inapproprié.

sujet

           subordonnée relative   prédicat

✗
La personne <u>que</u> je suis la piste **s'est aperçue** de ma présence.
         CD

sujet

           subordonnée relative   prédicat

La personne <u>dont</u> je suis la piste **s'est aperçue** de ma présence.
         CI

✗
complément de phrase
Depuis quelques jours,

sujet prédicat   subordonnée relative
j' **enquête** au sujet de l'incendie de l'ambassade <u>dont</u> tu travaillais.

complément de phrase
Depuis quelques jours,

sujet prédicat   subordonnée relative
j' **enquête** au sujet de l'incendie de l'ambassade <u>où</u> tu travaillais.
                                    complément indiquant le lieu

☐ 5. La phrase est illisible.

✗ La confidentialité qui est étudié par la cryptologie des méthodes de chiffrement vise à assurer le protéger.

sujet	prédicat	
La cryptologie	**étudie**	les méthodes de chiffrement

subordonnée relative
qui visent à protéger la confidentialité de certains documents.

☐ 6. Il y a une confusion homophonique dans le cas des pronoms relatifs ou des conjonctions.

✗

sujet

? prédicat
L'agent donc je t'ai parlé **vient** de s'approcher de la table de baccara.

sujet

subordonnée relative prédicat
L'agent dont je t'ai parlé **vient** de s'approcher de la table de baccara.

✗

sujet prédicat complément de phrase
Il **portait** un smoking noir comme tout le monde,

? sujet prédicat
mes nous l'**avons** tout de même **repéré** rapidement.

sujet prédicat complément de phrase
Il **portait** un smoking noir comme tout le monde,

conj. sujet prédicat
mais nous l'**avons** tout de même **repéré** rapidement.

L'accord

Les accords sont liés à la grammaire de la phrase. Ce ne sont pas toutes les classes de mots qui varient selon des règles d'accord. Les mots variables sont les noms, les déterminants, les pronoms, les adjectifs et les verbes. D'une manière générale, le nom ou le pronom est un donneur d'accord, alors que les autres sont des receveurs. Il en résulte que les accords relèvent du groupe du nom (GN), dont le nom noyau est un donneur d'accord, et que les accords sont régis par le sujet ou le complément direct du verbe.

L'accord dans le groupe du nom

L'accord dans le groupe du nom (aGN) implique que le nom, donneur d'accord, donne son genre et son nombre au déterminant et à l'adjectif qui l'accompagnent.

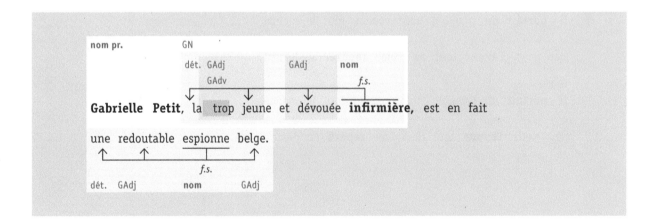

Toutefois, il existe des pièges à éviter à vérifier dans une grammaire.

PIÈGES À ÉVITER

1.   Un adjectif est en relation avec plusieurs noms.

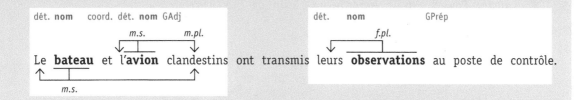

2.   Le noyau du GN est un nom collectif au singulier suivi d'un complément du nom au pluriel.

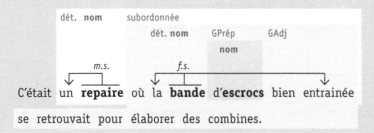

C'était un **repaire** où la **bande** d'**escrocs** bien entrainée

se retrouvait pour élaborer des combines.

REM. L'auteur pourrait aussi choisir d'accorder le participe passé de la façon suivante :

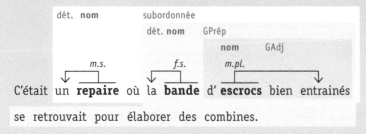

C'était un **repaire** où la **bande** d'**escrocs** bien entrainés

se retrouvait pour élaborer des combines.

3.   D'autres exceptions concernent les adjectifs composés et les adjectifs de couleur.

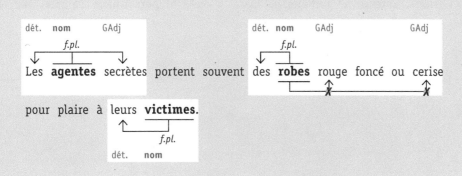

ERREURS FRÉQUENTES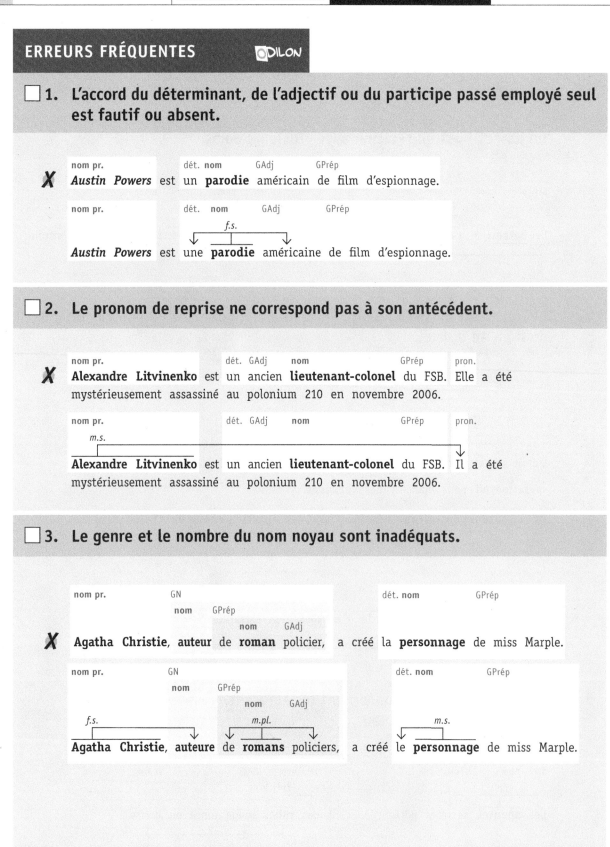

☐ **1. L'accord du déterminant, de l'adjectif ou du participe passé employé seul est fautif ou absent.**

✗
nom pr.   dét. **nom**   GAdj   GPrép
Austin Powers est un **parodie** américain de film d'espionnage.

nom pr.   dét. **nom**   GAdj   GPrép
                                    f.s.
Austin Powers est une **parodie** américaine de film d'espionnage.

☐ **2. Le pronom de reprise ne correspond pas à son antécédent.**

✗
nom pr.   dét. GAdj **nom**   GPrép   pron.
Alexandre Litvinenko est un ancien **lieutenant-colonel** du FSB. Elle a été
mystérieusement assassiné au polonium 210 en novembre 2006.

nom pr.   dét. GAdj **nom**   GPrép   pron.
    m.s.
Alexandre Litvinenko est un ancien **lieutenant-colonel** du FSB. Il a été
mystérieusement assassiné au polonium 210 en novembre 2006.

☐ **3. Le genre et le nombre du nom noyau sont inadéquats.**

✗
nom pr.   GN   dét. **nom**   GPrép
          nom GPrép
                   nom   GAdj
Agatha Christie, **auteur** de **roman** policier, a créé la **personnage** de miss Marple.

nom pr.   GN   dét. **nom**   GPrép
          nom GPrép
                   nom   GAdj
    f.s.   *m.pl.*   *m.s.*
Agatha Christie, **auteure** de **romans** policiers, a créé le **personnage** de miss Marple.

L'accord dans le groupe du verbe

Les accords dans le groupe du verbe (aGV) sont commandés par le sujet dans les cas de l'accord du verbe conjugué à une forme simple, de l'auxiliaire d'un verbe conjugué à un temps composé, de l'attribut du sujet et du participe passé employé avec l'auxiliaire *être*. Pour les participes passés employés avec l'auxiliaire *avoir*, l'accord se fera avec le complément direct, s'il est placé devant le verbe.

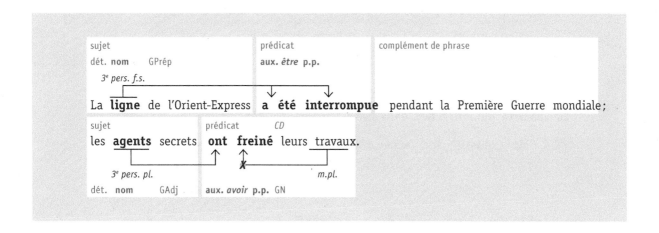

Toutefois, il existe plusieurs pièges à éviter à vérifier dans une grammaire.

PIÈGES À ÉVITER

1.   Le sujet est constitué de plusieurs groupes.

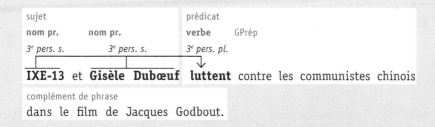

2.   Le sujet est constitué de noms et de pronoms de personnes différentes.

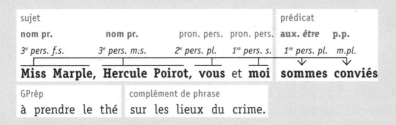

sujet				prédicat	
nom pr.	nom pr.	pron. pers.	pron. pers.	aux. *être*	p.p.
3ᵉ pers. f.s.	3ᵉ pers. m.s.	2ᵉ pers. pl.	1ʳᵉ pers. s.	1ʳᵉ pers. pl.	m.pl.

Miss Marple, Hercule Poirot, vous et **moi**   sommes conviés

GPrép	complément de phrase
à prendre le thé	sur les lieux du crime.

3.   Les éléments qui composent le sujet sont coordonnés par *ou* ou par *ni*.

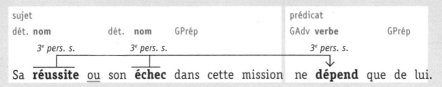

sujet			prédicat	
dét. **nom**	dét. **nom**	GPrép	GAdv **verbe**	GPrép
3ᵉ pers. s.	3ᵉ pers. s.		3ᵉ pers. s.	

Sa **réussite** <u>ou</u> son **échec** dans cette mission   ne **dépend** que de lui.

REM. Soit la réussite, soit l'échec dépend.

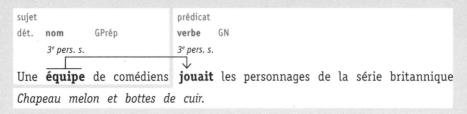

sujet			prédicat	
dét. **nom**	dét. **nom**		GAdv **verbe**	GPrép
3ᵉ pers. pl.	3ᵉ pers. pl.		3ᵉ pers. pl.	

<u>Ni</u> les **coups** d'État <u>ni</u> les **complots**   ne **viennent** à bout de l'équipe de *Mission : impossible.*

REM. Les deux ne viennent pas à bout.

4.   Le sujet comporte une expression collective ou l'expression *plus d'un*.

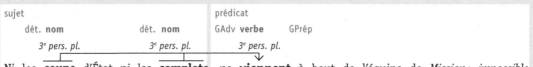

sujet		prédicat	
dét. **nom**	GPrép	**verbe**	GN
3ᵉ pers. s.		3ᵉ pers. s.	

Une **équipe** de comédiens **jouait** les personnages de la série britannique *Chapeau melon et bottes de cuir.*

OU

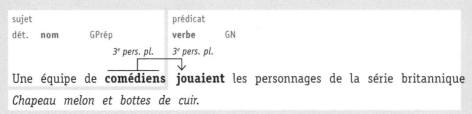

sujet		prédicat	
dét. **nom**	GPrép	**verbe**	GN
3ᵉ pers. pl.		3ᵉ pers. pl.	

Une équipe de **comédiens** **jouaient** les personnages de la série britannique *Chapeau melon et bottes de cuir.*

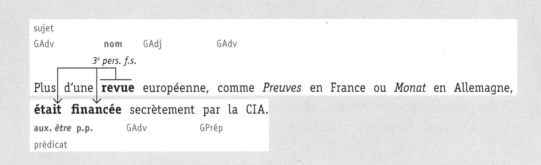

5. **Il s'agit de l'un des cas particuliers de l'accord du participe passé employé avec l'auxiliaire *avoir*.**

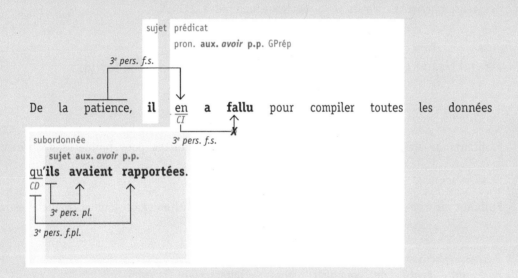

ERREURS FRÉQUENTES

□ **1. Le verbe ou l'auxiliaire de conjugaison n'est pas accordé avec le sujet.**

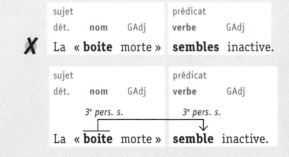

☐ 2. Le participe passé ou l'attribut n'est pas accordé.

✗

sujet				prédicat		
nom pr.		dét. nom	GN	aux. *être*	p.p.	GPrép

Julius Rosenberg et sa **femme**, Ethel, **ont été accusé** d'avoir transmis des renseignements relatifs à la bombe atomique à l'URSS.

sujet				prédicat		
nom pr.		dét. nom	GN	aux. *être*	p.p.	GPrép
3ᵉ pers. m.s.		3ᵉ pers. f.s.		3ᵉ pers. pl.	m.pl.	

Julius Rosenberg et sa **femme**, Ethel, **ont été accusés** d'avoir transmis des renseignements relatifs à la bombe atomique à l'URSS.

☐ 3. Le participe présent ou l'infinitif invariables sont accordés.

✗

complément de phrase GPart	sujet pron.	prédicat pron. aux. *être* p.p.	GPrép

Profitants de son absence, nous nous **sommes introduites** pour fouiller son classeur.

complément de phrase GPart	sujet pron.	prédicat pron. aux. *être* p.p.	GPrép

Profitant de son absence, nous nous **sommes introduites** pour fouiller son classeur.

✗

sujet pron.	prédicat aux. *avoir* p.p.	GPrép	?

Ils **ont tenté** de vendrent leurs résultats à l'ennemi.

sujet pron.	prédicat aux. *avoir* p.p.	GPrép

Ils **ont tenté** de vendre leurs résultats à l'ennemi.

L'accord dans le groupe de l'adverbe

Les accords dans le groupe de l'adverbe (aGAdv) sont très rares puisque la quasi-totalité des adverbes est invariable. Il y a néanmoins une exception : l'adverbe *tout,* qui s'accorde dans certaines circonstances.

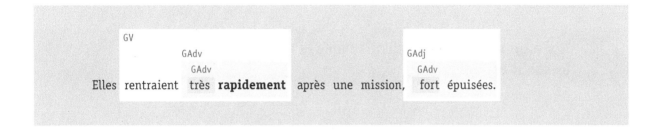

Il existe un seul piège à vérifier dans une grammaire.

PIÈGE À ÉVITER

1.   L'adverbe *tout* varie devant un adjectif féminin qui commence par une consonne ou par un *h* aspiré.

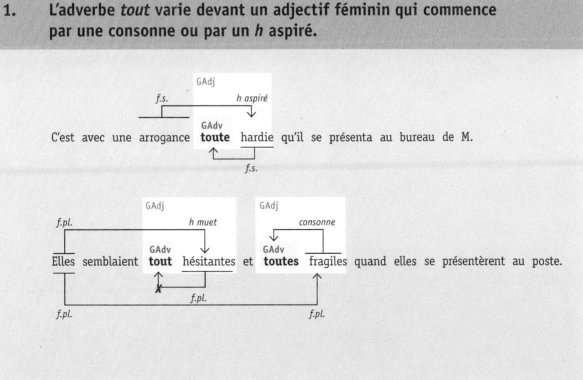

ERREURS FRÉQUENTES

☐ 1. Un adverbe invariable est accordé.

✗ GV
Ils avançaient **prudemments** jusqu'au lieu de rencontre.
(GAdv)

GV
Ils avançaient **prudemment** jusqu'au lieu de rencontre.
(GAdv)

☐ 2. Il y a un mauvais accord dans l'un des cas particuliers de *tout* lorsqu'il est adverbe.

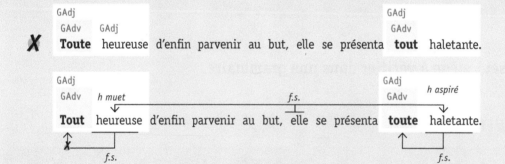

La conjugaison

MISSION : C

En conjugaison française (C), les verbes se divisent en deux groupes : ceux dont la terminaison à l'infinitif est en –*er* et les autres, qui se terminent en –*ir, –oir, –re,* etc. Tous les verbes qui appartiennent au premier groupe se conjuguent de la même façon ; pour les autres, les règles sont plus variables.

La règle générale de conjugaison divise un verbe en deux éléments : le radical, qui porte le sens du verbe, et la désinence, qui indique le mode, le temps, la personne et le nombre. Puisque le radical est lié au sens du mot, il ne varie pas.

Une erreur de conjugaison consiste donc en une mauvaise désinence verbale.

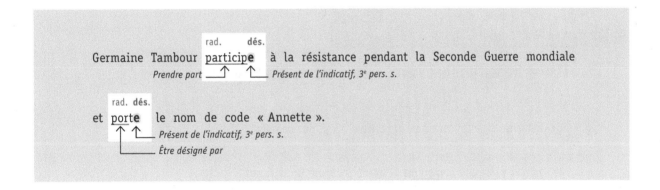

rad. dés.

Germaine Tambour participe à la résistance pendant la Seconde Guerre mondiale
Prendre part   Présent de l'indicatif, 3ᵉ pers. s.

rad. dés.

et porte le nom de code « Annette ».
          Présent de l'indicatif, 3ᵉ pers. s.
          Être désigné par

Un précis de conjugaison répondra à certaines difficultés de conjugaison.

PIÈGES À ÉVITER

1. Un verbe appartient au deuxième groupe de conjugaison.

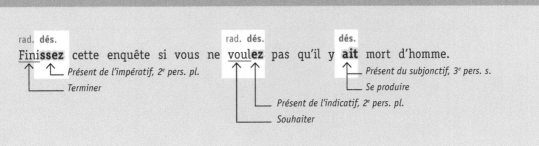

rad. dés.   rad. dés.   dés.

Finissez cette enquête si vous ne voulez pas qu'il y ait mort d'homme.
      Présent de l'impératif, 2ᵉ pers. pl.   Présent du subjonctif, 3ᵉ pers. s.
      Terminer   Se produire
                              Présent de l'indicatif, 2ᵉ pers. pl.
                              Souhaiter

2.   Le verbe *aller* est le seul verbe en *–er* qui est un verbe irrégulier.

rad. **dés.**   rad. **dés.**

Vous ir**ez** loin, mon cher, si vous all**ez** me chercher cette information.
⌐ *Futur simple de l'indicatif, 2e pers. pl.*   ⌐ *Présent de l'indicatif, 2e pers. pl.*

3.   Un verbe conjugué se prononce parfois comme le nom de la même famille, mais ne s'écrit pas de la même façon.

Il s'ennui**e** de son trav**ail** de limier depuis que les ministres envoi**ent**
⌐ *verbe ennuyer, ~~nom~~* ⌐ *nom, ~~verbe travailler~~*   *verbe envoyer, ~~nom~~* ⌐

des menaces de mort.

ERREUR FRÉQUENTE

☐ **1.   Un verbe est bien accordé, mais est mal conjugué.**

✗   Elle mourira si elle continut à prendre trop de risques.

rad. **dés.**   rad.   **dés.**

Elle mou<u>rra</u> si elle <u>continue</u> à prendre trop de risques.
        ↑ ↑   ↑   ↑ *Présent de l'indicatif, 3e pers. s.*
        │ │   │   └─ *Verbe continuer = 1er groupe*
        │ │   └── *Futur simple de l'indicatif, 3e pers. s.*
        │ └── *Futur simple de l'indicatif, 3e pers. s.*
        └── *Verbe mourir = 2e groupe*

L'orthographe d'usage

MISSION : U

L'orthographe d'usage (U), c'est la manière correcte d'écrire un mot, indépendamment de ses flexions grammaticales en genre ou en nombre. Pour vérifier l'orthographe d'usage, le dictionnaire est le meilleur outil. Toutefois, appartiennent aussi au domaine de l'orthographe d'usage les troncations, les abréviations et les coupures en fin de ligne, les signes auxiliaires, les majuscules et les minuscules. Un bon guide de typographie ou de rédaction est également un outil à privilégier.

Il n'existe pas de règle absolue en orthographe d'usage. Il faut surtout voir venir les pièges et vérifier l'orthographe d'un mot en cas de doute. Voici une liste des principaux pièges de l'orthographe d'usage.

PIÈGES À ÉVITER

1.   Il existe souvent plusieurs graphies pour un même son.

Sapristi! J'ai lais**s**é tout **ç**a **c**irculer **s**ans **s**auvegarder le code **s**ecret national.

Je pri**ai** Raymond Labrosse, notre **hé**ros, de cess**er** imm**é**diatement de prendre son pi**ed** ch**ez** l**es** alli**és**.

2.   Certains mots contiennent des consonnes redoublées.

Attention! Les espio**nn**es se gre**ff**ent i**ll**également des a**pp**areils et des a**cc**e**ss**oires de**ss**us les oreilles.

3.   D'autres mots cachent des lettres muettes.

L'auto**m**ne, il fait froi**d** et mon r**h**ume retarde le pai**e**ment des com**p**tes, malgré mon dévou**e**ment envers le chef.

4.   Les lettres *c* et *g* ne produisent pas toujours le même son.

Le **ge**ôlier a**ga**çait le **ge**ndarme qui témoi**gn**ait à **ce** pro**c**ès en faisant le **gu**ignol et en étant **c**ynique et **c**omplaisant.

5.   Certains mots ont une orthographe proche de celle utilisée en anglais.

Avec mes ba**g**ages et ce tra**f**ic, je peinais à arriver à l'a**d**res**s**e de l'inspecteur qui m'hébergerait dans le co**n**fort de sa vaste demeure.

6.   Le français utilise plusieurs signes auxiliaires (accents, cédille, tréma, apostrophe, trait d'union) qu'il faut employer correctement.

Eli Cohen, c**é**l**è**bre espion d'Isra**ë**l d**é**masqu**é** par les Syriens, d**é****ç**oit-il l'**É**tat h**é**breu ?

ERREURS FRÉQUENTES

☐ 1.   Un mot est mal orthographié.

✗   « Rens**è**gnement » est le **therme** **oficiel** et **moin** **pejoratif** pour **dèsigner** l'**espionage**.
   « Rens**ei**gnement » est le **te**rme **off**iciel et moin**s** p**é**joratif pour d**é**signer l'espio**nn**age.

☐ 2.   Il y a un problème avec les signes auxiliaires.

✗   Arsène Lupin, personnage de Maurice Leblanc, donne **t'il** une **lecon** à une espionne dans **la** œuvre *l'Eclat d'obus*?
   Arsène Lupin, personnage de Maurice Leblanc, donne-**t-il** une le**ç**on à une espionne dans l'œuvre *l'**É**clat d'obus*?

☐ 3.   Un mot est mal abrégé.

✗   **Mons.** Sabin, **rend.-vous** à 16 **hrs** 20 sur le quai **#** 15 de la **Co.** de chemin de **f.** du **Qué.**
   M. Sabin, **r.-v.** à 16 **h** 20 sur le quai **n°** 15 de la **Cie** de **ch. de f.** du **QC**.
   (Monsieur Sabin, rendez-vous à seize heures vingt sur le quai numéro quinze de la Compagnie de chemin de fer du Québec.)

La ponctuation

MISSION : P

La ponctuation (P) regroupe un ensemble de signes graphiques qui servent à mettre en relief la structure d'un texte, le plus souvent des phrases ou des groupes de la phrase. Une erreur en ponctuation est causée par une utilisation fautive de ces signes: soit un signe est absent, soit il n'est pas placé au bon endroit, soit il est inutilement employé.

Il existe plusieurs signes de ponctuation. Certains sont utilisés à la fin des phrases (le point, le point d'interrogation, le point d'exclamation, les points de suspension), d'autres sont employés au milieu (la virgule, le point-virgule, le deux-points), d'autres encore encadrent les éléments qui composent la phrase (guillemets, parenthèses, crochets, tirets).

Enfin, les majuscules en début de phrase font partie de la ponctuation.

Règle générale

Le point se place à la fin de la phrase.

Phrase déclarative

Double crime sur la ligne Maginot est un roman policier de Pierre Nord.

Phrase interrogative

OSS 117 est-il un personnage fantaisiste?

Phrase exclamative

Comme cette enquêteuse est têtue!

Phrase interrompue

J'allais avouer que...

PIÈGES À ÉVITER

1. La virgule marque le détachement, la juxtaposition, la coordination ou l'effacement.

GN détaché

George Smiley, un personnage de John Le Carré, est l'opposé de James Bond.

GN juxtaposés

Politiciens, juristes, militaires, chercheurs tentent d'influencer l'opinion publique au sujet des grands conflits.

L'agent provocateur est utilisé pour infiltrer les groupes criminels,

subordonnée coordonnée

même s'il doit participer à certains délits.

GV effacé

Je m'occupe de surveiller l'entrée et toi , la sortie.

2. Le point-virgule sépare des phrases liées par le sens ou les éléments d'une liste.

phrase autonome

Cette compagnie est réputée pour son matériel ultraminiaturisé ;

phrase autonome

elle fabrique d'excellentes caméras de surveillance.

Il peut porter l'un des noms suivants:
Francis Berthiaume;
Antoine Plante;
Jules Gauthier;
Henri Troutet.

3. Le deux-points introduit une explication, une énumération ou un discours rapporté direct.

explication

Une opération clandestine n'est jamais revendiquée par un État: elle est illégale.

énumération

Tu fais tout disparaitre: les papiers, les photographies, les bandes vidéo et les disquettes.

L'épisode commence toujours par:

discours rapporté direct

« Bonjour, Monsieur Phelps. Votre mission, si toutefois vous l'acceptez... »

4.   Les guillemets encadrent un discours rapporté direct ou une expression rapportée.

expression rapportée

En France, le « cabinet noir » était un service chargé d'intercepter des lettres jugées dangereuses pour l'État.

5.   Les parenthèses encadrent l'information facultative.

GN facultatif

Giacomo Casanova (oui, le séducteur célèbre) disait qu'il était espion à la solde du Grand Conseil de Venise.

6.   Les crochets sont utilisés pour marquer une modification à l'intérieur d'une citation.

passage tronqué

« Je n'aime pas beaucoup le palais de Justice qui [...] abrite

ajout d'une explication

des locaux de la P.J. [police judiciaire][1]. »

7.   Les tirets servent à mettre en relief le groupe qu'ils encadrent.

phrase incidente

Chester Himes – je l'adore – est un auteur afro-américain de nouvelles policières.

---

1. Léo MALLET, « Faux frère », dans *Noire série : Nouvelles policières 2*, Paris, GF-Flammarion, coll. « Étonnants classiques », 2005, p. 55.

ERREURS FRÉQUENTES

☐ 1. Un signe de ponctuation est absent ou fautif.

✗ À la fin du XIXᵉ siècle Alfred Dreyfus, à l'origine d'une grave, polémique est injustement condamné pour espionnage.

complément de phrase détaché   GPrép détaché
À la fin du XIXᵉ siècle, Alfred Dreyfus, à l'origine d'une grave polémique, est injustement condamné pour espionnage.

✗ J'avais tout prévu le temps pluvieux, le café froid et l'enseigne lumineuse dans la fenêtre du bureau de l'inspecteur

énumération introduite
J'avais tout prévu: le temps pluvieux, le café froid et l'enseigne lumineuse

dans la fenêtre du bureau de l'inspecteur.

☐ 2. Il y a un mauvais usage des majuscules et des minuscules.

✗ Je fréquentais les fumeries d'opium Chinoises pendant la seconde Guerre Mondiale.

nom pr.
GAdj   GAdj   nom   GAdj
Je fréquentais les fumeries d'opium chinoises pendant la Seconde Guerre mondiale.

✗ George H. W. bush a dirigé la cia
du Vendredi 30 Janvier 1976 au Jeudi 20 Janvier 1977.

nom pr.
George H. W. Bush a dirigé la CIA
un sigle s'écrit en majuscules

du vendredi 30 janvier 1976 au jeudi 20 janvier 1977.
les noms de jours et de mois sont des noms communs

☐ 3. Un signe d'encadrement est absent.

✗ Nikita décrocha le téléphone et entendit une voix masculine lui dire: « Joséphine...

discours rapporté direct
Nikita décrocha le téléphone et entendit une voix masculine lui dire: « Joséphine... »

Le lexique

Le lexique (L) consiste dans le choix des mots et de leur sens. À l'écrit comme à l'oral, il faut choisir un mot qui correspond à ce que l'on veut exprimer tout en tenant compte du contexte et du registre de langue utilisé. Il faut également veiller à ne pas tomber dans les pièges des anglicismes, à varier les expressions et à éviter d'inventer des mots qui n'existent pas.

Pour ce qui a trait au lexique, l'ouvrage de référence à consulter est le dictionnaire, dans lequel on portera une attention toute particulière aux définitions. Des ouvrages consacrés aux anglicismes, aux pièges de la langue et aux difficultés du français pourraient également servir à vérifier certains usages.

ERREURS FRÉQUENTES

☐ 1. Une expression ou un mot est un anglicisme.

✗ Tous étaient convaincus que les États-Unis avaient un agenda caché en Amérique du Sud.

Tous étaient convaincus que les États-Unis avaient un **plan secret** en Amérique du Sud.

✗ Q prenait pour acquis que James Bond réussirait à utiliser le nouveau gadget.

Q **tenait pour acquis** que James Bond réussirait à utiliser le nouveau gadget.

☐ 2. Une expression ou un mot n'a pas de sens.

✗ Elsa n'aura pas le temps de faire la cueillette de données en si peu de temps.

Elsa n'aura pas le temps de faire la **collecte de données** en si peu de temps.

✗ L'équipe avait réussi à déjouer un important réseau de blanchissement d'argent.

L'équipe avait réussi à déjouer un important réseau de **blanchiment d'argent**.

✗ En longeant le mûr, il était certain de ne pas être repéré.

En longeant **le mur**, il était certain de ne pas être repéré.

☐ 3.   Le registre de langue ne convient pas à la situation d'énonciation.

✗   Quelques heures plus tard, je repris conscience au milieu du hall d'entrée avec un méchant mal de bloc; une note était épinglée au revers de ma veste de tweed.

Quelques heures plus tard, je repris conscience au milieu du hall d'entrée avec une **migraine extrême**; une note était épinglée au revers de ma veste de tweed.

✗   Vous fîtes preuve de courage quand vous réussîtes à vous libérer de ces maudits flics.

Vous fîtes preuve de courage quand vous réussîtes à vous libérer de ces **agents de police détestables**.

☐ 4.   Un mot n'existe pas.

✗   Le poème « Chanson d'automne », de Paul Verlaine, a été utilisé comme code secret diffusé sur Radio Londres pour informer les résistants de la débarcation de Normandie.

Le poème « Chanson d'automne », de Paul Verlaine, a été utilisé comme code secret diffusé sur Radio Londres pour informer les résistants du **débarquement** de Normandie.

✗   Il y a eu du manœuvrement stratégique au pôle Nord pendant la guerre froide.

Il y a eu **des manœuvres stratégiques** au pôle Nord pendant la guerre froide.

La cohérence

La cohérence d'un texte est essentielle pour que le lecteur suive la progression et le raisonnement de l'auteur sans difficulté. Cela implique, d'une part, l'utilisation d'organisateurs textuels qui marquent l'articulation du texte, mais aussi, d'autre part, le respect de la logique temporelle. La cohérence est assurée quand, d'un point de vue global, le texte respecte une série de principes qui régissent l'organisation du propos.

La cohérence logique

La cohérence logique (cL) du texte est la capacité de l'auteur à guider son lecteur à travers un raisonnement ou un déroulement. Elle implique une vue d'ensemble sur le propos, une structure globale qui témoigne de la présence d'un plan. Elle consiste en un enchainement harmonieux d'idées, une manière juste de progresser qui crée une séquence organisée et une absence de contradiction.

Principe de cohérence

Chaque phrase contient un propos qui fait progresser le texte en ajoutant des informations.

1re information
Entre Berlin et Postdam, il y a un pont mythique qui traverse la Havel:

2e information   3e information
le pont de Glienicker. C'est un lieu célèbre de la guerre froide

4e information
où Soviétiques et Américains échangeaient des prisonniers.

5e information
D'ailleurs, en 1985, 23 prisonniers politiques est-allemands passèrent aux mains

des Américains contre quatre espions détenus aux États-Unis.

ERREURS FRÉQUENTES

☐ 1. Un organisateur textuel ne convient pas.

✗ Une « taupe » est un agent double. En dépit d'infiltrer un laboratoire de recherche, il gagne la confiance de ses dirigeants. Or, il accède à de l'information secrète qu'il transmet à une autre organisation. Dans ce but, c'est une pratique malhonnête répandue dans le domaine industriel.

Une « taupe » est un agent double. [but] Afin d'infiltrer un laboratoire de recherche, il gagne

la confiance de ses dirigeants. [conséquence] C'est pourquoi il accède à de l'information secrète qu'il

transmet à une autre organisation. [opposition] En revanche, c'est une pratique malhonnête répandue

dans le domaine industriel.

☐ 2. Il y absence d'organisateur textuel.

✗ Pour vous rendre au bal de l'ambassade, roulez, puis tournez sur le chemin qui longe le lac. La demeure est située.

Pour vous rendre au bal de l'ambassade, roulez [lieu] au sud, puis tournez [lieu] à gauche

sur le chemin qui longe le lac. La demeure est située [lieu] tout au bout.

☐ 3. Il y a rupture textuelle.

✗ Markus Wolfe est le dirigeant de la police secrète de l'ex-République démocratique allemande. En effet, la première photographie de lui prise par les services occidentaux ne date que de 1979.

Markus Wolfe est le dirigeant de la police secrète de l'ex-République démocratique allemande. Il est surnommé « l'homme sans visage » aux États-Unis. En effet, la première photographie de lui prise par les services occidentaux ne date que de 1979.

La cohérence temporelle

La cohérence temporelle (cT) sert à situer le lecteur dans le temps. Cet aspect du texte peut relever de l'ordre dans lequel l'information est présentée ou du temps où se situe le propos. Il convient donc d'employer des indices de temps et de respecter les règles de la concordance des temps.

Règle de la concordance des temps

Le temps du verbe de la phrase matrice commande le temps du verbe de la phrase subordonnée selon que l'action se déroule avant, pendant ou après l'action de la matrice. Le principe s'étend aussi au texte en général en organisant le temps des phrases matrices entre elles.

Le « secret du roi » était [ind. imparfait] un service mis en place par Louis XV.

À l'époque [indice temp.], son influence a constitué [ind. passé composé] une force politique considérable.

À l'intérieur, il contrôlait [ind. imparfait] les ministres. À l'extérieur, il cherchait [ind. imparfait] à augmenter l'autorité française dans l'ensemble de l'Europe. Ainsi, il a étendu [ind. passé composé] son action pendant [indice temp.] une vingtaine d'années, puis [indice temp.] a été dissout [ind. passé composé passif] en 1774 [indice temp.]. Après sa disparition [indice temp.], ses espions auraient pris [ind. conditionnel passé] part à des opérations qui influencèrent [ind. passé simple] la guerre

de l'Indépendance américaine.

ERREURS FRÉQUENTES

☐ 1. La concordance des temps est inadéquate.

✗ La célèbre « Série noire » a débuté en 1945. Les éditions Gallimard chercheraient alors à publier des romans policiers qui plairont au public entiché de traductions américaines. Le poète Jacques Prévert trouve le nom de cette collection qui faisait marque.

La célèbre « Série noire » a débuté [ind. passé composé] en 1945. Les éditions Gallimard cherchaient [ind. imparfait]

alors à publier des romans policiers qui plairaient [ind. conditionnel présent] au public entiché

de traductions américaines. Le poète Jacques Prévert trouva [ind. passé simple] le nom de cette

collection qui ferait [ind. conditionnel présent] marque.

☐ 2. Il y a absence ou abus ou incohérence dans l'utilisation des organisateurs temporels.

✗ Odette Samson s'installe en Angleterre avec son mari. Elle est recrutée pour participer à la Résistance. Elle gagne la France. Elle est trahie par un agent double, torturée par la Gestapo, envoyée au camp de concentration de Ravensbrück. Elle témoigne contre ses gardes dans un procès pour crimes de guerre.

En 1931, [indice temp.] Odette Samson s'installe en Angleterre avec son mari.

Elle est recrutée dix ans plus tard [indice temp.] pour participer à la Résistance.

Elle gagne alors [indice temp.] la France. Elle est trahie par un agent double

en 1943, [indice temp.] torturée par la Gestapo, puis envoyée au camp de concentration

de Ravensbrück. Après la capitulation de l'Allemagne, [indice temp.] elle témoigne

contre ses gardes dans un procès pour crimes de guerre.

DES TEXTES
À SCRUTER
À LA LOUPE

Chapitre : 004

MISSION: *POSSIBLE*   L'ENQUÊTE

Situations de lecture et d'écriture

Le présent chapitre prend la forme d'une anthologie de textes variés dont les principaux objectifs sont de susciter le gout de la lecture et d'ouvrir la discussion. On y trouve un échantillon de genres, d'époques et de styles pour exposer la diversité littéraire. Pour faciliter le repérage, les textes sont présentés en ordre alphabétique d'auteur[1].

Chaque œuvre est introduite par une rapide présentation du genre, de l'auteur et de l'œuvre elle-même. De plus, s'il s'agit d'un extrait, une mise en contexte facilite la compréhension du lecteur.

À la suite de la lecture, cinq sujets de rédaction proposent autant d'avenues pour explorer plus en profondeur l'extrait à partir de différentes approches: analytique, impressionniste, critique, créative ou discursive. L'éventail des sujets encourage l'expérience de différentes situations d'énonciation, toujours à partir d'un texte, pour susciter le gout d'écrire et de réfléchir.

Enfin, chaque extrait se termine par une rubrique « Sur la même piste », qui propose des œuvres du même auteur ou apparentées par le style ou le traitement. Ceux qui auront apprécié leur lecture pourront alors poursuivre leurs découvertes.

---

1. À l'exception des deux derniers textes de la série, *la Géographie* et *Voyages,* qui proposent les mêmes exercices et suggestions de lecture à la fin du chapitre.

Les genres littéraires

Traditionnellement, les œuvres littéraires sont classées selon leur forme. C'est ce qu'on appelle un genre, une catégorie d'œuvre qui se démarque par des caractéristiques formelles précises et même parfois par des thèmes. Il existe trois ensembles auxquels toutes les œuvres littéraires peuvent appartenir : les genres poétique, narratif et dramatique.

Le texte poétique

Le genre poétique est celui qui met en relief les ressources musicales de la langue, les sonorités et le rythme. C'est pour cette raison que, jusqu'au XIXe siècle, la poésie était régie par un ensemble de règles strictes qu'on appelle la versification. Depuis la fin du XIXe siècle, cependant, la poésie n'est plus obligatoirement versifiée, elle peut s'écrire en prose ou en vers libres. La poésie est également le genre qui repose sur des images et sur des impressions très personnelles de l'auteur. C'est au genre poétique qu'appartiennent les sonnets, les calligrammes et les odes.

Le texte narratif

Le genre narratif se démarque par la présence d'un narrateur dont la fonction est de raconter une histoire. Cette histoire peut être plus ou moins longue, réelle ou fictive, mais consiste toujours en une série d'actions qui se dérouleront dans un temps et un lieu. Les romans, contes et nouvelles appartiennent au genre narratif.

Le texte dramatique

Le genre dramatique regroupe toutes les formes de théâtre. C'est un genre dont la principale caractéristique est qu'il n'est pas destiné à être lu, mais à être regardé sur scène. En effet, le théâtre est conçu pour présenter une histoire qui se déroule devant les yeux d'un spectateur alors qu'elle est interprétée par des acteurs. La comédie, le drame et le sketch font partie du genre dramatique.

Les genres non littéraires

Le texte courant

Tout ce qui est écrit n'est pas littérature. La plupart des textes, d'ailleurs, n'en sont pas. Ce sont les textes courants. Pour être littéraire, un texte doit être écrit avec un souci évident de produire une œuvre qui se démarque pour ses qualités esthétiques. Un article de journal, un manuel scolaire et un rapport de laboratoire sont des textes courants qui n'appartiennent pas au domaine littéraire.

Texte
dramatique

Jésus de Montréal
Denys Arcand

Le **scénario** est un ouvrage à la fois technique et littéraire qui correspond à une version écrite des œuvres audiovisuelles, comme les films ou les émissions de télévision. Il se lit comme une pièce de théâtre, mais est rédigé dans un style moins littéraire. Le scénario accorde une grande importance aux éléments visuels et auditifs qui se retrouveront à l'écran ou sur la bande sonore.

Présentation de l'œuvre

Denys Arcand (1941-...) est l'un des plus grands cinéastes québécois. Après des études en histoire, Arcand se consacre au cinéma pour lequel il réalise tant des documentaires (*On est au coton* (1970), *le Confort et l'indifférence* (1981), etc.) que des fictions (*Réjeanne Padovani* (1973), *le Crime d'Ovide Plouffe* (1984), etc.). Sa carrière prend une envergure internationale avec *le Déclin de l'empire américain* (1986), remarqué au prestigieux Festival de Cannes. Il connait la consécration avec *les Invasions barbares* (2003), qui remporte le Prix du scénario à Cannes et l'Oscar du meilleur film en langue étrangère à Hollywood.

Jésus de Montréal, réalisé en 1989, est le film qui succède au *Déclin de l'empire américain* dans la filmographie d'Arcand. Il s'agit d'une adaptation de la vie du Christ dans le Montréal des années 1980. Ce film a remporté, à Cannes, le Prix du jury et le Prix du jury œcuménique en 1989, et à Toronto, le Génie du meilleur film canadien en 1990.

Mise en contexte

Daniel Coulombe, jeune comédien, est engagé pour incarner Jésus dans le Chemin de la croix de l'oratoire Saint-Joseph, à Montréal. Il regroupe autour de lui une petite troupe d'acteurs qui incarneront les grands personnages de la *Passion*.

Alors qu'il accompagne Mireille, une des comédiennes de la troupe, à une audition pour une publicité de bière, Daniel est pris de rage devant l'arrogance des producteurs qui demandent à Mireille de retirer pantalon et chandail. Il perd le contrôle et détruit tout dans la salle d'audition. Peu de temps après, il est arrêté et conduit devant le juge.

Jésus de Montréal   Jésus de Montréal   Jésus de Montréal   Jésus de Montréal

Palais de Justice. Salle d'audience. [...] Intérieur. Jour.

Daniel entre dans la salle d'audience, derrière un policier en uniforme. Il salue Mireille et Constance, assises à côté de Cardinal. C'est une salle moderne, assez petite. En avant, la tribune du juge est surélevée d'à peine quelques centimètres ; devant lui, deux
5   greffières remuent des piles de documents. Du côté gauche de la tribune, une avocate et un avocat de la Couronne, très jeunes, fouillent eux aussi dans des documents. Du côté droit, des avocats de la défense sortent des documents de leurs serviettes, consultent leurs agendas et jasent entre eux. L'atmosphère est détendue.

GREFFIÈRE 1

Numéro 24, Richard Tremblay.

JUGE

10　Est-ce qu'il est là, Richard Tremblay? Richard Tremblay? *(Silence.)* Défaut de comparaître.

GREFFIÈRE 1

Numéro 25, Daniel Coulombe.

DANIEL

(En se levant.) C'est moi.

Richard Cardinal se lève et s'avance vers le tribunal.

CARDINAL

15　Votre Seigneurie, s'il vous plaît, je suis maître Richard Cardinal. Est-ce que je peux m'entretenir avec le prévenu une seconde?

JUGE

(Calmement, en jetant un coup d'œil à sa montre.) D'accord, mais faites ça rapidement. On en a soixante ce matin.

CARDINAL

Ah... merci.

20　Cardinal s'approche de Daniel. Ils vont chuchoter.

CARDINAL

C'est Mireille qui m'a demandé de venir. Laissez-moi vous représenter.

DANIEL

C'est pas nécessaire. Je vous remercie.

CARDINAL

Les accusations sont assez sérieuses. Vous pourriez avoir une mauvaise surprise.

DANIEL

J'ai besoin de personne.

CARDINAL

25　Vous êtes sûr?

DANIEL

Sûr.

CARDINAL

C'est risqué.

Daniel détourne la tête. Cardinal s'éloigne.

CARDINAL

Merci, votre Seigneurie.

30   Cardinal revient s'asseoir près de Mireille et Constance.

JUGE

Vous voulez assurer votre défense vous-même?

DANIEL

Oh, j'ai pas de défense.

JUGE

Vous savez que vous avez droit à l'aide juridique.

DANIEL

Vous êtes bien aimable, mais j'en ai pas besoin. Je plaide coupable.

35   Un temps. Le juge sourit.
[...]

Corridor vitré au haut d'un édifice du centre-ville. Intérieur. Jour.

Daniel, Zabou et Cardinal marchent lentement, en
s'arrêtant parfois près d'une vitre d'où on voit la ville
par un beau jour d'été.

CARDINAL

40   Non, je suis avocat, mais je pense que c'est la première fois en cinq ans que je mettais
les pieds en Cour.

DANIEL

Vous faites quoi normalement?

CARDINAL

Presque tous mes clients, en fait je devrais dire mes amis, sont dans les milieux média-
tiques, show-business, littérature. Alors je fais les contrats, la planification fiscale, les
45   investissements financiers; dans certains cas, ça peut aller jusqu'au plan de carrière.

DANIEL

C'est quoi, ça, un plan de carrière?

CARDINAL

Ah, c'est quelque chose que je fais, disons, avec quelqu'un qui est encore relativement
jeune, mais qui sait pas au juste comment exploiter son talent. Alors on s'assoit ensemble
et puis on essaie de voir ce qu'il veut faire exactement; en fait, on essaie de définir ses
50   rêves. Et ensuite on établit les étapes pour les réaliser.

DANIEL

Ça fonctionne?

CARDINAL

(Lui montrant le quartier Hochelaga.) Je connais une actrice qui est née là-bas dans les
quartiers ouvriers et qui habite maintenant Malibu Beach. *(Ils se sont arrêtés devant la
fenêtre, appuyés à la rampe.)* Je pourrais vous en nommer d'autres qui sont venues de
55   Shawinigan ou de Saint-Raymond-de-Portneuf et qui ont des hôtels particuliers à Paris
ou des lofts à New York.

Jésus de Montréal   Jésus de Montréal   Jésus de Montréal   Jésus de Montréal

> Un homme passe, complet-veston, cheveux gris,
> pressé. Cardinal lui serre la main et lui fait un signe de
> connivence. Daniel et lui reprennent leur marche.

DANIEL

60   Pour tout ça, faut faire quoi ?

CARDINAL

Rien de spécial. Ce que vous aimez.

DANIEL

Même jouer le Chemin de la croix au Sanctuaire ?

CARDINAL

Jésus-Christ est un personnage tout à fait à la mode. Mais il faudrait être en studio demain matin pour faire les émissions culturelles du week-end.

DANIEL

65   Sauf une exception, j'ai pas été invité, je pense.

CARDINAL

Je peux faire deux ou trois téléphones si vous voulez. C'est jamais bien compliqué : il y a davantage d'espace média que de gens qui ont des choses à dire.

DANIEL

J'ai pas grand-chose à dire moi-même, vous savez.

CARDINAL

C'est pas vraiment essentiel. Vous êtes un très bon acteur.

DANIEL

70   Un acteur a besoin d'un texte.

CARDINAL

On pourrait vous écrire un canevas. Il y a une manière de dire des insignifiances qui est extrêmement populaire. Pensez à Ronald Reagan. Il y en a d'autres. Dans tous les pays maintenant, les acteurs sont omniprésents. La télévision, la radio, les magazines. Il y a que des acteurs, partout.

ZABOU

75   Il y a des actrices aussi. Il y a Jane Fonda.

CARDINAL

À condition qu'elles soient jolies. Mais ça, ça devrait pas t'inquiéter, jamais, mon cœur. *(Il embrasse ses cheveux.)*

ZABOU

Il est con des fois ! *(Elle se dégage et s'éloigne.)*

CARDINAL

(Tout bas, à Daniel.) Dix-sept ans ! *(À quelqu'un qui passe, rapidement, et à qui il serre la*
80   *main.)* I'll call you back. *(À Daniel.)* Vous avez jamais pensé à publier un livre ?

DANIEL

Vous voulez dire un roman?

CARDINAL

Oui, ou un livre de souvenirs. Vos voyages, ou votre combat contre la drogue, l'alcool.
N'importe quoi.

85
Ils se sont arrêtés à l'angle du couloir. La ville, toujours,
s'étend derrière eux.

DANIEL

Je suis pas écrivain.

CARDINAL

J'ai pas dit *écrire* un livre, j'ai dit *publier*. Non, des écrivains, ça, les maisons d'édition en
ont qui sont disponibles, talentueux et pauvres.

DANIEL

Évidemment.

CARDINAL

90   Est-ce que ça vous choque?

DANIEL

Non.

CARDINAL

(Se penchant vers lui, d'un ton confidentiel.) J'essaie juste de vous faire comprendre
qu'avec le talent que vous avez, cette ville-là est à vous, si vous voulez. *(Ils tournent la
tête vers le centre-ville, qu'on aperçoit par la fenêtre.)*

95   **Restaurant vitré, au même étage. Intérieur. Jour.**

Zabou, Daniel et Cardinal entrent dans le restaurant
Chez Charon, au bout du corridor. Le maître d'hôtel
les accueille.

ZABOU

(Lui serrant la main.) Bonjour Julien!

JULIEN

100 Bonjour Mademoiselle, maître Cardinal...

CARDINAL

(Lui serrant la main.) Julien...

JULIEN

(Les invitant à entrer, avec une salutation de la tête à Daniel.) Je vous en prie...

Tout le monde entre.

JULIEN

On vous prépare une table, il y en a pour deux minutes. Je vous sers un petit apéritif?

CARDINAL

105   Oui, trois Virgin Mary.

JULIEN

(Leur remettant les menus.) Trois Virgin Mary. Je vous suggère les homards ce midi.

CARDINAL

(À Daniel.) Oui, avez-vous essayé les homards des Îles-de-la-Madeleine cette année?

DANIEL

Non.

CARDINAL

Ils sont sublimes. On va prendre ça.

110   Il reprend les menus de Daniel et de Zabou.

ZABOU

J'aime pas les homards.

CARDINAL

Prends des crevettes de Matane.

Zabou s'éloigne.

CARDINAL

(À Daniel.) Et... Est-ce que ça vous rend malheureux d'être ici?

DANIEL

115   Ici? Pourquoi?

CARDINAL

Bien, je sais pas, manger des homards pendant qu'il y a des gens là qui mangent des hot-dogs ou qui ont faim? *(Indiquant la ville à leurs pieds.)*

DANIEL

Peut-être que si je mangeais ici tous les jours, je me...

CARDINAL

Non, je vous dis ça parce qu'il y a toujours des organismes de charité, vous savez, genre
120   OXFAM, UNICEF, Médecins sans frontières, qui se cherchent des porte-parole. C'est intéressant parce que ça vous permet de faire du bien tout en vous assurant une visibilité maximum. Ou simplement votre tête, là, sur des pots de vinaigrette, comme Paul Newman, c'est génial, ça!

DANIEL

Je suis pas gastronome.

Jésus de Montréal   Jésus de Montréal   Jésus de Montréal   Jésus de Montréal

CARDINAL

125   Ah, Newman non plus, sans doute, mais c'est dommage, vous auriez pu sortir un livre de recettes, c'est toujours un succès presque assuré, ça[2].

EN ACTION

1. Cardinal souhaite que Daniel publie un livre pour faire mousser sa carrière. Parmi ses propositions, choisissez-en une et rédigez-en le début.

2. La candeur de Daniel s'oppose au cynisme de Cardinal. Auquel de ces deux personnages vous identifiez-vous davantage ? Justifiez votre réponse en vous appuyant sur des traits de caractère du personnage qui vous ressemble le plus.

3. Imaginez que vous travaillez pour une agence de distribution artistique. Votre travail consiste à trouver un comédien ou une comédienne pour chaque rôle du scénario. Choisissez quatre personnages de l'extrait et proposez une distribution. Justifiez vos propositions pour convaincre le réalisateur.

4. Cardinal aimerait que Daniel soit son client. Prouvez-le en relevant deux stratégies employées par Cardinal pour déjouer les réticences de Daniel.

5. Rédigez un compte rendu de votre lecture de cet extrait de *Jésus de Montréal* de Denys Arcand. Votre travail sera divisé en trois paragraphes : le premier présentera les lieux et le temps ; le deuxième, les personnages et leurs motivations ; le troisième, ce qu'ils font et la manière dont ils s'y prennent pour le faire.

SUR LA MÊME PISTE

Le Déclin de l'empire américain (1986), *les Invasions barbares* (2003) et *l'Âge des ténèbres* (2007), trois scénarios de Denys Arcand, ont été publiés.

Denys Arcand : la vraie nature du cinéaste : entretiens (1993), entrevues menées par Michel Coulombe, permet de mieux connaitre le scénariste et réalisateur.

Les scénarios de *15 février 1839* (1996) de Pierre Falardeau, *8 femmes* (2002) de François Ozon, *The Big Lebowski* (1998) d'Ethan et Joel Coen et *C.R.A.Z.Y.* (2005) de Jean-Marc Vallée ont été publiés.

---

2. Denys ARCAND, *Jésus de Montréal*, Montréal, Boréal, 1989, p. 132 à 148.

Texte
poétique

Nantes
Barbara

La **chanson** est un genre qui relève à la fois de la littérature et de la musique. Il s'agit d'un texte souvent composé en alternant des couplets et un refrain et accompagné de musique. Longtemps réservée au divertissement populaire, la chanson a progressivement acquis un caractère plus littéraire dans le milieu des boites à chanson françaises au cours de la deuxième partie du XXe siècle, les chansons se rapprochant alors plus de la poésie chantée que du simple divertissement.

Présentation de l'œuvre

Barbara, pseudonyme de Monique Serf (1930-1997), est une auteure, compositrice et interprète française qui appartient au milieu des boites à chanson dont la popularité a marqué les années 1960. D'abord interprète des chansons d'Édith Piaf, de Juliette Greco, de Georges Brassens et de Jacques Brel, elle ne se distingue véritablement que lorsqu'elle se met à l'écriture de ses propres chansons. Ses mélodies sont fines et ses textes, empreints d'émotion.

« Nantes », enregistrée en 1965, est l'une des premières chansons de Barbara présentée au public, en 1963, à l'Écluse. Elle figure sur le disque *Barbara chante Barbara,* qui a remporté le prestigieux Grand Prix du disque de l'Académie Charles-Cros.

Cette chanson témoigne du mystère qui entoure le père de Barbara. En effet, en 1948, il quitte subitement le foyer familial sans explications et disparait. Elle n'en aura plus de nouvelles jusqu'à ce que, onze ans plus tard, elle reçoive un appel lui annonçant sa mort à Nantes. Cette ville a rendu hommage à cette chanson célèbre en inaugurant une rue de la Grange-aux-Loups en 1986, et après la mort de Barbara, une allée qui lui est perpendiculaire a été rebaptisée au nom de la chanteuse.

Nantes   Nantes   Nantes   Nantes   Nantes   Nantes   Nantes   Nantes   Nantes   Nantes

Il pleut sur Nantes
Donne-moi la main
Le ciel de Nantes
Rend mon cœur chagrin.

5   Un matin comme celui-là
Il y a juste un an déjà
La ville avait ce teint blafard
Lorsque je sortis de la gare.
Nantes m'était alors inconnue
10   Je n'y étais jamais venue
Il avait fallu ce message
Pour que je fasse le voyage :

« Madame, soyez au rendez-vous
Vingt-cinq, rue de la Grange-aux-Loups
15 Faites vite, il y a peu d'espoir
Il a demandé à vous voir. »

À l'heure de sa dernière heure
Après bien des années d'errance
Il me revenait en plein cœur
20 Son cri déchirait le silence.
Depuis qu'il s'en était allé
Longtemps je l'avais espéré,
Ce vagabond, ce disparu.
Voilà qu'il m'était revenu
25 Vingt-cinq, rue de la Grange-aux-Loups
Je m'en souviens du rendez-vous
Et j'ai gravé dans ma mémoire
Cette chambre au fond d'un couloir.

Assis près d'une cheminée
30 J'ai vu quatre hommes se lever,
La lumière était froide et blanche
Ils portaient l'habit du dimanche.
Je n'ai pas posé de questions
À ces étranges compagnons.
35 J'n'ai rien dit, mais à leur regard
J'ai compris qu'il était trop tard.
Pourtant j'étais au rendez-vous
Vingt-cinq, rue de la Grange-aux-Loups
Mais il ne m'a jamais revue
40 Il avait déjà disparu.

Voilà, tu la connais l'histoire.
Il était revenu un soir
Et ce fut son dernier voyage
Et ce fut son dernier rivage.
45 Il voulait avant de mourir
Se réchauffer à mon sourire
Mais il mourut à la nuit même
Sans un adieu, sans un je t'aime.

Au chemin qui longe la mer
50 Couché dans un jardin de pierres,
Je veux que tranquille il repose.
Je l'ai couché dessous les roses,
Mon père, mon père.

Nantes   Nantes   Nantes   Nantes   Nantes   Nantes   Nantes   Nantes   Nantes   Nantes

Il pleut sur Nantes
55   Et je me souviens
Le ciel de Nantes
Rend mon cœur chagrin[3].

EN ACTION

1. Relevez toutes les informations qui vous permettent de vous représenter le personnage du père. À partir de ces passages et d'éléments que vous imaginerez, écrivez sa notice nécrologique.

2. En vous appuyant sur des passages de la chanson qui vous paraissent pertinents, décrivez avec le souci du détail l'émotion que vous avez ressentie à la lecture de « Nantes » de Barbara.

3. Dans cette chanson, Barbara emploie un évènement personnel pour toucher son public. Croyez-vous que le fait d'utiliser un évènement intime pour créer produit des œuvres plus émouvantes ? Justifiez votre point de vue à partir d'extraits que vous relèverez dans « Nantes ».

4. Barbara choisit délibérément de susciter la curiosité par rapport à la mort du père. Ce n'est que progressivement qu'elle révèle son identité pour créer une montée dramatique qui culmine au moment où elle précise : « Mon père, mon père. » Montrez-le en vous appuyant d'abord sur la forme, ensuite sur le contenu de la chanson.

5. Relatez, en ordre chronologique, les évènements dont il est question dans la chanson « Nantes » de Barbara.

SUR LA MÊME PISTE

Les chansons de Georges Brassens (1921-1981), de Jacques Brel (1929-1978), de Juliette Greco (1927-...) et d'Anne Sylvestre (1934-...) ont marqué la même époque.

« Dis, quand reviendras-tu ? », « À mourir pour mourir », « Göttingen », « Ma plus belle histoire d'amour » sont des chansons incontournables de Barbara.

Aussi loin que l'amour (1971) de Frédéric Rossif, *Franz* (1972) de Jacques Brel et *l'Oiseau rare* (1973) de Jean-Claude Brialy sont des films dans lesquels Barbara a joué.

Il était un piano noir... Mémoires interrompus (1998) regroupe les confidences inachevées de Barbara.

---

3.   BARBARA, « Nantes » sur l'album *Barbara chante Barbara,* Paris, Philips / Éditions métropolitaines, 1964.

Emmanuèle Bernheim

Texte
narratif

Le **roman** est un récit en prose d'une certaine longueur qui raconte l'histoire fictive de personnages qui évoluent dans un univers ressemblant à la réalité. C'est un genre littéraire qui se présente sous des formes très variées puisqu'il témoigne d'une longue tradition qui a su évoluer et se renouveler depuis le Moyen Âge.

Présentation de l'œuvre

Emmanuèle Bernheim (1955-...) est une auteure et une scénariste française. Elle a entre autres remporté le prestigieux prix Médicis en 1993 pour le roman *Sa femme* et a participé à l'écriture des scénarios *Sous le sable*, *Swimming Pool* et *5 x 2* avec François Ozon.

Son style dépouillé, exempt de subjectivité et de sentimentalité, détonne avec le propos de ses romans. Ici, elle raconte l'histoire de Claire, une médecin, éprise de Thomas, un homme marié. C'est le récit d'un adultère qui bouleverse le lecteur par la description presque clinique des comportements humains.

Mise en contexte

Claire est médecin. Elle vit pratiquement dans son cabinet, qui communique avec son appartement. La routine s'installe avec Michel, son amant qu'elle a quitté deux ans plus tôt, mais qu'elle voit encore plusieurs fois par semaine. Un jour, en passant devant un chantier de construction, elle rencontre Thomas Kovacs, un entrepreneur. Ils se fréquentent entre les consultations de Claire. Elle sait que leur relation est impossible, car il est marié et probablement amoureux de sa femme...

Sa femme	Sa femme	Sa femme	Sa femme	Sa femme	Sa femme	Sa femme	Sa femme

Quelle que soit l'heure à laquelle il arrivait, Thomas restait une heure et quart chez Claire. Jamais plus, rarement moins.

Un jour, elle débrancha son magnétoscope et sa cafetière électrique et dissimula son réveil dans le tiroir de la table de nuit. Ainsi Thomas n'aurait plus aucun moyen de
5 connaître l'heure et il resterait plus longtemps.
Lorsqu'il sonna à la porte, avant d'aller lui ouvrir, Claire regarda l'heure à sa montre et la rangea dans son sac.
Il était huit heures moins vingt-cinq.

Ils étaient allongés côte à côte.
10 Claire écoutait le souffle de Thomas. Pour la première fois, oubliant l'heure, il s'endormirait peut-être auprès d'elle. Elle ne bougeait pas. Sa peau devenait moite aux endroits où leurs corps se touchaient. Elle ferma les yeux. Ils passeraient la nuit ensemble et, demain, ils prendraient leur petit déjeuner ensemble. Thomas mangeait

sûrement beaucoup le matin. Elle avait des œufs, du fromage et deux tranches de
15   jambon. Cela suffirait. Elle n'ouvrirait pas la fenêtre, et toute la journée l'appartement
sentirait le pain grillé.

Thomas se serra contre elle et l'embrassa doucement. Puis il s'écarta d'elle et
se leva.

Lorsqu'il referma derrière lui la porte d'entrée, il était neuf heures moins dix.
20   Thomas était resté chez elle une heure et quart, une heure et quart pile.

Claire ne débrancherait plus ses appareils.

Désormais le réveil demeurerait sur la table de nuit, et la montre à son poignet.

Claire alluma sa lampe de chevet. Il était six heures et demie du matin.

En ce moment, Thomas prend sans doute son petit déjeuner. C'est probablement lui
25   qui a préparé le café. Sa femme le rejoint. Elle porte la robe de chambre de son mari, trop
grande pour elle. Ses longs cheveux sont tout ébouriffés. Thomas lui sourit. Il la trouve
belle. L'un des enfants entre dans la cuisine. Sa mère le gronde car il est pieds nus. Il
grimpe sur les genoux de son père. Thomas prend les deux pieds du petit dans une seule
de ses mains et les réchauffe. Il s'apprête à mettre ses trois sucres dans son café, quatre
30   peut-être car les tasses du petit déjeuner sont plus grandes. L'enfant l'arrête. Il veut les
mettre lui-même. Il les lâche de trop haut. Ça éclabousse la table.

Thomas va partir. La voiture s'éloignera. Sur la plage arrière, le casque jaune
des chantiers.

Il embrasse sa femme. Leurs bouches sentent le café.
35   « À ce soir. »

Claire se rendormit.

Elle ouvrit les yeux dès que les travaux commencèrent, et elle se leva.

Pendant la semaine, elle n'utilisait plus son réveil. Elle n'en avait pas besoin. C'était
le bruit du chantier qui la réveillait. Et elle croyait presque sentir la présence
40   de Thomas.

Claire palpait l'abdomen d'un patient. Il était à peu près de l'âge de Thomas et portait
une alliance. Thomas n'en portait pas. Il craignait sans doute de la perdre sur un
chantier. L'homme se plaignait de douleurs au ventre. Il n'avait jamais été opéré de
l'appendicite. Thomas non plus. Claire aurait vu sa cicatrice.
45   Thomas ne tombait jamais malade, elle en était sûre. Il ne toussait pas, il ne se
mouchait pas, il ne reniflait même pas. Pas de troubles hépatiques, aucune nuance de
jaune n'altérait le blanc de ses yeux. Sur les chantiers, il faisait des efforts, il soulevait
sûrement des choses lourdes mais il ne souffrait pas du dos, pas de sciatique, pas la
moindre lombalgie. Et il n'avait jamais de migraines. Rien.
50   Le patient se rhabilla.

Claire s'assit à son bureau.

Elle aurait soigné Thomas elle-même. Elle connaîtrait sa numération globulaire et sa
vitesse de sédimentation et, de l'atlas au sacrum, elle verrait chacune de ses vertèbres.
Comme à ce patient, elle prescrirait un examen radiologique de l'appareil digestif. Elle
55   découvrirait alors l'œsophage de Thomas, son estomac, chaque repli de son intestin
grêle et les bosselures de son gros intestin, tout son système digestif rendu presque
phosphorescent par la baryte.

Mais il n'était jamais malade.

Claire soupira. Elle ne connaissait que la peau lisse du ventre de Thomas.

60 Elle ne l'avait même jamais vu manger, ni boire, sauf du café sucré. Elle ne savait rien de ses goûts. S'il sucrait tant son café, il aimait certainement les desserts. Mais elle ne parvenait pas à l'imaginer mangeant des gâteaux. Non, il doit préférer les viandes, les plats mijotés, le gibier. Et quand il a fini, il sauce son assiette avec du pain.

C'est assis sur un parpaing, près d'un réchaud de chantier, que Claire le voit le mieux. 65 Il mange une cuisse de poulet avec ses doigts. Le cartilage craque sous ses dents. Il a faim, il mange vite, il digère tout.

Sa femme lui prépare-t-elle parfois une gamelle? Le matin, elle la remplit avec le reste du plat de la veille et elle la ferme hermétiquement. Elle sourit. Cela lui rappelle les premiers temps de leur mariage, quand Thomas était encore chef de chantier. Les 70 enfants regardent avec envie. Ils aimeraient bien, eux aussi, une gamelle qu'ils emporteraient à l'école. Ils feraient un feu de bois pour la réchauffer. Et ils n'iraient pas à la cantine.

Claire sursauta. Son patient, prêt à partir, lui tendait un chèque. Elle le prit et se hâta de remplir la feuille de sécurité sociale.

75 – Maintenant, respirez normalement… Parfait. Claire reposa son stéthoscope.

Une sirène d'ambulance retentit soudain, de plus en plus proche.

Il s'était sans doute produit un accident. Peut-être sur le chantier voisin. Les accidents sont fréquents sur les chantiers. Les perceuses dérapent, les planchers s'effondrent. Et les poutres s'écroulent. Une poutre a pu tomber sur Thomas. Les ouvriers 80 ne parviennent pas à la soulever. Il perd beaucoup de sang. Encore un effort et la poutre se soulève un peu, juste assez pour le dégager. L'ambulance arrive, ses roues patinent dans la boue du chantier. On dépose Thomas sur un brancard. Attention. Doucement.

La patiente tendit un bras tiède et mou. Claire lui prit la tension. La peau de l'avant-bras de Thomas est si lisse, les veines si saillantes, les ambulanciers planteront facilement 85 l'aiguille de la perfusion.

Elle arracha le velcro du brassard. La tension de la jeune femme était normale.

Claire annulera tous ses rendez-vous pour rester auprès de Thomas à l'hôpital. Elle vérifiera son goutte-à-goutte, elle refera ses bandages, elle examinera ses radios, et elle lui fera elle-même des injections.

90 Mais elle ne saura même pas dans quel hôpital il a été transporté. Et quand Thomas ouvrira les yeux, c'est sa femme qu'il verra. Elle le serrera dans ses bras et il respirera son parfum.

Car elle se parfume, elle.

La patiente jeta un coup d'œil sur son ordonnance et paya de mauvaise grâce. Claire 95 ne lui avait prescrit que du magnésium.

Claire trouva un message de Thomas sur le répondeur de sa ligne personnelle.

Il était désolé, il avait un empêchement, il ne pourrait pas venir ce soir.

Claire sourit. C'était le premier message de Thomas. Il ne l'appelait jamais.

Elle monta le son de l'appareil et réécouta. La voix de Thomas était douce. Il 100 murmurait presque.

Elle rembobina la bande de façon qu'aucun nouveau message ne vienne effacer celui de Thomas.

Sa femme   Sa femme   Sa femme   Sa femme   Sa femme   Sa femme   Sa femme   Sa femme

À midi, elle acheta plusieurs cassettes vierges. Elle remplaça ainsi celle du répondeur. Et elle la rangea dans le tiroir de son bureau.

105   Désormais, elle conserverait chaque enregistrement de la voix de Thomas[4].

EN ACTION

1. L'extrait décrit la relation entre les amants du point de vue de Claire. Écrivez la même situation en adoptant le point de vue de Thomas.

2. Rares sont les récits qui adoptent un style aussi détaché, un regard si distant sur ce qui est raconté. Ce peut être assez surprenant, voire déroutant pour le lecteur. Qu'avez-vous ressenti à la lecture de cet extrait ? Est-ce parce que les émotions ne sont pas nommées qu'il n'y en a pas ? Utilisez des exemples tirés du texte pour appuyer votre propos.

3. On vous demande de préparer une critique de cet extrait pour le journal du cégep. Relevez, dans un premier temps, les caractéristiques du texte qui vous ont plu et expliquez pour quelles raisons elles vous ont plu à l'aide d'exemples. Dans un second temps, attirez l'attention de votre lecteur sur les éléments qui vous ont moins plu et commentez-les.

4. En vous appuyant sur cet extrait de *Sa femme,* montrez que Claire est obnubilée par Thomas : d'une part, elle adopte des comportements obsessifs ; d'autre part, elle fabule à son sujet.

5. Résumez ce passage du roman d'Emmanuèle Bernheim en vous intéressant particulièrement aux effets psychologiques de la présence de Thomas dans la vie de Claire.

SUR LA MÊME PISTE

Le Cran d'arrêt (1985) et *Vendredi soir* (1997) d'Emmanuèle Bernheim.

5 x 2 (2004) et *Swimming Pool* (distribué au Québec sous le titre *la Piscine*) (2003) sont des films coscénarisés par Emmanuèle Bernheim et François Ozon.

L'Étranger (1942) d'Albert Camus présente aussi un style dépouillé.

Le Grand cahier (1986) d'Agota Kristof est un roman au style sobre, mais au propos dérangeant.

---

4. Emmanuèle BERNHEIM, *Sa femme,* Paris, Gallimard, coll. « Folio », nº 2741, 1993, p. 46 à 55.

Texte
courant

Rebelles avec causes
Anne-Marie Brunelle

Le **portrait** est un article journalistique qui vise à présenter une personne, un évènement ou un phénomène qui marque l'actualité. Le journaliste en fait la description à partir d'un point de vue d'ensemble, comme s'il regardait une photographie. Habituellement, un portrait pousse la présentation plus loin que l'entrevue.

Présentation de l'œuvre

Anne-Marie Brunelle est une journaliste indépendante. Elle a collaboré à l'émission de radio *Indicatif présent*. Elle a également été éditrice de *Recto Verso*, un magazine de gauche qui abordait les courants façonnant la société. Le magazine gratuit a cessé d'être publié en 2004.

Le portrait intitulé « Rebelles avec causes » est tiré d'un numéro hors série du magazine féministe *La Vie en rose*.

Rebelles avec causes   Rebelles avec causes   Rebelles avec causes   Rebelles avec causes

Elles ont 20 ans... et des poussières. Leurs mères et leurs grands-mères ont bataillé pour l'égalité entre les hommes et les femmes. On leur dit que c'est gagné. Pourtant, des campus à la rue, plus planétaires que sectaires, elles s'engagent sur tous les fronts, bousculant au passage le féminisme de maman.

5   Le 31 mars 2005, Julie Bouchard a raté son rendez-vous avec *La Vie en rose*. Censée participer ce soir-là à la fête au Lion d'Or, elle a été prise ailleurs, à négocier avec le ministre de l'Éducation Jean-Marc Fournier un système de prêts et bourses plus équitable. Présidente de la Fédération étudiante collégiale du Québec (FECQ), figure de proue de la mobilisation étudiante qui embrasait la province, appréciée des médias pour

10   sa clarté, Julie Bouchard déplorait cependant, dans le message d'appui envoyé à *La Vie en rose*, la faible représentativité des femmes aux postes électifs des associations étudiantes et « l'image qui perdure d'un mouvement largement occupé par les gars ».

En entrevue quelques mois plus tard, elle répète qu'elle était souvent la seule fille autour de la table. « Je ne *focusais* pas là-dessus, mais c'est sûr que ça se remarque »,

15   dit-elle. Elle retire de cette année de mobilisation que la place est à prendre pour les femmes, « dans le milieu étudiant comme dans la société en général ». Elle considère cependant que la relative absence de jeunes femmes dans les exécutifs des associations n'empêche pas de soulever leurs préoccupations : « La FECQ, par exemple, se soucie des conditions économiques des étudiantes monoparentales. »

20   Féministe ? Julie Bouchard hésite : « Ça dépend de la définition. Mais oui, je pense qu'il y a beaucoup de travail à faire pour que, dans les faits, on atteigne l'égalité. » Pour elle, la sensibilisation auprès des jeunes femmes est prioritaire : « Peu d'entre elles investissent les postes de pouvoir. On doit s'en préoccuper. Si elles ne le font pas à 20 ans, comment le feront-elles plus tard ? »

Rebelles avec causes   Rebelles avec causes   Rebelles avec causes   Rebelles avec causes

25   Cette sensibilisation prend parfois des formes bien concrètes. « Durant l'occupation du cégep du Vieux-Montréal, au printemps 2005, beaucoup de personnes, pas juste des femmes d'ailleurs, ont constaté que les rôles se recréaient spontanément. Les filles faisaient le ménage, s'occupaient de la logistique, alors que les gars dirigeaient les réunions », raconte Martine Poulin, membre du comité femmes de l'Association pour
30   une solidarité syndicale étudiante (ASSE), qui réunit près de 30 000 étudiants des réseaux collégial et universitaire.

Pratiquement disparus, de nombreux comités femmes sont revenus au cours de la dernière année. « Souvent, ils répondent d'abord à un besoin d'espaces non mixtes. À chaque congrès de l'ASSE, on réserve un moment pour un caucus femmes. Il y a des
35   femmes que je ne vois parler qu'en réunion non mixte », poursuit Martine Poulin.

En 2005, les jeunes femmes éprouvent encore ce besoin ? « Au fond, c'est comme dans les années 1970. Les filles commencent par militer dans des organisations mixtes, comme un groupe antimondialisation ou un groupe contre la guerre. Elles éprouvent après le besoin de discuter entre elles », explique Anna Kruzynski, féministe radicale et
40   aujourd'hui professeure adjointe à l'École de travail social de l'Université de Montréal. Très active au sein des groupes citoyens, altermondialistes et féministes, elle a travaillé à la constitution, en 2000, du comité femmes de SalAMI (opposé à l'Accord multilatéral sur l'investissement), les SalamiElles, devenu par la suite Némésis, un collectif féministe radical qui n'existe plus aujourd'hui.

45   Depuis les années 1990, les manifestations antimondialisation ont représenté un espace clé de politisation des jeunes. « Pour beaucoup d'entre nous, il s'agissait de nos premières expériences féministes. Cette lutte nous a fait réfléchir à l'impact de la mondialisation néolibérale et des accords de libre-échange sur les femmes. Nous avons aussi remis en question nos façons de militer. Ces réflexions nous ont amenées à nous
50   identifier comme féministes radicales... et anarchistes », continue Anna Kruzynski. La situation aurait évolué dans le bon sens, se réjouit-elle : « Au dernier Salon du livre anarchiste, je participais à un atelier sur le sexisme dans nos groupes. La salle était pleine, et la moitié était des gars. Je n'aurais jamais vu ça il y a cinq ans. Aussi, des collectifs de gars contre le patriarcat sont nés à Montréal et à Québec. Ils ont une analyse
55   proféministe pour réfléchir et pour changer les comportements. C'est nouveau. »

Pourtant, peu de jeunes femmes se définissent spontanément comme féministes. « Quand j'étais étudiante à l'université en 1994, je n'étais pas féministe, avoue Anna Kruzynski. Je pensais que j'avais les mêmes possibilités que les gars. Je me suis retrouvée à l'exécutif de mon association étudiante, à me faire dire que j'étais trop
60   agressive, trop dans la confrontation. Une autre féministe m'a aidée à constater que ce n'était pas moi le problème, mais plutôt le fait que j'étais une femme avec des comportements de gars. Après ce jour-là, j'ai vu le monde autrement. »

Le sexisme serait moins flagrant, plus subtil. « J'ai l'impression qu'on devient féministe quand ça nous affecte personnellement », dit Anna Kruzynski. Un point de
65   vue que partage Laure Waridel, présidente de l'organisme Équiterre et militante environnementale bien connue. « J'ai 32 ans. Pour les femmes de ma génération, c'est facile de croire que l'égalité entre les hommes et les femmes est gagnée, qu'on a les mêmes chances. Jusqu'à ce qu'on ait des enfants ! » s'exclame-t-elle.

Elle déplore que le féminisme soit perçu comme une lutte dépassée ou alors purement
70   économique. « On s'entend généralement sur le fait que les femmes monoparentales vivent dans les conditions les plus précaires, ou contre la violence faite aux femmes. Le

féminisme est plus qu'économique. Il représente une vision du monde », ajoute Laure Waridel en invoquant les écoféministes. « Ce mouvement réunit le mouvement écologique, dans lequel il y a beaucoup d'hommes, et le mouvement féministe, qui a
75   grandement réfléchi sur le rapport à la terre, sur la relation entre l'humain et l'environnement. »

    Sans avoir choisi de militer spécifiquement pour la cause féministe, Laure Waridel n'hésite pas : « Bien sûr, je suis féministe, c'est un devoir de solidarité pour les femmes d'ici et pour les femmes ailleurs dans le monde. » Elle croit que globalement les enjeux
80   féministes ne sont pas suffisamment pris en considération dans le discours et les événements internationaux altermondialistes. « Même si les causes ne s'opposent pas, des pacifistes aux environnementalistes, chaque mouvement a sa liste des priorités. C'est pourquoi la présence des féministes est tellement importante », soutient-elle.

    Comme des centaines de jeunes chaque année, Jacinthe Gouin a choisi la coopération
85   internationale. Partie à 20 ans, elle a travaillé pendant plus de deux ans au comité national de la Marche mondiale des femmes du Burkina Faso. Elle en est revenue transformée.

    « Quand tu nais femme au Burkina Faso, tu es considérée comme une étrangère dans ta famille, car tu vas la quitter pour te marier. Dans la famille de ton mari, tu restes une
90   étrangère aussi. Travailler avec les femmes burkinabé m'a fait comprendre que je n'avais pas vraiment vécu de discrimination ici. »

    Ce constat ne l'empêche pas de penser que le féminisme est toujours pertinent, mais elle dit vouloir le vivre dans sa vie personnelle plutôt que d'adhérer à un groupe organisé. « Je le vis très simplement, je n'ai jamais juré allégeance à personne ni à aucun groupe.
95   Quand je vois des gens qui travaillent selon mes valeurs, je vais mettre la main à la pâte. »

    Laure Waridel insiste aussi sur l'importance du privé dans la remise en question des valeurs qui dominent actuellement. Loin de vouloir le reprocher aux féministes, elle a le sentiment que, si la place des femmes sur le marché du travail est relativement gagnée,
100 la valorisation de l'éducation des enfants et du rôle de parent est loin d'être avancée. Mère de deux enfants, elle a décidé de ne travailler qu'à temps partiel. « Comme si, pour être épanouie, il fallait absolument être ultra-performante sur le marché du travail ! Je pense aujourd'hui qu'avoir des enfants, c'est une activité militante. Choisir d'avoir des enfants, c'est choisir de poursuivre l'humanité. Comment peux-tu la poursuivre si tu
105 n'as pas de temps à lui donner ? »

    Barbara Legault est responsable de la mobilisation à la Fédération des femmes du Québec (FFQ). Féministe impliquée dans plusieurs groupes anarchistes et altermondialistes, elle dresse un portrait assez positif de leurs pratiques internes : « Au niveau international, je ne sais pas. Mais dans les groupes d'ici, je dirais que ça va
110 bien ! Les préoccupations d'égalité, de démocratie directe et de pouvoir horizontal sont très présentes, beaucoup plus que dans des organisations plus traditionnelles comme les syndicats ou dans le mouvement communautaire et populaire. »

    Le féminisme des jeunes s'incarne donc surtout dans les mouvements politiquement contestataires. « Honnêtement, je ne pense pas qu'il y ait un mouvement de jeunes
115 féministes au Québec en ce moment. Il existe un réseau qui apprend à se connaître », enchaîne Barbara Legault.

    En 2003, le comité jeunes de la FFQ se lançait dans un grand projet de rassemblement : S'unir pour être rebelles. Barbara Legault travaillait à l'organisation de l'événement, qui

120 a réuni près de 200 jeunes femmes venant d'un peu partout au Québec : « Nous voulions nous rencontrer, apprendre à nous connaître et échanger sur notre vision des luttes qu'on mène chacune de notre côté. » L'une des activités menées lors du rassemblement consistait, pour les participantes, à décrire l'histoire récente du mouvement des jeunes féministes québécoises. « Une série d'événements qui sont souvent oubliés par le fleuve de l'information de masse, et très peu mentionnés dans les écrits féministes les plus

125 diffusés... » souligne-t-elle.

« Apprendre, connaître et diffuser l'histoire et la contribution du mouvement des femmes, c'est fondamental », renchérit Sandrine Ricci, présidente du Centre des femmes de l'UQAM depuis 2003 et étudiante à la maîtrise en communication interculturelle, internationale et développement. Elle se présente comme une femme « à la fois dans

130 l'action et la réflexion ». Ainsi, elle siège au comité du Y des Femmes sur la sexualisation précoce des petites filles, un phénomène qui la préoccupe tout particulièrement.

Formatrice interculturelle pour le Collectif des femmes immigrantes du Québec, Sandrine Ricci partira cette année pour le Rwanda. Son mémoire porte sur le viol comme stratégie de guerre et sur les séquelles qu'il laisse dans la reconstruction identitaire de

135 femmes immigrantes au Québec. « C'est très important pour moi d'arrimer la réflexion théorique et le travail de terrain. Il y a *des* féminismes, le mouvement est riche et diversifié. Des collectifs anarchistes aux groupes plus institutionnels, il faut documenter les pratiques, innover et travailler au cadre théorique du féminisme », dit-elle. À l'école primaire comme à l'université, il faut enseigner les réalisations des femmes, faire lire

140 leurs œuvres. « Par exemple, présenter la Révolution tranquille et l'éveil de l'identité nationale québécoise en évacuant les liens très serrés tissés avec le mouvement de libération des femmes est une aberration ! » s'exclame-t-elle.

Au quotidien, Sandrine Ricci admet qu'elle doit apprendre à gérer son indignation. « Ce ne sont pas les sujets de colère qui manquent ! Heureusement que des moments de

145 joie existent, quand tu as l'impression de contribuer à faire avancer les choses. »

Le désir de laisser une marque animait aussi les membres de Némésis, qui ont mis en ligne leurs archives sur le site <antipatriarcat.org>. « Nous voulions rendre accessibles nos écrits et nos outils. Pour que tout ne soit pas perdu », dit Anna Kruzynski. Plus que des archives, le portail regroupe six collectifs féministes et propose une section de

150 nouvelles régulières. « Nous, les filles de Némésis, ne ressentions plus le besoin de nous réunir entre nous. Nous continuons toutes à militer, mais dans des milieux différents », poursuit-elle.

Pour sa part, Anna Kruzynski a choisi de militer dans son quartier, Pointe-Saint-Charles, à Montréal. « Je sentais une limite à l'organisation, basée uniquement sur

155 l'identité femme, dit-elle. Je suis arrivée à la conclusion que, si on veut vraiment changer le monde, il faut agir sur notre territoire géographique. J'amène tout ce que j'ai appris dans le mouvement féministe et j'essaie de le mettre en pratique dans un collectif libertaire, la Pointe libertaire. J'ai l'impression que les collectifs non mixtes sont nécessaires, mais ne doivent pas durer des années. Leur richesse, c'est leur côté fluide

160 et éphémère. »

Alors, les jeunes féministes ? Barbara Legault, comme d'autres, souhaite qu'on dépasse la question de la « relève ». « Nous ne nous voyons pas comme une relève. Reprendre le flambeau pour assurer la pérennité du mouvement, c'est beau, mais il faut accepter que ça provoque des transformations au sein des organisations et des remises

165 en question très fertiles pour le mouvement des femmes. »

Rebelles avec causes   Rebelles avec causes   Rebelles avec causes   Rebelles avec causes

Les jeunes femmes bouleversent les discours dominants. Et c'est heureux. Comme le chante Mara Tremblay dans *Grande est la vie :* « Regarder fièrement nos accomplissements / Humainement dans la paix, harmonieusement / Apprendre constamment, enjoliver chaque instant / De douceurs, de pétillements, choisir d'aller vers l'avant. » Elles nous
170   y convient[5].

EN ACTION

1. L'article d'Anne-Marie Brunelle fait le portrait du féminisme chez les jeunes femmes. Préparez un questionnaire d'entrevue que vous soumettrez à une jeune femme de votre entourage, puis complétez l'article en ajoutant un ou deux paragraphes au sujet de la personne que vous avez interrogée.

2. Le féminisme, depuis son apparition au XIXe siècle, suscite de vives réactions. Écrivez une lettre à Anne-Marie Brunelle, dans laquelle vous lui présenterez vos réactions par rapport à l'article que vous avez lu.

3. Êtes-vous féministe ? En vous appuyant sur le portrait des jeunes féministes que trace Anne-Marie Brunelle, rédigez un texte dans lequel vous prendrez position. Justifiez votre réponse à l'aide de deux ou trois arguments.

4. Anne-Marie Brunelle prend position en faveur des jeunes féministes dans son article intitulé « Rebelles avec causes ». Prouvez-le en mettant en relief les passages où l'opinion de l'auteure apparait.

5. Résumez l'article d'Anne-Marie Brunelle en suivant le portrait de chacune des jeunes féministes.

SUR LA MÊME PISTE

Le Deuxième sexe (1949) de Simone de Beauvoir.

Les Fées ont soif (1978) de Denise Boucher.

Les Frustrés (1975-1980) de Claire Bretécher.

L'Histoire des femmes au Québec depuis quatre siècles (1983) du collectif CLIO.

---

5. Anne-Marie BRUNELLE, « Rebelles avec causes », *la Vie en rose : le Magazine féministe d'actualité : hors série*, Montréal, La Vie en rose / Éditions du remue-ménage, 2005, p. 87 à 89.

Texte
narratif

L'Ingénieux hidalgo Don Quichotte de la Manche
Miguel de Cervantès Saavedra

La **parodie** n'est pas un genre exclusivement littéraire, puisqu'on peut parodier, par exemple, des émissions de télévision ou de la musique. Il s'agit d'une imitation des caractéristiques formelles et thématiques d'un auteur, d'un style ou d'un genre dans le but d'en rire.

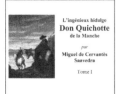

Présentation de l'œuvre

L'Ingénieux hidalgo Don Quichotte de la Manche est une parodie des **romans chevaleresques** très en vogue en Espagne au Moyen Âge. Ces œuvres présentent les exploits d'un chevalier qui cherche à gagner le cœur d'une femme par ses prouesses.

Miguel de Cervantès Saavedra (1547-1616) est reconnu comme l'une des plus grandes figures de la littérature espagnole. Sa plus grande œuvre, *Don Quichotte,* est connue mondialement. Il y ridiculise les illusions d'une Espagne décadente à travers le personnage pathétique d'un chevalier errant à demi fou. Cette œuvre humaniste est souvent considérée comme l'un des premiers romans modernes.

Mise en contexte

Don Quichotte lit tant de romans chevaleresques qu'il en vient à confondre la réalité et la fiction. Il s'imagine être lui-même un chevalier qui part à l'aventure. Il quitte donc son village à la recherche d'un idéal perdu, accompagné de son écuyer Sancho Panza et de sa vieille jument Rossinante. Commence alors un périple où les auberges deviennent des châteaux forts, une prostituée devient la Dulcinée du Toboso, les moulins à vent deviennent des géants à abattre...

L'Ingénieux hidalgo Don Quichotte de la Manche L'Ingénieux hidalgo Don Quichotte de la Manche

Ils reprirent le chemin du Port-Lapice, et, vers trois heures de l'après-midi, ils en découvrirent l'entrée:
« C'est ici, dit à cette vue don Quichotte, que nous pouvons, ami Sancho, mettre les mains jusqu'aux coudes dans ce qu'on appelle aventures. Mais prends bien garde que,
5   me visses-tu dans le plus grand péril du monde, tu ne dois pas mettre l'épée à la main pour me défendre, à moins que tu ne t'aperçoives que ceux qui m'attaquent sont de la canaille et des gens de rien, auquel cas tu peux me secourir; mais si c'étaient des chevaliers, il ne t'est nullement permis ni concédé par les lois de la chevalerie de me porter secours, jusqu'à ce que tu sois toi-même armé chevalier.
10   – Par ma foi, seigneur, répondit Sancho, Votre Grâce en cela sera bien obéie, d'autant plus que de ma nature je suis pacifique, et fort ennemi de me fourrer dans le tapage et les querelles.
[...] »
En devisant ainsi, ils découvrirent deux moines de l'ordre de Saint-Benoît, à cheval sur deux dromadaires, car les mules qu'ils montaient en avaient la taille, et portant

15 leurs lunettes de voyage et leurs parasols. Derrière eux venait un carrosse entouré de quatre ou cinq hommes à cheval, et suivi de deux garçons de mules à pied. Dans ce carrosse était, comme on le sut depuis, une dame de Biscaye qui allait à Séville, où se trouvait son mari prêt à passer aux Indes avec un emploi considérable. Les moines ne venaient pas avec elle, mais suivaient le même chemin. À peine don Quichotte les eut-il

20 aperçus, qu'il dit à son écuyer :

« Ou je suis bien trompé, ou nous tenons la plus fameuse aventure qui se soit jamais vue. Car ces masses noires qui se montrent là-bas doivent être, et sont, sans nul doute, des enchanteurs qui emmènent dans ce carrosse quelque princesse qu'ils ont enlevée ; il faut que je défasse ce tort à tout risque et de toute ma puissance.

25 – Ceci, répondit Sancho, m'a l'air d'être pire que les moulins à vent. Prenez garde, seigneur ; ce sont là des moines de Saint-Benoît, et le carrosse doit être à des gens qui voyagent. Prenez garde, je le répète, à ce que vous allez faire, et que le diable ne vous tente pas.

– Je t'ai déjà dit, Sancho, répliqua don Quichotte, que tu ne sais pas grand-chose en

30 matière d'aventures. Ce que je te dis est la vérité, et tu le verras dans un instant. »

Tout en disant cela, il partit en avant, et alla se placer au milieu du chemin par où venaient les moines ; et dès que ceux-ci furent arrivés assez près pour qu'il crût pouvoir se faire entendre d'eux, il leur cria de toute sa voix :

« Gens de l'autre monde, gens diaboliques, mettez sur-le-champ en liberté les hautes

35 princesses que vous enlevez et gardez violemment dans ce carrosse ; sinon préparez-vous à recevoir prompte mort pour juste châtiment de vos mauvaises œuvres. »

Les moines retinrent la bride et s'arrêtèrent, aussi émerveillés de la figure de don Quichotte que de ses propos, auxquels ils répondirent :

« Seigneur chevalier, nous ne sommes ni diaboliques ni de l'autre monde, mais bien

40 des religieux de Saint-Benoît, qui suivons notre chemin, et nous ne savons si ce carrosse renferme ou non des princesses enlevées.

– Je ne me paye point de belles paroles, reprit don Quichotte, et je vous connais déjà, déloyale canaille. »

Puis, sans attendre d'autre réponse, il pique Rossinante, et se précipite, la lance

45 basse, contre le premier moine, avec tant de furie et d'intrépidité, que, si le bon père ne se fût laissé tomber de sa mule, il l'aurait envoyé malgré lui par terre, ou grièvement blessé, ou mort peut-être. Le second religieux, voyant traiter ainsi son compagnon, prit ses jambes au cou de sa bonne mule, et enfila la venelle, aussi léger que le vent. Sancho Panza, qui vit l'autre moine par terre, sauta légèrement de sa monture, et se jetant sur

50 lui, se mit à lui ôter son froc et son capuce. Alors, deux valets qu'avaient les moines accoururent, et lui demandèrent pourquoi il déshabillait leur maître. Sancho leur répondit que ses habits lui appartenaient légitimement, comme dépouilles de la bataille qu'avait gagnée son seigneur don Quichotte. Les valets, qui n'entendaient pas raillerie et ne comprenaient rien à ces histoires de dépouilles et de bataille, voyant que don

55 Quichotte s'était éloigné pour aller parler aux gens du carrosse, tombèrent sur Sancho, le jetèrent à la renverse, et, sans lui laisser poil de barbe au menton, le rouèrent si bien de coups, qu'ils le laissèrent étendu par terre, sans haleine et sans connaissance. Le religieux ne perdit pas un moment pour remonter sur sa mule, tremblant, épouvanté, et le visage tout blême de frayeur. Dès qu'il se vit à cheval, il piqua du côté de son

60 compagnon, qui l'attendait assez loin de là, regardant comment finirait cette alarme ; et tous deux, sans vouloir attendre la fin de toute cette aventure, continuèrent en hâte

L'Ingénieux hidalgo Don Quichotte de la Manche L'Ingénieux hidalgo Don Quichotte de la Manche

leur chemin, faisant plus de signes de croix que s'ils eussent eu le diable lui-même à leurs trousses.

Pour don Quichotte, il était allé, comme on l'a vu, parler à la dame du carrosse, et il
65 lui disait :

« Votre Beauté, madame, peut désormais faire de sa personne tout ce qui sera le plus de son goût ; car la superbe de vos ravisseurs gît maintenant à terre, abattue par ce bras redoutable. Afin que vous ne soyez pas en peine du nom de votre libérateur, sachez que je m'appelle don Quichotte de la Manche, chevalier errant, et captif de la belle sans
70 pareille doña Dulcinée du Toboso. Et, pour prix du bienfait que vous avez reçu de moi, je ne vous demande qu'une chose : c'est de retourner au Toboso, de vous présenter de ma part devant cette dame, et de lui raconter ce que j'ai fait pour votre liberté[6]. »

EN ACTION

1. L'extrait se termine en pleine aventure. En respectant le style de Cervantès, racontez la réaction de la dame lorsque don Quichotte lui demande de retourner au Toboso.

2. Don Quichotte est un personnage qui fascine parce qu'il ajoute du merveilleux à la vie quotidienne ; il confond la réalité et la fiction. Croyez-vous que vous ressentiriez plus de bonheur si, comme lui, vous viviez dans un monde d'aventures et de rêves, au risque de passer pour un fou ou une folle ?

3. Cervantès ridiculise les romans chevaleresques et les exploits des chevaliers dans *Don Quichotte*. Qu'est-ce qui, d'après vous, relève du comique dans cet extrait ? Présentez une réponse qui s'appuie sur des citations qui seront expliquées et commentées.

4. Don Quichotte croit posséder les qualités d'un bon chevalier. Montrez-le en vous appuyant sur cet extrait.

5. Tracez le schéma actantiel de cet extrait de *Don Quichotte*. À partir de votre schéma, rédigez un résumé de l'extrait dans lequel vous expliquerez les relations entre les différents actants.

SUR LA MÊME PISTE

Lost in la Mancha (2002), documentaire de Terry Gilliam sur l'impossibilité de tourner un film sur don Quichotte.

L'Homme de la Mancha (1968), comédie musicale de Dale Wasserman adaptée en français par Jacques Brel.

Tirant le Blanc, roman chevaleresque de Joanot Martorell, œuvre dont il est question dans *Don Quichotte*.

Yvain ou le Chevalier au lion, roman chevaleresque français de Chrétien de Troyes.

---

6. Miguel de CERVANTÈS SAAVEDRA, *L'Ingénieux hidalgo Don Quichotte de la Manche : Tome 1*, trad. et notes de Louis Viardot, *La Bibliothèque électronique du Québec*, [en ligne], http://jydupuis.apinc.org/vents/Cervantes-1.pdf, coll. « À tous les vents », vol. 294, version 2.0, p. 110 à 115 (page consultée le 24 novembre 2007).

Texte
narratif

Sensations de Nouvelle-France
Sylva Clapin

Le **pastiche** est un texte écrit dans le but de reproduire le style d'un auteur. Son but n'est pas de faire rire ni de copier pour nuire. Il s'agit principalement d'un exercice de style qu'il est possible d'appliquer à des textes qui ne sont pas littéraires ou à d'autres formes artistiques.

Présentation de l'œuvre

Sylva Clapin (1853-1928) est un journaliste, libraire, historien et conteur né à Saint-Hyacinthe, au Québec. Il voyage beaucoup, d'abord dans la marine de guerre américaine, puis comme libraire, à Paris, à Montréal, à Boston et à Ottawa. Il est reconnu pour son *Dictionnaire canadien-français,* publié en 1894, et pour ses contes de Noël.

Sensations de Nouvelle-France (1895) est un pastiche des récits de voyage de Paul Bourget, un romancier français de la fin du XIXe siècle. À la suite d'une rencontre entre Clapin et Bourget en visite au Québec, Clapin écrit ce qu'aurait été le récit de voyage de ce Français qui visite les villes de Montréal, de Trois-Rivières et de Québec. Le style de Bourget est si bien imité qu'on a cru, lors de sa publication en 1895, que c'était véritablement une œuvre de Paul Bourget.

Mise en contexte

On lit, sur la couverture de l'édition originale, l'intention de Clapin: « Fragments imaginaires d'un ouvrage de Paul Bourget recueillis et publiés par l'un de ses disciples d'Amérique. L'auteur imite bien le style de Paul Bourget et raconte très bien ce qu'auraient pu être les impressions de celui-ci pendant un voyage au Québec. »

Après avoir visité les villes de Montréal et de Trois-Rivières, le narrateur arrive à Québec. Le ton est véritablement celui d'un Européen qui découvre la ville pour la première fois et l'on sent, dans ce pastiche, le discours critique du Québécois qui a voyagé.

Sensations de Nouvelle-France   Sensations de Nouvelle-France   Sensations de Nouvelle-France

VIII

Samedi, 20 octobre.

Québec, qui prend depuis peu des allures fashionables de ville d'été – où, en juillet et août, l'on afflue des États-Unis – vient de se donner, comme ses sœurs d'hiver de la
5 Floride, le luxe d'un grand hôtel genre historique. Comme à l'« Alcazar » et au « Ponce de Léon, » de Saint-Augustin, l'on a aussi voulu serrer le plus près possible la « couleur locale, » et c'est à une résurrection du vieux Château Saint-Louis, ancienne résidence des Gouverneurs français du Canada, que l'on a convié le public voyageur. La même exagération de luxe, aussi, que là-bas, le même souci du confortable poussé jusqu'à
10 l'outrance, mais dans une note plus discrète, sentant moins son parvenu, et avec ce quelque chose de compassé, de pondéré, qui dit ici que l'on est plus immédiatement sous la dépendance de Londres et des Anglais.

L'hôtel se nomme le « Frontenac », et ce nom aux syllabes belliqueuses, évocation de l'une des figures les plus énergiques de l'histoire de la Nouvelle-France, sied bien

15 vraiment à cet édifice superbe, perché sur un roc abrupt d'une centaine de mètres, et dont les motifs d'architecture en créneaux et mâchicoulis semblent tout naturels, dans ce vieux Québec si souvent assiégé, et gardant quand même, en dépit de quelques « modernités, » une physionomie frondeuse, batailleuse, et guerrière.

***

[...]

X

20   Vendredi, [26] octobre.

En face du Frontenac, et de plain-pied avec le rez-de-chaussée, s'ouvre et commence ce que les Québécquois nomment la « Terrasse, » sorte de mail long de quelque cinq cents mètres, établi pour des fins de délassement et d'observation. Bien que, par ces tièdes journées d'automne, cette promenade continue à être le rendez-vous de

25 prédilection des flâneurs et des oisifs, cela n'approche en rien, me dit-on, pour l'animation et le pittoresque, du spectacle offert par un beau soir d'été, en la saison même où les touristes sont les plus nombreux. À mesure, alors, que tombe le soleil, le flot des nouveaux arrivants grossit sans cesse, alimenté cette fois par tous ceux qui, leur tâche quotidienne finie, désirent respirer l'air du large et s'emplir les yeux du

30 mouvement du port, jusqu'à ce que, au couchant, et quand là-bas, sous le grand kiosque, les cuivres attaquent une marche nouvelle de Sousa, il semble que Québec tout entier ait ici débordé. Dans le brouhaha des conversations éclatent des rires perlés de jeunes femmes, rires d'une sonorité cristalline sur ces hauteurs, tandis qu'en bas la vieille ville du port, s'apaisant dans une rumeur confuse, glisse peu-à-peu au repos de la nuit, et

35 que tout autour, le long du fleuve, et, là-bas, sur les falaises de Lévis, jaillissent un à un les blancs étincellements des feux électriques.

***

[...] Que de délicieuses soirées, enfin, se prolongeant, parfois assez avant dans la nuit, en vagues songeries envolées, éparpillées avec la cendre d'un dernier cigare. J'aurais aussi, certes, d'autant plus tort de ne pas être fidèle à ce poste d'observation, que je

40 trouverais difficilement ailleurs, je crois, endroit mieux agencé pour y exercer à loisir ma manie psychologique. Non seulement on y coudoie tout Québec, défilant en un kaléidoscope bien vivant, mais c'est le peuple canadien-français même que l'on touche de près, comme si, affluant naturellement vers cette vieille ville, qui est le cerveau du pays, il s'y fût concrétionné en un microcosme compact et bien complet.

***

45 Quelle est la dominante, c'est-à-dire la caractéristique de ces Français d'Amérique, en voie peut-être présentement de former un peuple nouveau, et quelles transformations l'éloignement, le temps, l'assujettissement étranger, l'influence de choses extérieures nouvelles, ont-ils pu apporter chez tous ces descendants de Normands, d'Angevins, de Picards, que je vois là s'agiter, passer et repasser sous mes yeux ? Tâche certes attachante,

50 et bien digne d'arrêter l'attention du voyageur.

Pour ne parler, entr'autres, que de l'une de ces causes multiples – l'influence des choses extérieures – on sait à quel point le sol, le climat, et la configuration d'un pays, influent sur la genèse de la nation qui l'habite. Il semble même que ce soient ces grandes

55 lignes géographiques qui, souvent, aident le mieux le touriste à tracer ses premiers portraits de surface, j'entends par là ceux qui résultent des premiers chocs d'arrivée. Et cela est tout-à-fait logique, car, forcément, l'âme humaine s'imprègne à la longue de tout ce qui se dégage de la nature ambiante, et finit par former avec celle-ci une entité homogène et irréductible.

***

N'est-il pas évident, par exemple, que l'aspect généralement grave et recueilli de la
60 nature canadienne devait bien vite mettre une sourdine à l'antique gaieté normande, venue du doux pays qu'arrose la Seine ? Et n'y aurait-il pas là, par hasard, nouveau motif à invoquer, pour s'expliquer l'air de détachement, d'insouciance, et de passivité, répandu ici sur la plupart des physionomies ?

Au Canada, en effet, rien qui rappelle les zones rieuses où se font des vendanges
65 célèbres. Rien, non plus, des forêts vierges tropicales, aux arcs festonnés et odorants. Partout, au contraire, l'empreinte boréale, où dominent les conifères. Çà et là seulement, à l'automne, l'embrasement des érables ; mais cette variante n'est que momentanée, et bientôt toutes les sombres frondaisons reprennent possession des paysages.

Partout répandue, aussi, une grande uniformité, cette uniformité des vastes espaces
70 particulière aux plateaux américains. Si l'on en excepte les Laurentides de la région avoisinant Québec, et les caps sourcilleux bordant la trouée noire du Saguenay, c'est à peine si quelques rares cimes arrêtent par ci par là le regard, sur toute l'immense table rase formée par la vallée du Saint-Laurent. À la canicule, quand les blés mûrissent, c'est, sous le souffle du large, comme une ondulation de flots d'océan roulant sans une brisure
75 jusqu'aux infinis lointains. Le Canadien, il semble, doit recevoir de tout cela, et de sa longue accoutumance avec les horizons illimités, comme un contre-coup de cette placidité calme et rêveuse que l'on remarque, par exemple, chez les marins au long cours.

Pourquoi, enfin, ne pas attribuer, à la rigueur exceptionnelle des hivers canadiens,
80 ce que je pourrais appeler une certaine « force d'inertie » – sorte de puissance à l'état dormant – qui s'annonce ici, chez la plupart, en des fronts aux lignes tenaces et obstinées, des fronts têtus de matelots, pour tout dire ? L'habitude, voyez-vous, de tenir ferme dans les tournoiements de « poudreries, » et de se défendre de toutes pièces contre les morsures d'un froid impitoyable, a dû achever pour de bon de mouler âmes et
85 corps dans l'enveloppe de l'homme de mer, l'homme du large toujours vivant entre deux abîmes, toujours prêt à piquer du front dans les ouragans déchaînés, toujours arc-bouté à travers flots, vents et tempêtes.

***

Mais l'entêtement ne constitue pas la volonté, encore moins l'initiative, et c'est le manque presque absolu de ces deux puissants leviers, chez les Canadiens-Français, qui
90 fait qu'ils n'ont pas plus donné jusqu'ici la mesure de ce qu'ils valent réellement. Ce peuple, il semble, aurait dû depuis longtemps s'être jeté, lui aussi, dans le tourbillon de vie de cette bruyante et neuve Amérique, qui veut et, partout enfante des nations débordantes d'ardeur et de vaillance. Et pourtant, j'ai beau écouter et pencher l'oreille, rien ne bruit et ne court, à travers ce pays, de cette idée de France Américaine, que l'on
95 m'avait dit s'être réfugiée et toujours palpiter sur les bords du Saint-Laurent. Bien plus, on croirait vraiment parfois – mais n'est-ce pas là une monstruosité ? – que ce peuple, bien que né d'hier, penche déjà vers la tombe, et que même il y aspire de toute la force d'une morne et infinie désespérance[7].

EN ACTION

1. Sylva Clapin reproduit fidèlement le style de Paul Bourget dans ce récit qui raconte les impressions de voyage d'un Européen au Québec. En vous inspirant de ce pastiche, imaginez les impressions du voyageur qui découvrirait la ville où vous vivez.

2. Vous connaissez peut-être la ville de Québec. Comparez vos propres impressions de cette ville à celles du narrateur de l'extrait. Choisissez deux ou trois passages que vous commenterez en vous appuyant sur votre connaissance de la ville.

3. Sylva Clapin a été rédacteur au *Courrier de Saint-Hyacinthe* de 1873 à 1879. Ce journal existe toujours. Rédigez une critique journalistique de l'extrait qui pourrait être publiée dans ce journal.

4. Montrez que le portrait du Québécois dressé au chapitre X trace des liens entre la nature et des traits de caractère.

5. L'extrait est divisé en sept parties. Pour chacune d'elles, rédigez un court paragraphe qui en explicitera l'idée principale.

SUR LA MÊME PISTE

Contes et nouvelles (édité en 1980) de Sylva Clapin.

Un crime d'amour (1886), *le Disciple* (1889) et *l'Étape* (1902) sont des œuvres de Paul Bourget.

Voyage autour du monde (1771) de Louis Antoine de Bougainville, *la Terre n'est qu'un seul pays* (1955-1973) d'André Brugiroux et *les Voyages de Jacques Cartier* (1534-1536) sont des récits de voyage.

---

7. Sylva CLAPIN, *Sensations de Nouvelle-France*, chap. VIII et X, *La Bibliothèque électronique du Québec*, [en ligne], http://www.ibiblio.org/beq/pdf/clapin2.pdf , p. 37 et 46 à 50 (page consultée le 28 février 2008).

Texte
dramatique

La Locandiera
Carlo Goldoni

La **comédie** est un genre théâtral qui repose sur le comique et la dénonciation des travers de la société. Les personnages de la comédie, qui ne se démarquent pas par leur grandeur, servent surtout à divertir en évoluant dans un contexte banal, voire quotidien. La fin d'une comédie est toujours heureuse et morale.

Présentation de l'œuvre

Carlo Goldoni (1707-1793) est un important dramaturge italien. On lui doit, entre autres, la comédie italienne moderne, fortement influencée par la *commedia dell'arte* et par Molière. Auteur critiqué par ses rivaux en Italie, il s'exile en France où le triomphe l'attend. Il est accueilli à la cour et y enseigne l'italien tout en poursuivant sa carrière théâtrale, en français cette fois.

La Locandiera (en français *la Logeuse*) est l'une de ses comédies les plus jouées. Elle raconte l'histoire d'une aubergiste, Mirandoline, dont tous les hommes sont amoureux, sauf un : le chevalier Ripafratta, qui déteste les femmes. Mirandoline se jure de le conquérir et de se jouer de lui.

Mise en contexte

La pièce s'ouvre sur une querelle qui oppose le marquis de Forlipopoli au comte d'Albafiorita au sujet de Mirandoline. Le premier est avare et compte séduire la logeuse sans dépenser un sous, alors que le second veut la séduire en l'impressionnant avec sa richesse.

La Locandiera   La Locandiera   La Locandiera   La Locandiera   La Locandiera   La Locandiera

Scène 3

Le marquis et le comte.

LE MARQUIS

Vous croyez peut-être pouvoir l'emporter sur moi avec vos cadeaux. C'est peine perdue. Votre richesse n'égalera jamais ma naissance.

LE COMTE

J'apprécie l'argent pour ce qu'il me procure, je n'aurais que faire de votre naissance.

LE MARQUIS

5 Vous aurez beau dilapider votre fortune, Mirandoline n'aura pas plus d'égards pour vous.

LE COMTE

Vous croyez sans doute qu'elle en a davantage pour un noble comme vous. Ce qui compte, c'est l'argent.

LE MARQUIS

L'argent ? Un homme de mon rang donne de la protection, des faveurs. Cela suffit pour
10   se faire respecter.

LE COMTE

Il n'y a rien de mieux que l'argent pour se faire respecter.

LE MARQUIS

Votre situation pourrait être éphémère.

LE COMTE

Pas autant que la vôtre.

Scène 4

Le chevalier de Ripafratta et les mêmes.

LE CHEVALIER *(Sortant de sa chambre.)*

15   Pourquoi tout ce bruit, mes amis ? Y aurait-il une dispute entre vous ?

LE COMTE

Nous discutions d'une question brûlante.

LE MARQUIS

Le comte discute avec moi de la valeur de la noblesse de sang...

LE COMTE

Je ne nie pas la valeur de la noblesse, mais je soutiens que, pour se payer du bon temps,
il faut de l'argent.

LE CHEVALIER

20   En toute sincérité, mon cher marquis...

LE MARQUIS

Allons, parlons d'autre chose.

LE CHEVALIER

Mais comment en êtes-vous venus à pareille discussion ?

LE COMTE

Pour une raison on ne peut plus ridicule.

LE MARQUIS

En effet, le comte tourne tout en ridicule.

LE COMTE

25   Monsieur le marquis aime notre locandiera. Mais, moi, je l'aime plus que lui. Il voudrait
se faire aimer d'elle comme tribut à sa noblesse ; tandis que moi, je voudrais me faire
aimer de Mirandoline en récompense de mes attentions. Cela ne vous paraît-il
pas ridicule ?

La Locandiera   La Locandiera   La Locandiera   La Locandiera   La Locandiera   La Locandiera

LE MARQUIS

Il faut savoir avec quelle ardeur je la protège.

LE COMTE *(au chevalier)*

30 Monsieur la protège et moi je paie.

LE CHEVALIER

Se disputer pour une femme! Mais rien au monde n'en vaut moins la peine! J'en suis abasourdi, messieurs. Jamais je ne me disputerai avec qui que ce soit pour une femme. De toute ma vie, je n'ai eu ni amour ni estime pour aucune d'entre elles, et j'ai toujours pensé que l'homme n'a nul besoin d'une telle infirmité.

LE MARQUIS

35 Vous ne tiendriez pas de tels propos si vous connaissiez Mirandoline. Il n'y a pas plus admirable qu'elle.

LE COMTE

Monsieur le marquis a raison : notre charmante locandiera est tout à fait exceptionnelle.

LE MARQUIS

Elle ne mériterait pas mon amour si elle n'avait pas des qualités hors du commun.

LE CHEVALIER

40 Ridicule! Que peut-elle avoir de si extraordinaire que les autres femmes n'ont pas?

LE MARQUIS

Il y a en elle quelque chose de noble qui captive.

LE COMTE

Elle est belle, elle s'exprime avec élégance, elle est toujours bien mise et, en plus, elle a un excellent goût.

LE CHEVALIER

Tout cela ne vaut rien. Voilà trois jours que je suis dans cette auberge et je n'ai guère été
45 impressionné par elle.

LE COMTE

Regardez-la avec attention, et peut-être lui trouverez-vous des qualités.

LE CHEVALIER

Impossible! Je l'ai bien observée: c'est une femme comme les autres.

LE MARQUIS

Mais non, elle n'est pas comme les autres, elle a quelque chose de plus. Moi qui ai connu des dames de haute naissance, je vous assure qu'aucune d'elles ne sait, comme
50 Mirandoline, allier le charme à l'élégance.

LE COMTE

Pardi! Toute ma vie, j'ai fréquenté les femmes: je connais leurs défauts et leurs faiblesses. Mais celle-ci, j'ai beau lui faire la cour depuis longtemps et dépenser sans compter pour elle, je n'ai même pas réussi à lui effleurer le petit doigt.

LE CHEVALIER

55 C'est plus que de la ruse, c'est de l'art. Pauvres naïfs! Vous la croyez, hein? Moi, elle ne m'aura pas. Les femmes? Au diable, toutes les femmes!

LE COMTE

Mais n'avez-vous jamais été amoureux?

LE CHEVALIER

Jamais. Et jamais je ne le serai. On a tout essayé pour que je me marie, j'ai toujours refusé.

LE MARQUIS

Vous êtes le dernier de votre lignée: avez-vous pensé à votre succession?

LE CHEVALIER

60 J'y ai souvent pensé. Mais, comme pour avoir des enfants il me faudrait tolérer la présence d'une femme, je renonce à la paternité.

LE COMTE

Mais qu'allez-vous faire de vos richesses?

LE CHEVALIER

Jouir du peu que je possède avec mes amis.

LE MARQUIS

Bravo, chevalier, bravo! Vous pouvez compter sur nous.

LE COMTE

65 Ne voulez-vous rien donner aux femmes?

LE CHEVALIER

Rien du tout! Jamais les femmes ne vivront à mes dépens.

LE COMTE

Voici notre locandiera. Regardez comme elle est ravissante!

LE CHEVALIER *(ironique)*

Ravissante!
(Méprisant.) Pour ma part, je préfère un bon chien de chasse.

LE MARQUIS

70 Contrairement à vous, moi j'ai beaucoup d'estime pour elle.

LE CHEVALIER

Prenez-la, je vous la laisserais même si elle était aussi belle que Vénus[8].

---

8. Carlo GOLDONI, *La Locandiera*, trad. Marco Micone, Montréal, Boréal, 1993, p. 20 à 25.

La Locandiera   La Locandiera   La Locandiera   La Locandiera   La Locandiera   La Locandiera

EN ACTION

1. Rédigez une description, tant physique que psychologique, d'un des trois personnages de ces scènes.

2. Trois personnalités s'affrontent au sujet des femmes, en particulier Mirandoline, dans ces deux scènes. Parmi les trois propositions de Goldoni (le marquis, le comte ou le chevalier), laquelle vous semble la plus acceptable ? Justifiez votre réponse en relevant des passages de la pièce.

3. L'extrait est tiré d'une comédie de Carlo Goldoni. Trouvez-vous cet extrait comique ? Appuyez votre position par des citations éloquentes tirées de l'extrait.

4. Trois positions s'affrontent dans ces scènes de *la Locandiera* de Goldoni. Montrez que la dynamique comique repose sur ces oppositions.

5. Rédigez un paragraphe pour chacun des personnages en prenant soin de préciser ses motivations et la manière dont il s'y prend pour atteindre son but.

SUR LA MÊME PISTE

Arlequin serviteur de deux maîtres (1753) de Carlo Goldoni.

L'École des femmes (1662) de Molière.

La Surprise de l'amour (1722) de Pierre Carlet de Chamblain de Marivaux.

Le Café (1970) de Rainer Werner Fassbinder, une adaptation cinématographique d'une comédie de Goldoni.

Texte
narratif

Le Diable au bal
Armand de Haerne

La **légende** est un récit qui s'apparente au conte traditionnel. Comme lui, elle est issue de la tradition orale et fait le récit d'évènements merveilleux. Toutefois, la légende se différencie du conte par son contexte plus réaliste. Alors que le conte se situe dans un monde lointain et imprécis, la légende se situe dans un univers bien connu, qui servira de toile de fond à un évènement extraordinaire.

Présentation de l'œuvre

Armand de Haerne (1850-1902) est né en Belgique. Issu d'une famille de nobles, il mène une jeunesse plutôt frivole qui le conduit à la faillite. Pour fuir ses créanciers, il part pour le Canada et devient traducteur à la Chambre des communes. Parallèlement, il publie de nombreux contes dans diverses publications québécoises.

Le Diable au bal est une adaptation d'une célèbre légende québécoise intitulée *Rose Latulipe*. La version d'Armand de Haerne est plus morale que les autres versions de cette légende.

Le Diable au bal   Le Diable au bal   Le Diable au bal   Le Diable au bal   Le Diable au bal

C'était un pécheur endurci que le vieux José, et dans le silence, bien souvent, le vénérable Messire Du Coudray avait pleuré les désordres de cette brebis égarée.

Au coin de la forêt à cinq cents pas du chemin, masquée sous un massif d'érables et de repousses, le mécréant avait établi une salle de danse, où chaque dimanche deux
5   violons et une clarinette invitaient les jeunes gens à venir prendre leurs ébats.

Bien souvent le vénérable curé avait tonné en chaire contre cette profanation du jour du Seigneur. Ces prédications, loin de convertir le vieux pécheur, n'avaient servi qu'à exciter sa verve impie et à le pousser plus avant sur la voie fatale de l'impénitence.

Pour répondre aux saintes admonitions du digne pasteur, l'impie José ouvrait sa salle
10   à l'heure des vêpres, et avec l'attrait ordinaire du fruit défendu, maint jeune homme, mainte jeune fille désertaient le temple du Seigneur pour lui préférer cet autre de Satan.

Or, voici ce qui arriva :

Baptiste, le fils d'un des habitants les plus opulents, les plus considérables de
15   l'endroit, gars robuste, travailleur infatigable, et par dessus tout excellent chrétien, aimait la belle Corinne d'un amour aussi ardent que pur et sincère. Il épouserait la jeune fille au printemps.

Corinne était la fille d'un pauvre ouvrier, et n'avait pour toute dot que son admirable beauté. Elle n'était connue à vingt lieues à la ronde que sous le nom expressif de la belle
20   Corinne. De bonne heure, elle avait eu de nombreux adorateurs.

Un séjour, hélas trop long pour son bonheur, dans un des grands centres industriels de la république américaine avait fait de la jolie fille une coquette aimant le plaisir, les belles toilettes, les amoureux, et oubliant Dieu. Elle avait agréé les hommages de Baptiste, sans amour, par coquetterie, parce que la recherche de ce jeune homme, qui

25   passait pour riche, lui permettait d'espérer qu'une fois mariée, elle pourrait se payer les
fantaisies que sa vanité lui inspirait et que lui interdisait sa pauvreté actuelle. Elle
épouserait Baptiste au printemps, par calcul, par amour du luxe, et le pauvre jeune
homme se croyait sincèrement aimé.

       Par une belle après-midi d'octobre, le brave Baptiste allait trouver Corinne et lui
30   proposait de l'accompagner.

       – Donne-moi le bras, fit Corinne. Sortons nous promener.

       Et elle l'entraîna dans la direction de la forêt.

       – Où allons-nous par là, ma charmante fiancée ? Nous tournons le dos à l'église, ma
toute belle Corinne.

35   – L'église ! L'église ! N'as-tu pas assez prié Dieu ce matin ? Veux-tu passer ta vie à
marmotter des pater et des ave ?

       – Corinne ! Corinne ! Ne parle pas comme cela !

       – Tiens, Baptiste, tu aurais mieux fait de te faire curé, mon cher ! Tu ne seras jamais
un amoureux...

40   – Corinne, tu sais que je t'aime, que je t'adore.

       – Ta ! Ta ! Sais-tu seulement ce que c'est qu'aimer ? As-tu seulement senti battre
ton cœur ?

       – Assez, Corinne, tu me fais souffrir.

       – Tu ne seras jamais ni un amoureux ni un mari, tu n'es qu'un moine manqué. Va,
45   laisse-moi, et elle le repoussa durement.

       – C'est mal à toi, ma Corinne bien aimée, de parler ainsi ; tu sais que je puis vivre sans
toi, que toutes mes pensées, toutes les aspirations de mon âme sont pour toi.

       – Des paroles ! Des paroles ! Baptiste ! Des faits vaudraient mieux, mon cher.

       – Des faits ! Tu demandes des faits, ma bien aimée, mais ignores-tu donc que je suis
50   presque fou de bonheur, rien qu'à l'idée qu'au printemps prochain tu seras ma femme
adorée. Ah ! ma Corinne, tu le sais, je t'adore, mais tu me brises le cœur quand tu
préfères cette infâme salle de bal à la sainte maison du bon Dieu. Tu as donc oublié les
édifiantes leçons de ta pieuse mère qui prie pour toi là-haut, ma pauvre chère
Corinne ?

55   – Laisse-moi, Baptiste. Va sermonner une autre femme, il n'en manque pas qui te
désirent pour mari !

       – Je n'aime que toi, Corinne, et n'aimerai jamais que toi !

       – Tu as tort. Prends une femme qui te suive à l'église et passe sa vie au confessionnal.
Pour moi je veux chanter, rire et m'amuser, la jeunesse n'a qu'un temps.

60   – Corinne ! Corinne, crains que Dieu ne te punisse.

       – Fais comme moi, Baptiste, amusons-nous ensemble ou laisse-moi.

       – Maudit soit le vieux démon de José, maudit son infernal repaire ! Je te suivrai,
Corinne je veillerai sur toi, et je saurai bien t'arracher aux griffes de celui qui règne dans
cette odieuse salle.

65   – Tu parles de démon et d'infernal repaire, mon beau Baptiste, comme un vrai
Jésuite. – Sais-tu bien que je voudrais bien le voir, moi, le diable, pour savoir
comment il est fait.

       Et pendant que ces dernières paroles se perdaient dans le rire perlé et sardonique de
la jeune fille, un jeune homme, mis au dernier goût de la ville, beau de sa personne,
70   élégant et gracieux, vint à passer, lançant à la belle Corinne une œillade provocatrice,
accompagnée d'un ricanement chargé de mépris pour le pauvre Baptiste.

– Le beau jeune homme! pensa Corinne.

– Retournons, ma bonne Corinne, fit Baptiste en s'apercevant qu'ils étaient arrivés à la salle de José.

75 – Va prier, va, Baptiste! Moi je danse, et vive la joie!

Puis, plantant là son futur époux, elle s'élança d'un pied léger à la suite de l'élégant inconnu qui l'accueillit sur le seuil de la salle de bal.

Baptiste, triste, consterné, eut un moment l'idée de retourner sur ses pas et d'abandonner à son destin la malheureuse égarée. Son cœur saignait, torturé par l'idée

80 que sa fiancée, la moitié de son âme, était exposée aux tentations de Satan, et dansait dans les bras d'un heureux rival. Il avait promis de veiller sur elle. Il entra.

Corinne triomphait au milieu de la salle, au bras du superbe étranger. Il était beau à ravir, son nouveau cavalier.

Avec des airs de grand seigneur, faisant verser à tous les amis de Corinne les liqueurs

85 les plus chères, tenant tête à tous et buvant sec.

Les danses se succédaient, et Corinne, l'œil en feu et les traits animés, se livrait avec frénésie à l'entraînement de la valse. Elle s'enivrait de volupté et d'orgueil dans les bras du beau Monsieur, comme l'appelaient les gars du village. Dans l'ivresse de son succès, elle avait oublié Baptiste, son fiancé.

90 Baptiste, rêveur, la mort dans l'âme, assistait à ce bal où chaque note de l'orchestre lui entrait dans le cœur comme la lame acérée d'un poignard.

Il lui semblait que l'œil ardent du cavalier de Corinne, obstinément attaché sur lui, le fascinait, le clouait sur place, lui faisait passer dans le dos le frisson de la fièvre.

Qui pouvait-il être ce démon? Car sans nul doute, ce brillant seigneur était un acolyte

95 de Lucifer déguisé en homme!

Pendant que le pauvre Baptiste était abîmé dans ces amères réflexions, une main qui semblait l'écraser s'abattait sur son épaule et une voix stridente l'interpellait avec un ricanement infernal.

– Hé bien! L'ami Baptiste, on est sombre! Que signifie cet air de croque-mort? Fais

100 donc comme ton aimable fiancée! Sois gai avec les camarades, et buvons à la santé de notre ami Méphistophelès, roi de la danse.

Et déposant un long baiser sur les lèvres frémissantes de la belle Corinne, le jeune audacieux tendait au malheureux Baptiste, qui sous l'outrage tremblait de colère, un verre rempli d'une liqueur jaune comme de l'or en fusion.

105 Au même instant, au bruit sinistre et strident de timbales monstres, retentit dans la salle le premier coup de minuit, sonné sur un timbre mystérieux et effroyable. Musiciens et danseurs étaient cloués sur place, le vieux José suait d'ahan et tremblait de tous ses membres, il lui semblait que le sol se dérobait sous ses pieds vacillants. L'horrible horloge sonnait, un à un, au milieu d'un silence de mort, avec une sinistre lenteur, les douze

110 coups de minuit, dont chacun augmentait l'angoisse de cette scène lugubre, qui glaçait le sang dans les veines des assistants.

Seul, le fier cavalier de Corinne avait conservé son sang-froid et son audace. La jeune fille semblait avoir pris à son contact quelque chose de cette assurance diabolique; la tête penchée sur l'épaule de son cavalier, elle semblait boire dans ses yeux des flots de

115 voluptueuse ivresse.

Un sourire ironique qui errait sur ses lèvres mi-closes semblait jeter aux assistants ces paroles insultantes:

Le Diable au bal   Le Diable au bal   Le Diable au bal   Le Diable au bal   Le Diable au bal

– Poltrons, vous voudriez qu'on vous aimât et vous tremblez comme des enfants. Admirez mon amant, il est beau, audacieux et je suis fière de son audace.

120 Cependant, le dernier coup de l'heure mystérieuse retentissait avec un vacarme infernal au milieu du silence sépulcral qui pesait sur la salle. Le cavalier étranger, posant sa main sur la main de la belle Corinne, et élevant de l'autre son verre débordant de la liqueur d'or :

– À la santé de Béelzébuth notre roi et maître qui, par ma voix, vous convie à ses 125 joyeuses saturnales, s'écria-t-il.

Ses yeux lancèrent deux gerbes de feu ; une flamme bleue et sinistre jaillit de son verre. Ses lèvres enflammées se posèrent sur la bouche de la belle Corinne, sa main brûla celle de la jeune fille, et au fracas horrible de coups de tonnerre formidables, de cris et de hurlements perçants, du grincement du cuivre et de l'acier, le suppôt de Satan 130 disparut sous terre dans un tourbillon de flamme et de fumée.

Affolés, tous s'enfuirent en se signant.

Le lendemain, Corinne avait vieilli de cinquante ans, ses cheveux étaient blancs, ses traits étaient flétris ; sur ses lèvres superbes et roses, où la veille encore s'épanouissait un sourire tentateur, s'étalait en cicatrice de brûlure mal guérie, un cercle, trace du 135 dernier baiser de Satan. L'empreinte noire des cinq griffes du diable brûlait sa main, dont hier encore elle était si orgueilleuse. Ses beaux yeux, qui avaient fait battre plus vite tant de jeunes cœurs, étaient fixes et hagards, et disaient la triste vérité : elle était folle.

Du vieux José on n'entendit plus parler.

140 L'infortuné Baptiste n'a pas conduit sa fiancée à l'autel.

Sa vie était flétrie, et il a pris pitié de la malheureuse coquette, devenue pour tous, un objet d'horreur et d'aversion ; il a prodigué ses soins amoureux à l'infortunée, pleuré sa fatale beauté jusqu'au jour où elle expira dans ses bras, lui demandant pardon. La terre de la sépulture de la belle Corinne était encore fraîche quand le pauvre Baptiste 145 suivit dans la tombe sa fiancée infidèle, mais tendrement adorée[9].

9. Armand de HAERNE, « Le Diable au bal », *Études françaises*, vol. 12, n° 1-2, 1976, p. 29 à 35.

EN ACTION

1. *Le Diable au bal* est une version de la légende bien connue *Rose Latulipe*. En vous appuyant sur le schéma narratif de ce récit, écrivez, à votre tour, votre propre version de cette légende.

2. La situation décrite dans cette légende se déroule dans le Québec du XIXe siècle. Serait-il possible de trouver un équivalent contemporain à cette histoire ? Réécrivez la légende en la situant à l'époque actuelle.

3. Quelle morale est illustrée dans cette légende ? Cette morale est-elle d'un autre temps ou, au contraire, est-elle encore valable de nos jours ? Justifiez votre position en vous appuyant tant sur la légende que sur votre expérience personnelle.

4. Montrez que le narrateur juge Corinne en la dépeignant comme une mauvaise fille. Pour ce faire, vous prouverez qu'elle s'oppose à Baptiste et qu'elle ressemble à Satan.

5. Faites un compte rendu de votre lecture en produisant un court texte qui décrira l'essentiel des éléments suivants : le contexte (où et quand), les personnages principaux (qui) et l'action (quoi, comment, pourquoi).

SUR LA MÊME PISTE

« Rose Latulipe » dans *le Violon magique et autres légendes du Canada français* (1966) de Claude Aubry est une version de référence de la légende.

« L'Étranger » dans *l'Influence d'un livre* (1837) de Philippe Aubert de Gaspé (fils) est un chapitre qui intègre la légende à un roman.

Il faut prendre le taureau par les contes (2003), *Comme une odeur de muscles* (2005) et *Bois du thé fort, tu vas pisser drette* (2005) sont des recueils de Fred Pellerin, qui lie la légende à l'humour.

Des crocodiles dans les égouts et autres légendes urbaines (2006) d'Elsa Marpeau est une anthologie de légendes contemporaines.

Texte
narratif

La **fable** est un court récit qui enseigne la morale. Elle appartient au genre narratif, même si elle est parfois écrite en vers. Souvent, les personnages sont des animaux qui possèdent des caractéristiques humaines, ce qui permet de mettre celles-ci en relief. Le ton de la fable est généralement comique et met le plus souvent en scène deux personnages qui s'opposent par leur statut et dont les rôles s'inverseront à la fin.

Le Loup et le Chien
Jean de La Fontaine

Présentation de l'œuvre

Jean de La Fontaine (1621-1695) est certainement le plus célèbre fabuliste français. Ses *Fables,* écrites entre 1668 et 1694, ont été imaginées pour enseigner la morale au Dauphin, le fils ainé du roi Louis XIV. Le prestige de La Fontaine vient du fait qu'il a su donner ses lettres de noblesse à un genre littéraire qui, jusque-là, était réservé aux exercices scolaires. Il a su, notamment, s'inspirer des plus grands fabulistes de l'Antiquité, comme Ésope ou Horace, et même de la tradition indienne, avec des fables inspirées du *Panchatantra.*

Le recueil intitulé *Fables* – le titre d'origine était *Fables choisies, mises en vers par M. de La Fontaine* – est composé de douze « livres ». Le premier, dont est tiré « le Loup et le Chien », regroupe certaines de ses fables les plus connues : « la Cigale et la Fourmi », « le Corbeau et le Renard », « la Grenouille qui se veut faire aussi grosse que le Bœuf », « le Rat de ville et le Rat des champs », etc.

Le Loup et le Chien   Le Loup et le Chien   Le Loup et le Chien   Le Loup et le Chien

Un Loup n'avait que les os et la peau ;
Tant les Chiens faisaient bonne garde.
Ce Loup rencontre un Dogue aussi puissant que beau,
Gras, poli, qui s'était fourvoyé par mégarde.
5   L'attaquer, le mettre en quartiers,
Sire Loup l'eût fait volontiers.
Mais il fallait livrer bataille ;
Et le Mâtin était de taille
À se défendre hardiment.
10   Le Loup donc l'aborde humblement,
Entre en propos, et lui fait compliment
Sur son embonpoint qu'il admire.
« Il ne tiendra qu'à vous, beau Sire,
D'être aussi gras que moi, lui repartit le Chien.
15   Quittez les bois, vous ferez bien :
Vos pareils y sont misérables,
Cancres, haires, et pauvres diables,
Dont la condition est de mourir de faim.
Car quoi ? Rien d'assuré ; point de franche lippée ;

20   Tout à la pointe de l'épée.

    Suivez-moi ; vous aurez un bien meilleur destin. »

      Le Loup reprit : « Que me faudra-t-il faire ?

   – Presque rien, dit le Chien ; donner la chasse aux gens

      Portant bâtons, et mendiants ;

25   Flatter ceux du logis, à son Maître complaire ;

      Moyennant quoi votre salaire

  Sera force reliefs de toutes les façons :

      Os de poulets, os de pigeons ;

      Sans parler de mainte caresse. »

30   Le Loup déjà se forge une félicité

      Qui le fait pleurer de tendresse.

  Chemin faisant il vit le col du Chien pelé :

  « Qu'est-ce là ? lui dit-il. – Rien. – Quoi ? rien ? – Peu de chose.

  – Mais encor ? – Le collier dont je suis attaché

35   De ce que vous voyez est peut-être la cause.

   – Attaché ? dit le Loup ; vous ne courez donc pas

      Où vous voulez ? – Pas toujours, mais qu'importe ?

   – Il importe si bien, que de tous vos repas

      Je ne veux en aucune sorte,

40   Et ne voudrais pas même à ce prix un trésor. »

  Cela dit, maître Loup s'enfuit, et court encor[10].

---

10. Jean de LA FONTAINE, « Fable V : Le Loup et le Chien », dans *Fables : Livre premier*, Paris, Gallimard, coll. « Folio classique », n° 2246, 1991, p. 56 à 57.

EN ACTION

1. Qui La Fontaine cherche-t-il à personnifier avec le Loup et le Chien ? Imaginez d'abord qui seraient ces deux personnages aujourd'hui, puis réécrivez cette fable (sans les vers !) en racontant la même histoire, avec des personnages équivalents.

2. La fable traditionnelle enseigne la morale aux enfants. Quelle est la morale enseignée par La Fontaine dans « le Loup et le Chien » ? Êtes-vous d'accord avec cette morale ? Pour justifier votre propos, racontez une situation qui vous est arrivée et lors de laquelle vous avez dû faire face à un dilemme semblable à celui auquel est confronté le Loup.

3. Imaginez que vous êtes le Dauphin auquel est dédiée cette fable. Comment réagissez-vous ? La fable vous plait-elle ? Quels sont les aspects qui vous font plaisir ? Quels sont ceux que vous aimez moins ? Écrivez un discours dans lequel vous commenterez la fable « le Loup et le Chien ».

4. La fable oppose le Loup au Chien. Montrez que c'est le personnage du Chien qui domine celui du Loup dans ce récit. Vous le prouverez en vous intéressant en premier lieu au vocabulaire et, en second lieu, à la forme des phrases.

5. Tracez le schéma narratif de cette fable. Réécrivez-la en vos mots en respectant le propos de chacune des parties.

SUR LA MÊME PISTE

Fables (VIe siècle av. J.-C.) d'Ésope est la référence occidentale pour ce qui est des fables.

Panchatantra (Ier au Ve siècle) regroupe des fables d'origine indienne dont s'est inspiré La Fontaine.

Le Roman de Renart (XIIe siècle) est un recueil de fables comiques du Moyen Âge dans lequel les personnages sont des animaux.

Texte
narratif

Les Liaisons dangereuses
Choderlos de Laclos

Le **roman épistolaire** est un roman composé uniquement des lettres que s'écrivent les divers personnages de l'histoire. C'est une forme romanesque qui donne une impression de réalisme au lecteur, comme s'il lisait une réelle correspondance, bien que celle-ci soit fictive. Ce genre, né au XVIIe siècle, a connu sa plus grande popularité au XVIIIe siècle.

Présentation de l'œuvre

Pierre Choderlos de Laclos (1741-1803) est d'abord un officier militaire qui contribue à la Révolution française. Il écrit en amateur et publie quelques ouvrages de stratégie et un peu de littérature. Il est cependant devenu un auteur célèbre avec ses *Liaisons dangereuses,* un roman d'une force et d'un machiavélisme rares, qui a grandement influencé les romanciers des XIXe et XXe siècles.

Ce roman épistolaire est un ouvrage sulfureux qui a fait scandale du temps de sa publication. Il décrit sans pudeur l'aristocratie à la veille de la Révolution, alors qu'elle est marquée par la décadence, la perversion et l'ennui. Il s'agit à la fois d'un ouvrage sur la séduction, sur le pouvoir et sur la place des femmes dans la société de cette époque, car le roman aborde déjà des thèmes liés à leur émancipation.

Mise en contexte

La jeune Cécile de Volanges sort du couvent et apprend qu'elle sera mariée à un certain Gercourt. Cet homme est l'ancien amant de la marquise de Merteuil, qui cherche à l'humilier. Elle demande alors au vicomte de Valmont de dépuceler la jeune Cécile, ce qui la vengera publiquement de Gercourt. Valmont refuse d'abord, car il est retenu à la campagne où il tente de séduire Mme de Tourvel, une femme mariée et pieuse.

Les Liaisons dangereuses Les Liaisons dangereuses Les Liaisons dangereuses

Lettre V

La Marquise de Merteuil au Vicomte de Valmont

Savez-vous, Vicomte, que votre Lettre est d'une insolence rare, et qu'il n'a tenu qu'à moi de m'en fâcher ? mais elle m'a prouvé clairement que vous aviez perdu la tête, et cela
5   seul vous a sauvé de mon indignation. Amie généreuse et sensible, j'oublie mon injure pour ne m'occuper que de votre danger ; et, quelque ennuyeux qu'il soit de raisonner, je cède au besoin que vous en avez dans ce moment.

Vous, avoir la Présidente de Tourvel ! mais quel ridicule caprice ! Je reconnais bien là votre mauvaise tête, qui ne sait désirer que ce qu'elle croit ne pouvoir pas obtenir.
10   Qu'est-ce donc que cette femme ? des traits réguliers si vous voulez, mais nulle expression : passablement faite, mais sans grâce : toujours mise à faire rire ! avec ses

paquets de fichus sur la gorge, et son corps qui remonte au menton! Je vous le dis en amie, il ne vous faudrait pas deux femmes comme celle-là, pour vous faire perdre toute votre considération. Rappelez-vous donc ce jour où elle quêtait à Saint-Roch, et où vous
15 me remerciâtes tant de vous avoir procuré ce spectacle. Je crois la voir encore, donnant la main à ce grand échalas en cheveux longs, prête à tomber à chaque pas, [...] et rougissant à chaque révérence. Qui vous eût dit alors: vous désirerez cette femme? Allons, Vicomte, rougissez vous-même, et revenez à vous. Je vous promets le secret.

Et puis, voyez donc les désagréments qui vous attendent! quel rival avez-vous à
20 combattre? un mari! Ne vous sentez-vous pas humilié à ce seul mot! Quelle honte si vous échouez! et même combien peu de gloire dans le succès! Je dis plus; n'en espérez aucun plaisir. En est-il avec les prudes? j'entends celles de bonne foi: réservées au sein même du plaisir, elles ne vous offrent que des demi-jouissances. Cet entier abandon de soi-même, ce délire de la volupté où le plaisir s'épure par son excès, ces biens de l'amour,
25 ne sont pas connus d'elles. Je vous le prédis; dans la plus heureuse supposition, votre Présidente croira avoir tout fait pour vous en vous traitant comme son mari, et dans le tête-à-tête conjugal le plus tendre, on reste toujours deux. Ici c'est bien pis encore; votre prude est dévote, et de cette dévotion de bonne femme qui condamne à une éternelle enfance. Peut-être surmonterez-vous cet obstacle, mais ne vous flattez pas de
30 le détruire: vainqueur de l'amour de Dieu, vous ne le serez pas de la peur du Diable; et quand, tenant votre Maîtresse dans vos bras, vous sentirez palpiter son cœur, ce sera de crainte et non d'amour. Peut-être, si vous eussiez connu cette femme plus tôt, en eussiez-vous pu faire quelque chose; mais cela a vingt-deux ans, et il y en a près de deux qu'elle est mariée. Croyez-moi, Vicomte, quand une femme s'est *encroûtée* à ce
35 point, il faut l'abandonner à son sort; ce ne sera jamais qu'une *espèce*.

C'est pourtant pour ce bel objet que vous refusez de m'obéir, que vous vous enterrez dans le tombeau de votre tante, et que vous renoncez à l'aventure la plus délicieuse et la plus faite pour vous faire honneur. Par quelle fatalité faut-il donc que Gercourt garde toujours quelque avantage sur vous? Tenez, je vous en parle sans humeur: mais, dans
40 ce moment, je suis tentée de croire que vous ne méritez pas votre réputation; je suis tentée surtout de vous retirer ma confiance. Je ne m'accoutumerai jamais à dire mes secrets à l'amant de Mme de Tourvel.

Sachez pourtant que la petite Volanges a déjà fait tourner une tête. Le jeune Danceny en raffole. [...] Ils doivent répéter beaucoup de Duos, et je crois qu'elle se mettrait
45 volontiers à l'unisson: mais ce Danceny est un enfant qui perdra son temps à faire l'amour, et ne finira rien. La petite personne de son côté est assez farouche; [...] Recommandez-moi aux prières de votre Présidente.

*Paris, ce 7 août 17**[11].*

11. Choderlos de LACLOS, « Lettre V », dans *Les Liaisons dangereuses*, Montréal, Groupe Beauchemin, coll. « Parcours d'une œuvre », dir. Michel Laurin, 2004, p. 21 à 23.

EN ACTION

1. La marquise de Merteuil répond ici à une lettre « d'une insolence rare » que lui a fait parvenir le vicomte de Valmont. En vous appuyant sur les éléments que vous relevez dans la réponse, imaginez quelle serait cette lettre de Valmont dans laquelle il montre qu'il a « perdu la tête ».

2. Les propos de la marquise ont choqué le public à la fin du XVIIIe siècle à cause de leur absence de sens moral. Croyez-vous que de tels propos sont plus acceptables aujourd'hui ? Relevez trois affirmations de la marquise qui vous paraissent discutables et expliquez en quoi chacune d'elles s'oppose à vos valeurs.

3. Écrivez à votre tour une lettre à Choderlos de Laclos pour partager avec lui vos commentaires sur la cinquième lettre des *Liaisons dangereuses*. Faites-lui connaitre votre appréciation de deux ou trois éléments, mais aussi vos réserves par rapport à un ou deux aspects.

4. Dans la cinquième lettre des *Liaisons dangereuses,* la marquise de Merteuil cherche à discréditer la nouvelle conquête de Valmont. Montrez-le en prouvant qu'elle déprécie la présidente de Tourvel et qu'elle touche l'orgueil de Valmont.

5. Retracez l'argumentation de la marquise de Merteuil en déterminant d'abord l'argument clé qui fait l'objet de chacun des paragraphes de la lettre V. Ensuite, résumez la lettre en expliquant chacun des arguments.

SUR LA MÊME PISTE

Lettres portugaises (1669) de Gabriel de Guilleragues est un roman épistolaire qui regroupe les confidences d'une jeune religieuse.

84, Charing Cross Road (1970) de Helene Hanff est un roman épistolaire du XXe siècle.

Dracula (1897) de Bram Stoker est également un roman épistolaire.

Les Liaisons dangereuses (Dangerous Liaisons) (1988) de Stephen Frears est la version cinématographique à voir.

Texte
dramatique

Sotoba Komachi
Yukio Mishima

Le **nô** est un genre dramatique traditionnel du Japon. Apparu à la fin du XIIIe siècle, il a cessé d'évoluer au XVIe siècle et est depuis transmis de père en fils avec un grand souci de conservation. Inspiré par la tradition bouddhique, le nô met en scène la rencontre entre deux êtres dont l'un est tiré du monde réel et l'autre, du monde des esprits. Le nô se caractérise par un style élevé, hautement complexe. On apprécie le nô pour sa profondeur symbolique et sa force esthétique. Il s'agit de la forme théâtrale la plus sophistiquée au monde.

Présentation de l'œuvre

Yukio Mishima, pseudonyme de Kimitake Hiraoka (1925-1970), est un écrivain japonais. Son œuvre est fortement marquée par les obsessions de cet écrivain à la fois traditionaliste et moderne : homosexualité, autorité de la mère, nationalisme, double, discipline des samouraïs, etc. Ses romans, en particulier sa tétralogie *la Mer de la fertilité* (1960-1970), font partie des plus importantes œuvres du XXe siècle au Japon. Sa mort, qu'il a mise en scène, a frappé l'imagination mondiale : il s'est fait harakiri lors d'un seppuku en direct à la télévision nationale.

Sotoba Komachi Sotoba Komachi Sotoba Komachi Sotoba Komachi Sotoba Komachi

Un décor excessivement conventionnel, genre opérette. Dans un parc, cinq bancs placés en demi-cercle face au public. Arbres, réverbères, etc., à la discrétion du metteur en scène. Toile de fond noire. Il fait nuit. Cinq couples sur

5 *les bancs s'étreignent avec ardeur. Une répugnante vieille femme entre, ramassant des mégots. Elle continue effrontément son ramassage autour des cinq couples, puis s'installe sur le banc du centre. Un jeune poète mal vêtu s'approche et s'appuie à un réverbère. Il est un peu*

10 *saoul. Il observe la vieille. Les amoureux assis sur le banc du centre se lèvent et s'en vont bras dessus, bras dessous, indignés. La vieille prend possession du reste du banc, y étale un journal, et se met à compter ses mégots.*

LA VIEILLE : Un et un font deux ; deux et deux font quatre...

15 *Elle approche de ses yeux un bout de cigarette, décide qu'il est assez long pour en tirer une bouffée, va vers le couple de gauche pour lui demander du feu, et fume un instant. Elle éteint le mégot, le jette à côté des autres, et se remet à compter.*

20 Un et un font deux ; deux et deux font quatre...

Le poète se rapproche de la vieille, l'observant toujours.
La vieille, les yeux encore baissés sur le journal :

Tu veux fumer ? Je t'en donnerai une si tu veux.

Elle choisit un mégot un peu long et le lui tend.

25 LE POÈTE : Merci.

Il sort une allumette, allume le mégot et fume.

LA VIEILLE : Qu'est-ce que tu me veux ? Tu as quelque chose contre moi ?

LE POÈTE : Non, pas spécialement.

LA VIEILLE : Tu m'as l'air d'être un poète. C'est ton métier, non ?

30 LE POÈTE : Vous avez du flair. Des poèmes, j'en écris de temps en temps. Donc, je suppose
que je suis un poète. Mais ce n'est pas un métier.

LA VIEILLE : Hum... Tu veux dire que ce n'est pas un métier tant que ça ne rapporte
pas d'argent...

Elle le dévisage pour la première fois.

35 Tu es jeune, pas vrai ? Mais tu n'as plus longtemps à vivre. La mort est écrite sur ta
figure.

LE POÈTE, *nullement surpris :* Qui étiez-vous dans une vie précédente, un physionomiste ?

LA VIEILLE : Ça se pourrait. J'ai vu tant de figures humaines que j'en suis dégoûtée. Assieds-
toi. Tu n'as pas l'air de tenir bien droit sur tes pieds.

40 LE POÈTE, *il s'assied et tousse :* Je suis ivre. C'est à cause de ça.

LA VIEILLE : Bêtises. Il faut se tenir droit sur les pieds tant qu'on vit.
[...]

LE POÈTE : Je suis exactement ce dont j'ai l'air, un poète de deux sous, sans même une
petite amie. Mais si je respecte quelque chose, c'est ce monde reflété dans les yeux des
jeunes gens qui s'aiment, un monde cent fois plus beau qu'il ne l'est en réalité. Regardez :
45 ils ne s'aperçoivent même pas que nous parlons d'eux...
[...]

LA VIEILLE : Tu es jeune et inexpérimenté ; tes yeux ne voient pas encore ce qui est. Tu dis
qu'ils vivent, ces bancs où s'asseyent des morveux et leurs putains ? Ces gens pelotent
sur leurs tombes. Regarde : ils sont livides dans la lumière filtrée par les feuilles vertes...
Ces hommes et ces femmes ont les yeux fermés... Tu ne te rends pas compte qu'on dirait
50 des cadavres ?.... Ils sont morts en faisant l'amour. *(Elle flaire autour d'elle :)* Ça sent les
fleurs. Oui, les fleurs du parc sentent la nuit, comme les fleurs dans un cercueil. Les

amoureux sont enterrés comme des morts dans l'odeur des fleurs. Toi et moi, on est les seuls vivants.

LE POÈTE, *riant :* Vous plaisantez ! Vous vous croyez plus vivante qu'ils sont ?

55 LA VIEILLE : Pour sûr. J'ai quatre-vingt-dix-neuf ans et vois comme je suis robuste.

LE POÈTE : Quatre-vingt-dix-neuf ans ?

LA VIEILLE, *se tournant vers la lumière :* Regarde bien.

LE POÈTE : Ces rides sont hideuses !
[…]

LA VIEILLE : Je sais à quoi ça ressemble, la figure d'un homme qui revient à la vie. J'ai vu
60 ça si souvent. Ils ont l'air excédés, et j'aime ça… Il y a longtemps, quand j'étais jeune, je ne me sentais vivre que si la tête me tournait… Quand j'oubliais complètement ma propre existence. Depuis, j'ai reconnu mon erreur. Quand le monde semble un endroit merveilleux, que la plus petite fleur semble grande comme le ciel, et que les colombes roucoulent avec des voix humaines, quand tout dit « Bonjour ! » à tout le reste, et que
65 les objets perdus depuis dix ans se retrouvent au fond d'un tiroir, quand les roses fleurissent sur les rosiers flétris, et que la moindre fille qui passe a l'air d'une impératrice… Ah ! ces états idiots, je m'y trouvais chaque semaine, quand j'étais jeune, mais maintenant, quand j'y pense, je vois que c'était une façon de mourir… C'est avec le pire alcool qu'on se saoule le plus vite. En pleine ivresse, en plein émoi sentimental et
70 en pleines larmes, je me laissais mourir… Depuis, j'y ai pris pour règle de ne pas boire. Ma longévité vient de là.

LE POÈTE, *moqueur :* Ah, mais dites-moi, bonne vieille, quelles sont vos raisons de vivre ?

LA VIEILLE : Mes raisons ? Ta question est idiote. Est-ce que le fait d'exister n'est pas une raison en soi-même ? Je ne suis pas un cheval qui court après une carotte. De toute
75 façon, les chevaux courent parce qu'ils sont faits pour ça.
[…]

LE POÈTE : Bonne vieille, j'ai encore une question à vous faire. Qui êtes-vous ?

LA VIEILLE : J'étais autrefois une femme qui s'appelait Komachi.

LE POÈTE : Quoi ?

LA VIEILLE : Tous les hommes qui m'ont dit que j'étais belle sont morts. Je sais maintenant
80 que tout homme qui dit que je suis belle va mourir.

LE POÈTE : En ce cas, je suis en sûreté. Je ne vous ai rencontrée qu'à l'âge de quatre-vingt-dix ans.

LA VIEILLE : C'est vrai. Tu as de la chance. Mais je suppose qu'un imbécile comme toi pense que toutes les femmes belles deviennent laides en vieillissant. Ha ! Quelle erreur ! Une
85 femme belle reste toujours belle. Si maintenant je parais laide, cela veut dire tout simplement que je suis devenue une laide beauté. Tant de gens m'ont dit si souvent que j'étais ravissante qu'il m'eût été trop difficile durant ces soixante-dix ou quatre-vingts années de me mettre à croire que j'avais changé. Je pense toujours à moi comme à une femme ravissante.

90　LE POÈTE, *à part:* Quel fardeau ce doit être d'avoir été belle! (*À la vieille:*) Je vous comprends. Un homme qui a fait la guerre continue à égrener ses souvenirs de guerre tout le reste de sa vie. Bien entendu, vous avez été belle.

LA VIEILLE, *frappant du pied:* Été? Je suis belle.

LE POÈTE: Oui, oui, je comprends. Pourquoi ne me parlez-vous pas des jours d'autrefois? Il
95　y a quatre-vingts ans, ou était-ce quatre-vingt-dix ans... (*Il compte sur ses doigts.*) Dites-moi ce qui s'est passé il y a quatre-vingts ans?

LA VIEILLE: Il y a quatre-vingts ans... J'avais dix-neuf ans. Le capitaine Fukakusa – il appartenait à l'État-Major – était amoureux de moi...

LE POÈTE: Voulez-vous que je fasse semblant d'être le capitaine Machin?

100　LA VIEILLE: Ne te monte pas le coup. Il était cent fois plus beau que toi. Oui, je lui ai dit que je me donnerai à lui s'il venait d'abord me solliciter cent nuits de suite. C'était la centième nuit. Il y avait bal au Pavillon Rokumei, et le Tout-Tokyo était là. La chaleur de la salle m'avait un peu fatiguée et je me reposais un moment sur un banc du jardin.

105　*Musique de valse, d'abord indistincte, puis, plus forte. La toile au fond se relève et découvre vaguement le Pavillon Rokumei, une salle des fêtes du XIXe siècle. Devant, un jardin. Le décor ressemble à ceux dont les photographes d'autrefois se servaient pour leurs poses. La vieille, regardant vers la coulisse :*

110　Vois! Toute la grossière clique qui s'amène!

LE POÈTE: Ces dames et ces messieurs si bien mis?

LA VIEILLE: Mais oui. Allons-nous valser pour leur tenir compagnie?

LE POÈTE: Valser avec vous?

LA VIEILLE: N'oublie pas que tu es le capitaine Fukakusa.

115　*Trois jeunes couples des années 1880 entrent en valsant. Ils se rapprochent du couple formé par le poète et la vieille.*

UNE DAME: Komachi, que vous êtes jolie ce soir!

DEUXIÈME DAME: Je suis pleine d'envie. Où vous procurez-vous ces toilettes? (*Elle palpe les*
120　*haillons répugnants de la vieille.*)

LA VIEILLE: J'envoie mes mesures à un couturier parisien.

LES DEUX DAMES: Vraiment?

TROISIÈME DAME: C'est la seule manière. Les robes des couturiers japonais ont toujours quelque chose de gauche.

125　UN MONSIEUR: On n'a pas le choix. On ne peut mettre que des vêtements faits à l'étranger.

DEUXIÈME MONSIEUR : Avez-vous remarqué ce soir la redingote du Premier ministre ? Elle vient de Londres, le centre de la mode masculine.

Riantes et babillantes, les femmes entourent la vieille et le poète. Les hommes causent, assis sur le banc à gauche, à l'extrémité du demi-cercle.

130

TROISIÈME MONSIEUR : Komachi est certainement ravissante.

PREMIER MONSIEUR : Aux chandelles, la moindre donzelle est belle.

DEUXIÈME MONSIEUR : Komachi est de celles à qui ce dicton ne s'applique pas. Elle est belle même en plein jour ; et, au clair de lune, c'est un ange descendu du ciel.

135   **PREMIER MONSIEUR** : Elle ne cède pas facilement aux hommes. Je suppose que c'est pour cela qu'il y a tant de rumeurs bizarres sur son compte.

DEUXIÈME MONSIEUR, *s'efforçant d'employer quelques mots anglais…* : *She is a virgin*, vous savez. Je veux dire une vierge. Et c'est ce qu'on pourrait appeler une *scandalous story*, un scandale, enfin…

140   **TROISIÈME MONSIEUR** : Le capitaine Fukakusa est fou d'elle. Ne remarquez-vous pas comme il est pâle et hagard ? Il a l'air d'un homme qui n'a pas mangé depuis deux jours.

PREMIER MONSIEUR : Il passe son temps à écrire des poèmes pour Komachi, et néglige complètement ses devoirs militaires. Il n'est pas étonnant que les autres officiers d'État-Major lui tournent le dos.

145   **TROISIÈME MONSIEUR** : Je me demande s'il y a parmi nous un homme assez sûr de soi pour réussir auprès de Komachi ?

DEUXIÈME MONSIEUR : J'ai un mince *hope*. Je veux dire un mince espoir.

PREMIER MONSIEUR : Quant à moi, mon espoir me pend à la ceinture comme un sabre rouillé.

150   **TROISIÈME MONSIEUR** : Le mien aussi.

Il rit bruyamment.

Ha ! Ha ! Mais le pire, quand on porte une ceinture, est qu'on est obligé de la desserrer d'un cran après chaque repas.

Il desserre d'un cran la sienne ; les autres font de même.
155   *Deux serveurs entrent, l'un portant un plateau d'argent avec des coupes, l'autre un plateau chargé de mets délicats. Tous se servent. Le poète regarde d'un œil absent la vieille. Les trois dames, coupe en main, s'assoient sur le banc opposé à celui des messieurs.*

160   **LA VIEILLE**, *sa voix est celle d'une très jeune femme* : J'entends quelque part une fontaine, mais je ne puis la voir. C'est comme si j'entendais une averse qui passe…

PREMIER MONSIEUR : Quelle voix ravissante ! Claire comme une fontaine.

PREMIÈRE DAME : C'est une leçon d'élocution, de l'entendre se parler ainsi à elle-même.

165 **LA VIEILLE**, *tournée vers le fond du théâtre* : Ils dansent ! Des ombres glissent devant les fenêtres, et les vitres s'illuminent ou s'assombrissent tour à tour au va-et-vient des danseurs. C'est si paisible, comme des ombres projetées par les flammes.

DEUXIÈME MONSIEUR : Quelle voix sensuelle ! Elle vous pénètre jusqu'au cœur.

DEUXIÈME DAME : Cela me fait quelque chose, même à moi, une femme, de l'entendre parler ainsi...

170 **LA VIEILLE** : J'entends des clochettes, le bruit d'une voiture et de sabots de chevaux... À qui peut appartenir cette voiture ? Aucun prince n'est présent, ce soir, mais les clochettes résonnent comme celles des attelages des princes. Que les arbres du jardin sont parfumés ! Un parfum sombre, pénétrant et doux.

TROISIÈME MONSIEUR : Auprès de Komachi, les autres femmes ne sont que de simples
175 femelles.

TROISIÈME DAME : Quelle horreur ! Elle a copié la forme et la nuance de mon petit sac.

Premiers accords d'une valse. Tous rendent leurs coupes au serveur et se remettent à danser. La vieille et le poète ne bougent pas.

180 **LE POÈTE**, *comme en rêve* : C'est étrange.

LA VIEILLE : Quoi ?

LE POÈTE : Il me semble que...

LA VIEILLE : Explique-toi. Je sais ce que tu veux dire avant que tu l'aies dit...

LE POÈTE, *ardemment* : Vous êtes si...

185 **LA VIEILLE** : Belle ? C'est ce que tu voulais dire, n'est-ce pas ? Il ne faut pas le dire. Si tu le dis, ta mort est proche. N'oublie pas que je t'ai prévenu.

LE POÈTE : Mais...

LA VIEILLE : Si tu tiens à ta vie, tais-toi.

LE POÈTE : C'est bien étrange. Je me demande si c'est ce qu'on appelle un miracle.

190 **LA VIEILLE** : Y a-t-il encore des miracles au jour d'aujourd'hui ? Des miracles, excusez du peu ! D'ailleurs, c'est si vulgaire.

LE POÈTE : Mais vos rides ?

LA VIEILLE : Quoi, j'ai des rides ?

LE POÈTE : C'est ce que je dis. Je ne les vois plus.

195 **LA VIEILLE** : Certes. Y a-t-il un homme au monde qui solliciterait cent nuits de suite une vieillarde ? Mais trêve aux rêveries, et dansons.

Sotoba Komachi   Sotoba Komachi   Sotoba Komachi   Sotoba Komachi   Sotoba Komachi

Ils se remettent à valser. Les serveurs s'en vont. Un quatrième couple de danseurs se joint aux trois autres. Bientôt, tous s'installent deux à deux sur les bancs, et d'amoureux murmures commencent. La vieille, valsant toujours :

200

Tu es fatigué ?

LE POÈTE : Non.

LA VIEILLE : Tu n'as pas l'air bien.

LE POÈTE : J'ai l'air comme toujours.

205 LA VIEILLE : C'est là ta réponse ?

LE POÈTE : Cette nuit est la centième nuit.

LA VIEILLE : Et pourtant...

LE POÈTE : Oui ?

LA VIEILLE : Pourquoi as-tu l'air tellement sombre ?

210   *Le poète cesse subitement de danser.*

Qu'y a-t-il ?

LE POÈTE : Rien. J'ai un peu de vertige.

LA VIEILLE : On rentre dans la salle ?

LE POÈTE : Non, c'est mieux ici. Là-bas, il y a trop de bruit.

215   *Ils restent immobiles se tenant par les mains et regardant autour d'eux. Les autres danseurs ont disparu.*

LA VIEILLE : La musique a cessé. C'est un interlude. Comme tout est calme.

LE POÈTE : Oui, tout est calme, maintenant.

LA VIEILLE. À quoi penses-tu ?

220 LE POÈTE : À rien. Si plutôt, à quelque chose de singulier. Je me disais que si nous nous séparions maintenant, vous et moi, au bout de cent ans, probablement moins de cent ans, nous nous rencontrerions de nouveau.

LA VIEILLE : Où nous rencontrerions-nous ? Au cimetière ?

LE POÈTE : Attendez un instant : une idée me vient... *(Il ferme les yeux, puis les rouvre.)* 225 C'est exactement comme ici. Je vous retrouverai dans un endroit tout pareil à celui où nous sommes.

LA VIEILLE : Un parc, des réverbères, des bancs, des amoureux...

LE POÈTE : Tout sera pareil. Mais ce que je ne sais pas, c'est combien vous et moi nous aurons changé.

230   LA VIEILLE : Je ne crois pas que j'aurai vieilli.

LE POÈTE : Ce sera peut-être moi qui ne vieillirai pas.

LA VIEILLE : Dans cent ans d'ici, le monde aura fait des progrès. Non ?

LE POÈTE : Ce sont seulement les êtres humains qui changent. Après quatre-vingts ans passés, un chrysanthème sera toujours un chrysanthème.

235   LA VIEILLE : Je me demande s'il y aura encore des jardins tranquilles comme ça quelque part dans Tokyo ?

LE POÈTE : Tous les jardins seront à l'abandon.

LA VIEILLE : Les oiseaux y seront plus heureux.

LE POÈTE : Et il y aura des clairs de lune en veux-tu, en voilà.

240   LA VIEILLE : Et si tu grimpes à un arbre, et regardes autour de toi, tu verras toutes les lumières de la ville, et ce sera comme si tu voyais toutes les lumières de toutes les villes du monde.

LE POÈTE : Que nous dirons-nous, quand nous nous retrouverons dans cent ans ?

LA VIEILLE : « Je regrette de vous avoir si longtemps perdu de vue », je suppose.

245   LE POÈTE : Vous allez tenir votre promesse, sans faute ?

LA VIEILLE : Tu en doutes ? Après ce que je t'ai dit ?

LE POÈTE : Oui, ce soir, j'en suis sûr, mon désir sera exaucé. Quelle sensation étrange de solitude et de découragement ! C'est comme si l'on avait enfin possédé quelque chose qu'on désirait de longue date, et qu'on était triste.

250   LA VIEILLE : Pour un homme, ce doit être la sensation la plus terrible de toutes.

LE POÈTE : Mes rêves réalisés… Et peut-être un jour je me fatiguerai même de vous. Si je me fatigue de quelqu'un comme vous, ma vie d'outre-tombe sera horrible. Et terrifiants les jours, les mois éternels avant que je meure. Je mourrai d'ennui.

LA VIEILLE : Alors, désiste-toi maintenant.

255   LE POÈTE : Je ne peux pas.

LA VIEILLE : C'est bête de se forcer à aller jusqu'au bout malgré soi.

LE POÈTE : Mais ce n'est pas malgré moi. Je suis heureux. Il me semble que je pourrais m'envoler au ciel, et en même temps, je me sens accablé.

LA VIEILLE : Tu t'inquiètes pour rien.

260   LE POÈTE : Ne seriez-vous pas affligée si je me lassais de vous ?

LA VIEILLE : Non. Peu m'importerait. Quelqu'un d'autre commencerait à me solliciter cent nuits de suite. Je ne m'ennuierai jamais.

LE POÈTE : J'aimerais autant mourir maintenant, ici même. Une telle occasion ne s'offre qu'une fois au cours d'une vie, et si elle se présente pour moi, ce sera ce soir.

265   **LA VIEILLE**: Ne dis pas de bêtises!

LE POÈTE: Ce sera ce soir. Quand je pense que j'aurais pu passer cette soirée en plaisirs insipides, comme je l'ai fait avec d'autres femmes, – j'en frémis.

LA VIEILLE: On ne vit pas seulement afin de mourir.

LE POÈTE: Qui sait? On meurt peut-être afin de vivre.

270   **LA VIEILLE**: Quelles platitudes! Quels lieux communs!

LE POÈTE: Aidez-moi. Que dois-je faire?

LA VIEILLE: Continue. Tu ne peux rien faire d'autre que continuer.

LE POÈTE: Je vous supplie de m'écouter. Dans quelques heures, dans quelques minutes, un moment qui ne peut avoir lieu aura lieu. Le soleil brillera en plein minuit. Un grand
275   navire aux voiles déployées va naviguer par les rues. J'ai souvent rêvé cela quand j'étais enfant, je me demande pourquoi. Un grand navire entrera dans le jardin toutes voiles dehors; les arbres du jardin feront dans le vent un bruit de vagues; les vagues seront couvertes de petits oiseaux perchés sur elles. Je m'écriais en rêve: « Comme je suis heureux! Il me semble que mon cœur va se briser à force de bonheur! »

280   **LA VIEILLE**: Ça alors… Tu es saoul…

LE POÈTE: Vous ne me croyez pas? Ce soir, dans quelques minutes, l'impossible…

LA VIEILLE: L'impossible ne peut pas se produire.

LE POÈTE, *contemplant la vieille comme s'il essayait de se ressouvenir*: Et pourtant, c'est étrange: votre visage…

285   **LA VIEILLE**: S'il achève sa phrase, il mourra.

Elle tâche de l'empêcher de parler.

Qu'y a-t-il d'étrange? Mon visage? Regarde: vois comme je suis laide, comme je suis ridée! Voyons, ouvre les yeux!

LE POÈTE: Des rides? Où sont ces rides?

290   **LA VIEILLE**, *soulevant son vêtement pour le lui faire palper*: Regarde: ce sont des loques. *(Elle les lui met sous le nez.)* Et ça pue, n'est-ce pas? C'est plein de poux. Et regarde ma main, comme elle tremble, une main toute ridée… Et ces ongles hideusement longs. Regarde bien.

LE POÈTE: Un parfum exquis… des ongles couleur de bégonia.

295   **LA VIEILLE**, *ouvrant son corsage*: Regarde-les, mes seins aux sales lentilles brunes… Des seins de femme ne devraient pas ressembler à ça.

Exaspérée, elle prend la main du poète et la presse contre ses seins.

Tâte-les! Tâte-les! Ces seins-là ne sont plus des seins de femmes…

300   LE POÈTE, *extasié :* Ah, votre corps...

LA VIEILLE : J'ai quatre-vingt-dix-neuf ans. Éveille-toi ! Regarde-moi bien !

LE POÈTE, *la regardant comme stupéfait :* Ah, oui, je me souviens...

LA VIEILLE, *avec joie :* Tu te souviens ?

LE POÈTE : Oui, c'est juste. Vous étiez une vieille femme de quatre-vingt-dix-neuf ans. La
305   sanie vous coulait des yeux. Vos vêtements puaient. Vous étiez couverte de rides...

LA VIEILLE, *frappant du pied :* J'étais ? Tu ne vois pas que je le suis encore ?

LE POÈTE : C'est étrange... Vous avez les yeux clairs d'une fille de vingt ans... Vos vêtements
sont exquisement parfumés... Que vous êtes étrange ! Vous êtes jeune de nouveau !

LA VIEILLE : Ne dis pas cela ! Ne t'ai-je pas prévenu de ce qui arrivera si tu dis que je
310   suis belle ?

LE POÈTE : Si quelque chose me semble vrai, je dois le dire, même si j'en meurs.

LA VIEILLE : Quel fou ! Assez, je t'implore... Le moment dont tu parlais n'est rien...

LE POÈTE : Je vais vous dire quelque chose...

LA VIEILLE : Non ! Non ! J'aime mieux ne pas entendre !

315   LE POÈTE : Le moment est venu. Ce moment que nous avons attendu quatre-vingt-dix-neuf
nuits, quatre-vingt-dix-neuf ans...

LA VIEILLE : Arrête ! Tes yeux brillent ! Arrête, je t'en supplie !

LE POÈTE : Je vais vous dire, Komachi.

Il lui prend la main. Elle tremble.

320   Vous êtes belle. Vous êtes la plus belle des femmes qui soient au monde. Et vous ne
cesserez pas d'être belle, même après dix mille ans.

LA VIEILLE : Tu regretteras d'avoir dit ça.

LE POÈTE : Jamais.

LA VIEILLE : Imbécile ! Je vois déjà la marque de la mort sur ton front.

325   LE POÈTE : Je ne veux pas mourir.

LA VIEILLE : J'ai essayé de te faire taire.

LE POÈTE : Mes pieds, mes mains refroidissent. Je vous retrouverai, j'en suis sûr, dans cent
ans, au même endroit !

Le poète cesse de respirer. La toile de fond noire retombe.
330   *La vieille reste assise sur le banc, les yeux baissés. Elle*
recommence ensuite à ramasser des mégots, comme pour
faire quelque chose.

[...]

Sotoba Komachi   Sotoba Komachi   Sotoba Komachi   Sotoba Komachi   Sotoba Komachi

LA VIEILLE, *triant soigneusement ses mégots :* Un... et... un... font... deux... Deux... et... deux... font... quatre... Un et un font deux. Deux et deux font quatre[12].

EN ACTION

1. Dans « Sotoba Komachi », la vieille raconte un épisode de sa jeunesse au poète. Réécrivez cette histoire sous forme de récit plutôt que sous la forme dramatique.

2. Le nô est un genre dramatique lent et méditatif. Dans la culture occidentale, nous ne sommes que très rarement confrontés à des œuvres méditatives. Quelle a été votre réaction à la lecture de cette courte pièce ? Rédigez un texte dans lequel vous décrirez vos impressions de lecture.

3. La vieille joue un rôle ambigu dans « Sotoba Komachi ». D'une part, elle tente d'empêcher le poète de lui dire qu'elle est belle, et de l'autre, elle l'entraine vers la mort. D'après vous, laquelle de ces deux attitudes domine chez elle ? Justifiez votre réponse en présentant deux ou trois arguments illustrés à l'aide de citations.

4. Montrez que ce nô exprime la fascination du poète pour la mort.

5. Tracez le schéma dramatique de ce nô. À partir de ce schéma, rédigez un résumé qui mettra en relief les moments clés de l'histoire.

SUR LA MÊME PISTE

Confession d'un masque (1949), récit autobiographique de Yukio Mishima.

Métaphysique des tubes (2000) d'Amélie Nothomb, en particulier pour la description du spectacle nô.

La Tradition secrète du nô (1420) de Zeami (pseudonyme de Kanze Motokiyo), le plus important traité sur l'art du nô.

Mishima (1984), film réalisé par Paul Schrader pour tenter de comprendre le seppuku de l'auteur japonais.

---

12. Yukio MISHIMA, « Sotoba Komachi », dans *Cinq Nô modernes*, trad. Marguerite Yourcenar avec la collab. de Jun Shiragi, Paris, Gallimard, coll. « Du monde entier », 1991, p. 23 à 48.

Texte
narratif

Soundjata ou l'épopée mandingue
Djibril Tamsir Niane

L'**épopée** est un récit, souvent rédigé en vers, qui raconte les exploits d'un héros ancien. Les actions qui y sont décrites sont pour la plupart de nature guerrière ou militaire. L'épopée s'appuie sur des évènements historiques et vérifiables, mais le plus souvent amplifiés par des péripéties merveilleuses qui leur donnent une valeur mythique.

Présentation de l'œuvre

Djibril Tamsir Niane (1932-...) est avant tout un historien d'origine guinéenne spécialisé dans l'histoire du Mali. Il est reconnu pour son *Histoire générale de l'Afrique* (1999) publiée sous la protection de l'UNESCO.

Dans le cadre de ses études, Niane transcrit nombre de récits de la tradition orale transmis par les griots[13] depuis plusieurs siècles. *Soundjata ou l'épopée mandingue* est une transcription et une traduction libre de la biographie d'un des plus grands personnages de l'histoire de l'Afrique de l'Ouest, Soundjata Keïta, racontée par Djeli Mamadou Kouyaté.

Mise en contexte

Il était un roi, Maghan Kon Fatta, qui régnait sur le Manding. Il reçut la visite d'un devin qui lui annonça qu'une femme laide et bossue lui donnerait un fils exceptionnel. Le roi rencontra Sogolon Kedjou, la femme la plus laide qu'il n'eut jamais vue, et en fit sa deuxième épouse. Elle mit au monde un enfant handicapé, Soundjata Keïta.

À la mort du roi Maghan Kon Fatta, son premier fils prit le pouvoir malgré les vœux du père qui avait nommé Soundjata comme héritier du trône. Commence alors une longue période de persécution pour Sogolon et son fils, devenu la risée de la capitale.

Subitement, à sept ans, Soundjata se lève et se transforme en un impressionnant garçon qui souhaite venger sa mère. Ils sont forcés à l'exil et se réfugient au royaume de Mena.

Pendant ces années d'exil, Soumaoro Kanté, roi du Sosso, envahit le royaume du Manding et fait preuve d'une grande violence à l'endroit de la population. Pour soustraire l'État à son emprise, on va donc chercher Soundjata, qui est devenu un grand guerrier habile et rusé. C'est à lui de sauver sa terre natale et de délivrer son peuple.

---

13. En Afrique, les griots sont les gardiens de la tradition orale. Ils jouent à la fois les rôles de conteur et d'historien.

Le retour

Chaque homme a sa terre: s'il est dit que ton destin doit s'accomplir en tel pays, les hommes n'y peuvent rien; Mansa Tounkara ne pouvait pas retenir Soundjata car le destin du fils de Sogolon était lié à celui du Manding. Ni la jalousie d'une marâtre, ni sa
5 méchanceté, n'ont pu modifier un instant le cours du grand destin.

Le serpent, ennemi de l'homme, n'a pas longue vie, mais le serpent qui vit caché mourra vieux à coup sûr; Djata était de taille maintenant à affronter ses ennemis. À dix-huit ans il avait la majesté du lion et la force du buffle. Sa voix était l'autorité, ses yeux étaient des braises ardentes; ses bras étaient de fer: il était l'homme du pouvoir.

10 Le roi de Mema Moussa Tounkara donne à Soundjata la moitié de son armée; les plus vaillants se désignèrent d'eux-mêmes pour suivre Soundjata dans la grande aventure; la cavalerie de Mema, qu'il avait formée lui-même, constitua son escadron de fer. À la tête de sa petite, mais redoutable armée, Soundjata, habillé à la manière musulmane de Mema sortit de la ville; la population entière l'accompagnait de ses vœux; il était
15 entouré des cinq messagers du Manding; Manding Bory chevauchait fièrement à côté de son frère. Les cavaliers Memaka formaient derrière Djata un escadron hérissé de fer. La troupe prit la direction de Wagadou; Djata n'avait pas suffisamment de troupes pour s'opposer directement à Soumaoro, aussi le roi de Mema lui conseilla-t-il d'aller à Wagadou prendre la moitié des hommes du roi Soumala Cissé; un courrier rapide y avait
20 été envoyé; aussi le roi de Wagadou vint lui-même à la rencontre de Djata avec ses troupes; il donna au fils de Sogolon la moitié de sa cavalerie et bénit les armes. Alors Manding Bory dit à son frère:

– Djata, crois-tu pouvoir affronter maintenant Soumaoro?

– Si petite que soit une forêt, dit Soundjata, on y trouvera toujours suffisamment de
25 fibres pour lier un homme. Le nombre n'est rien, c'est la valeur qui compte. Avec ma cavalerie je me frayerai une route jusqu'au Manding.

Djata donna ses ordres: on se dirigerait vers le sud en contournant le royaume de Soumaoro; le premier but à atteindre était Tabon, la ville à la porte de fer au milieu des montagnes. Soundjata avait promis à Fran Kamara qu'il passerait par Tabon avant de
30 rentrer au Manding; il espérait trouver son camarade d'enfance devenu roi. Ce fut une marche forcée; aux étapes, les marabouts Singbin Mara Cissé et Mandjan Bérété racontaient à Djata l'histoire du roi Djoulou Kara Naïni et de plusieurs autres héros, mais entre tous Djata préférait Djoulou Kara Naïni, le roi de l'or et de l'argent qui traversa le monde d'ouest en est; il voulait surpasser son modèle par l'étendue de ses terres et les
35 richesses de son trésor.

Cependant Soumaoro Kanté, qui était un grand sorcier, sut que le fils de Sogolon s'était mis en marche et qu'il venait réclamer le Manding; les devins lui dirent de prévenir le mal et d'attaquer Soundjata; mais la fortune aveugle l'homme; Soumaoro s'occupait de battre Fakoli, le neveu révolté qui lui tenait tête. Avant que d'avoir livré la
40 bataille, le nom de Djata était déjà connu dans tout le royaume; ceux de la frontière de l'ouest qui avaient vu son armée descendre vers le sud répandaient des bruits extraordinaires. Monté sur le trône cette année-là, Fran Kamara, l'ami de Djata, s'était révolté à son tour contre Soumaoro. À la politique de sagesse du vieux roi de Tabon, Fran Kamara substituait une politique belliqueuse; fier de ses troupes et surtout stimulé par
45 l'arrivée prochaine de Soundjata, Fran Kamara, que l'on appelait maintenant Tabon Wana (le terrible de Tabon), avait lancé l'appel à tous les forgerons et Djallonkés montagnards.

Soumaoro envoya un détachement avec son fils Sosso-Balla pour barrer la route de Tabon à Soundjata ; Sosso-Balla avait à peu près le même nombre d'années que le fils de
50 Sogolon ; prompt, il vint placer ses troupes à l'entrée des montagnes pour s'opposer à l'avance à Djata vers Tabon.

Le soir, après une longue journée de marche, Soundjata arriva devant la grande vallée qui conduit vers Tabon ; elle était toute noire d'hommes ; Sosso-Balla avait disposé ses hommes dans toute la vallée, quelques-uns étaient placés sur les hauteurs qui
55 dominaient le passage ; quand Djata vit la disposition des hommes de Sosso-Balla, il se tourna vers on état-major en riant.

– Pourquoi ris-tu, frère, tu vois bien que la route est barrée.

– Oui, mais ce ne sont pas des fantassins qui peuvent m'arrêter dans ma course vers le Manding.
60 Les troupes s'arrêtèrent. Tous les chefs de guerre étaient d'avis qu'on attende le lendemain pour livrer bataille car, disaient-ils, les hommes sont fatigués.

– La bataille ne sera pas longue, les hommes auront le temps de se reposer : il ne faut pas laisser le temps à Soumaoro d'attaquer Tabon.

Soundjata fut intraitable ; les ordres furent lancés, les tam-tams de guerre
65 commencèrent à résonner ; sur son superbe cheval Soundjata caracolait devant ses troupes ; il confia l'arrière-garde, composée d'une partie de la cavalerie de Wagadou, à son jeune frère Manding Bory ; ayant tiré son sabre il s'élança le premier en poussant son cri de guerre.

Les Sossos furent surpris de cette attaque soudaine. Tous croyaient que la bataille
70 était pour le lendemain. L'éclair traverse le ciel moins rapidement, la foudre terrorise moins, la crue surprend moins que Djata ne fondit sur Sosso-Balla et ses forgerons. En un instant le fils de Sogolon était au milieu des Sossos tel un lion dans une bergerie ; les Sossos meurtris sous les sabots de son fougueux coursier hurlaient. Quand il se tournait à droite les forgerons de Soumaoro tombaient par dizaines, quand il se tournait à gauche
75 son sabre faisait tomber les têtes comme lorsqu'on secoue un arbre aux fruits mûrs. Les cavaliers de Mema faisaient un carnage affreux, les longues lances pénétraient dans les chairs comme un couteau qu'on enfonce dans une papaye. Fonçant toujours en avant, Djata cherchait Sosso-Balla ; il l'aperçut, et tel un lion il s'élança vers le fils de Soumaoro le sabre levé ; son bras s'abattit mais à ce moment un guerrier Sosso s'était interposé
80 entre Djata et Sosso-Balla ; il fut fendu en deux comme une calebasse. Sosso-Balla n'attendit pas et disparut au milieu de ses forgerons ; voyant leur chef en fuite, les Sossos lâchèrent pied et ce fut une terrible débandade. Avant que le soleil ne disparaisse derrière les montagnes il ne restait que Djata et ses hommes dans la vallée. Manding Bory, qui surveillait les hommes perchés sur les hauteurs, voyant que son frère avait
85 l'avantage, lança quelques cavaliers à travers les monts pour déloger les Sossos. On poursuivit les Sossos jusqu'à la nuit tombante ; plusieurs d'entre eux furent faits prisonniers.

Tabon Wana arriva trop tard, la victoire était déjà au fils de Sogolon ; la rencontre des deux armées amies fut l'occasion d'un grand tam-tam nocturne dans la vallée même où
90 les Sossos avaient été défaits ; Tabon Wana Fran Kamara fit apporter beaucoup de nourriture à l'armée de Djata. On dansa toute la nuit et au point du jour les vainqueurs entrèrent dans Tabon l'inexpugnable sous les acclamations des femmes montées sur les remparts.

La nouvelle de la bataille de Tabon se répandit dans les plaines du Manding à la
95   manière d'une traînée de poudre qui prend feu ; on savait que Soumaoro n'était pas à
la bataille, mais que ses troupes aient reculé devant Soundjata, cela suffit pour donner
espoir à tous les peuples du Manding ; Soumaoro comprit qu'il fallait désormais compter
avec ce jeune homme ; il avait appris les prophéties du Manding, mais il était encore
trop confiant. Quand Sosso Balla revint avec ce qu'il avait pu sauver à Tabon il dit à
100   son père :

— Père, il est pire qu'un lion, rien ne peut s'opposer à lui.

— Tais-toi, fils de malheur, avait dit Soumaoro, tu trembles devant un garçon de
ton âge !

Cependant les paroles de Balla impressionnèrent beaucoup Soumaoro. Il décida de
105   marcher sur Tabon avec le plus gros de ses forces.

Le fils de Sogolon avait déjà arrêté ses plans : battre Soumaoro, détruire Sosso et
rentrer triomphalement à Niani ; il disposait maintenant de cinq corps d'armée : la
cavalerie et les fantassins de Mema, ceux de Wagadou et les trois tribus de l'armée de
Tabon Wana Fran Kamara. Il fallait au plus vite passer à l'offensive.

110   Soumaoro vint au-devant de Soundjata. La rencontre eut lieu à Negueboria dans le
Bouré ; comme à son habitude, le fils de Sogolon voulut aussitôt livrer bataille ; Soumaoro
pensait attirer Soundjata dans la plaine, mais Djata ne lui en laissa pas le loisir. Obligé
de livrer bataille, le roi de Sosso disposa ses hommes en travers de la vallée exiguë de
Negueboria, les ailes de son armée occupant les pentes ; Soundjata adopta une
115   disposition très originale, il forma un carré très serré avec, en première ligne, toute sa
cavalerie ; les archers de Wagadou et de Tabon étaient placés à l'arrière. Soumaoro était
sur l'une des collines dominant la vallée ; on le remarquait à sa haute taille et à son
casque hérissé de cornes ; sous un soleil accablant, les trompettes sonnèrent, de part et
d'autre les tam-tams, les bolons[14] retentirent, le courage entra dans le cœur des Sofas.
120   Au pas de course Djata chargea et la vallée disparut bientôt dans un nuage de poussière
rouge soulevé par les milliers de pieds et de sabots ; sans céder d'un pas les forgerons de
Soumaoro arrêtèrent la vague.

Comme étranger à la bataille, Soumaoro Kanté, du haut de sa colline, regardait.
Soundjata et le roi de Tabon frappaient de grands coups ; on remarquait Djata de loin à
125   son turban blanc et Soumaoro pouvait voir la brèche qu'il ouvrait au milieu de ses
troupes. Le centre était sur le point de céder sous la pression écrasante de Djata ;
Soumaoro fit un signe et, des collines, les forgerons fondirent vers le fond de la vallée
pour envelopper Soundjata. Alors, sans que Djata en pleine lutte donnât le moindre
ordre, le carré s'étira, s'étira en longueur et se transforma en un grand rectangle ; tout
130   avait été prévu ; le mouvement fut si rapide que les hommes de Soumaoro arrêtés dans
leur course folle ne purent se servir de leurs armes ; à l'arrière de Djata, les archers de
Wagadou et ceux de Tabou, genoux à terre, lançaient au ciel des flèches qui retombaient
drues, telle une pluie de fer, sur les rangs de Soumaoro. Comme un morceau de
caoutchouc qu'on tire, la ligne de Djata montait à l'assaut des collines ; Djata aperçut
135   Sosso-Balla et fonça, mais celui-ci se déroba et les guerriers du fils du buffle poussèrent
un hourra de triomphe. Soumaoro accourut : sa présence au centre ranima le courage

---

14. Bolons : Le bolon est un instrument à cordes semblable au Kora mais ne comportant que trois cordes
alors que le Kora en compte 27. La musique de bolon est une musique de guerre alors que le Kora est
un instrument pour musique de chambre.

des Sossos; Soundjata l'aperçut, il voulait s'ouvrir un passage jusqu'à lui; il frappait à droite, frappait à gauche, piétinait; les sabots meurtriers de son « Dafféké[15] » s'enfonçaient dans les poitrines des Sossos. Soumaoro était maintenant à portée de
140   sa lance; Soundjata fit cabrer son cheval et lança son arme; elle partit en sifflant, et la lance rebondit sur la poitrine de Soumaoro comme sur un roc et tomba. Le fils de Sogolon tendit son arc, d'un geste Soumaoro attrapa la flèche au vol et la montra à Soundjata comme pour dire:

« Regarde, je suis invulnérable. »

145   Furieux, Djata arracha sa lance et tête baissée il fonça vers Soumaoro, mais en levant le bras pour frapper son ennemi, il s'aperçut que Soumaoro avait disparu. Manding Bory qui était à ses côtés lui dit en montrant la colline:

– Regarde, frère.

Soundjata vit, sur la colline, Soumaoro dressé sur son cheval à la robe noire. Comment
150   avait-il fait, lui qui n'était qu'à deux pas de Soundjata, par quelle puissance s'était-il fait transporter sur la colline! Le fils de Sogolon s'arrêta de combattre pour regarder le roi de Sosso. Le soleil était déjà très bas, les forgerons de Soumaoro lâchèrent pied sans que Djata donnât l'ordre de poursuivre l'ennemi: soudain Soumaoro disparut.

Comment vaincre un homme capable de disparaître et de réapparaître où et quand il
155   le veut! Comment toucher un homme invulnérable au fer! Telles étaient les questions que le fils de Sogolon se posait. On lui avait raconté beaucoup de choses sur Sosso-Soumaoro, mais il avait accordé peu de crédit à tant de racontars. Ne disait-on pas que le roi de Sosso pouvait prendre soixante-neuf formes différentes pour échapper à ses ennemis: il pouvait, selon certains, se transformer en mouche en pleine bataille et venir
160   taquiner son adversaire, il pouvait se fondre avec le vent quand ses ennemis le cernaient de trop près… et tant d'autres.

La bataille de Negueboria montra à Djata, s'il en était besoin, que pour vaincre le roi de Sosso il fallait d'autres armes.

Le soir de Negueboria, Djata était maître de la place, mais il était sombre. Il donna
165   l'ordre de dresser le camp. Il s'éloigna du champ de bataille rempli des cris douloureux des blessés, Manding Bory et Tabon le suivirent des yeux. Il se dirigeait vers la colline où il avait vu Soumaoro après la miraculeuse disparition de celui-ci au beau milieu de ses troupes. Du haut de la colline il regarda s'éloigner dans un nuage de poussière la masse compacte des forgerons de Soumaoro.

170   – Comment m'a-t-il échappé, pourquoi ni ma lance, ni ma flèche ne l'ont-elles blessé? se demandait-il. Quel est le génie protecteur de Soumaoro, quel est le mystère de sa puissance?

Il descendit de son cheval, ramassa un peu de la terre que le cheval de Soumaoro avait foulée; déjà la nuit était complète, le village de Negueboria n'était pas loin, et les
175   Djallonkés sortirent en foule pour saluer Soundjata et ses hommes; les feux étaient déjà allumés dans les camps et les soldats commençaient à préparer le repas; mais quelle ne fut pas leur joie lorsqu'ils aperçurent la longue procession des filles de Negueboria portant sur la tête d'énormes calebasses de riz; tous les sofas reprirent en chœur la chanson des jeunes filles. Le chef du village et les notables suivaient derrière. Djata
180   descendit de sa colline et reçut le chef Djallonké de Negueboria, c'était un vassal de Tabon Wana; pour les sofas la journée avait été une victoire puisque Soumaoro s'était

---

15. « Dafféké »: Nom emphatique pour désigner un beau coursier.

enfui ; les tam-tams de guerre devinrent des tam-tams de joie, Djata laissa ses hommes fêter ce qu'ils appelaient une victoire. Il resta seul sous sa tente : dans la vie de chaque homme il y a un moment où le doute s'installe, l'homme s'interroge sur sa destinée, mais
185 ce soir ce n'était pas encore le doute qui assaillait Djata, il pensait plutôt aux puissances à mettre en œuvre pour atteindre Sosso-Soumaoro ; il ne dormit pas de la nuit. Au point du jour on leva le camp ; en route, des paysans apprirent à Djata que Soumaoro et ses hommes allaient à pas forcés ; Djata fit marcher ses hommes sans relâche et le soir il fit arrêter l'armée pour prendre un peu de nourriture et de repos. C'était près du village de
190 Kankigné ; les hommes dressèrent le camp au milieu de la plaine tandis que des gardes étaient placés sur les hauteurs. Comme d'habitude les hommes se groupèrent par tribus et s'affairèrent à la préparation de leur nourriture. La tente de Soundjata était dressée au milieu du camp, entourée par les huttes de fortune rapidement construites par les cavaliers de Mema.

195   Mais soudain on entendit le son des cors d'alerte ; les hommes eurent à peine le temps de prendre leurs armes que le camp était encerclé par les ennemis qui surgissaient des ténèbres. Les hommes de Mema étaient habitués à ces attaques-surprises, au camp, ils ne dessellaient jamais leurs chevaux. Chaque groupe ethnique devait se défendre, car le camp ne formait pas un bloc. Les ennemis pullulaient comme des sauterelles. Djata et
200 les cavaliers de Mema n'ayant pu être encerclés se portèrent au secours de Tabon Wana qui semblait écrasé sous le nombre ; dans la nuit noire, Dieu seul sait comment les hommes se comportèrent. Le fils de Sogolon brisa l'étau qui étouffait Tabon Wana. Les archers de Wagabou s'étaient vite ressaisis ; ils lancèrent au ciel des torches et des flèches enflammées qui retombaient parmi les ennemis. Ce fut soudain une panique, les
205 tisons brûlants s'écrasaient sur le dos nu des Sofas de Soumaoro, des cris de douleur emplirent le ciel et les Sossos commencèrent une retraite précipitée tandis que la cavalerie les taillait en pièces. Les Sossos accablés s'enfuirent, abandonnant encore beaucoup de captifs aux mains des hommes de Sogolon-Djata. Laissant à Tabon le soin de regrouper les hommes, celui-ci pourchassa l'ennemi avec sa cavalerie jusqu'au-delà
210 du village de Kankigné. Quand il revint la lutte était terminée, l'attaque nocturne des Sossos avait causé plus de frayeur que de dégâts réels. Près de la tente de Tabon Wana on trouva par terre plusieurs crânes fendus. Le roi de Tabon ne frappait jamais un homme deux fois. La bataille de Kankigné ne fut pas une grande victoire, mais elle découragea les Sossos ; cependant la peur avait été grande dans les rangs de Djata. C'est
215 pourquoi les griots chantent :

Kankigné[16] *Tabé bara djougonya*[17].

---

16. *Kankigné* : La tradition du Dioma présente la bataille de Kankigné comme une demi-défaite de Soundjata. *Kankigné Tabé bara djougonya. Djan va bara bogna mayadi.* Ce qui veut dire : « La bataille de Kankigné fut terrible. Les hommes y furent moins dignes que des esclaves. »

17. Djibril Tamsir NIANE, *Soundjata ou l'épopée mandingue*, Paris et Dakar, Présence africaine, 1960, p. 90 à 100.

EN ACTION

1. Relevez des passages où les actions de Soundjata sont magnifiées, amplifiées. En vous en inspirant, racontez une anecdote banale qui vous est arrivée récemment et utilisez, pour ce faire, les mêmes procédés que le narrateur de l'épopée.

2. Comment réagissez-vous à la description d'un combat violent comme celui décrit dans ce chapitre de *Soundjata ou l'épopée mandingue*? Décrivez, comme si vous étiez le héros d'une épopée, ce que vous avez ressenti à la lecture de cet extrait.

3. Dans la tradition orale de l'Afrique occidentale, le récit de la bataille de Kankigné a une valeur historique. D'après vous, peut-on considérer cet extrait comme un compte rendu fidèle de ce qui s'est réellement passé? En vous appuyant sur des exemples précis tirés de l'extrait, justifiez votre position.

4. Montrez que, dans le chapitre intitulé « le Retour » de *Soundjata ou l'épopée mandingue*, le narrateur amplifie délibérément la grandeur des évènements qui sont racontés. Vous vous intéresserez, d'une part, au personnage de Soundjata et, de l'autre, aux scènes de groupe.

5. Tracez le schéma narratif de ce chapitre de *Soundjata ou l'épopée mandingue*. À partir de vos résultats, réécrivez le chapitre sans utiliser l'extrait.

SUR LA MÊME PISTE

L'Anneau de Nibelung, un poème épique germanique datant du Moyen Âge, *l'Épopée de Gilgamesh,* considérée comme la plus ancienne de l'humanité, *l'Iliade* et *l'Odyssée* (VIIIe siècle av. J.-C.) d'Homère, *la Légende des siècles* (1859, 1877, 1883) de Victor Hugo et *le Ràmàyana,* œuvre fondatrice de la civilisation indienne, sont des épopées.

Contes d'hier et d'aujourd'hui (1985) est une autre œuvre de fiction de Djibril Tamsir Niane.

Camara Laye, Tierno Monénembo, Williams Sassine sont d'autres auteurs guinéens à découvrir.

Texte
narratif

Ni d'Ève ni d'Adam
Amélie Nothomb

L'**autofiction** est un genre hybride qui confond l'autobiographie et le roman. Il s'agit d'un récit de fiction, comme le roman, dans lequel le narrateur (qui est souvent le personnage central du récit) porte le même nom que l'auteur et se caractérise par des détails qu'il est possible de recouper avec la véritable identité de ce dernier. Le lecteur confond alors des évènements fictifs et la vie réelle, le narrateur et l'auteur.

Présentation de l'œuvre

Amélie Nothomb (1967-...) est une auteure belge au parcours exceptionnel. Fille d'un ambassadeur, elle est née et a passé les premières années de sa vie au Japon (pays qu'elle affectionne particulièrement). Elle a vécu son enfance et son adolescence en Asie et aux États-Unis, ballotée par les responsabilités diplomatiques de son père. À la fin de l'adolescence, elle vient s'établir en Belgique où elle fait des études universitaires. Elle publie son premier roman, *Hygiène de l'assassin*, à l'âge de 25 ans, et remporte deux prix importants qui lui valent un succès instantané. Depuis lors, elle publie un roman par année.

Mise en contexte

Ni d'Ève ni d'Adam est le quinzième roman d'Amélie Nothomb, publié en 2007. Il fait écho à *Stupeur et tremblements,* publié en 1999, dont l'intrigue se déroule en même temps. Ce roman a remporté le Prix de Flore, offert par un jury de journalistes qui souhaitent récompenser un jeune talent.

L'extrait présenté ici constitue le début du roman. Amélie a vécu au Japon pendant les cinq premières années de sa vie. Elle y retourne à l'âge de 21 ans pour faire un stage dans une grande entreprise. Pour parfaire son japonais, elle choisit d'enseigner le français à un jeune bourgeois tokyoïte, Rinri. L'autofiction relate la relation amoureuse qui unit ces deux personnages et les retrouvailles entre Amélie et l'ile qui l'a vue naitre.

Ni d'Ève ni d'Adam   Ni d'Ève ni d'Adam   Ni d'Ève ni d'Adam   Ni d'Ève ni d'Adam   Ni d'Ève ni d'Adam

Le moyen le plus efficace d'apprendre le japonais me parut d'enseigner le français. Au supermarché, je laissai une petite annonce: « Cours particuliers de français, prix intéressant ».

Le téléphone sonna le soir même. Rendez-vous fut pris pour le lendemain, dans un

5   café d'Omote-Sando. Je ne compris rien à son nom, lui non plus au mien. En raccrochant, je me rendis compte que je ne savais pas à quoi je le reconnaîtrais, lui non plus. Et comme je n'avais pas eu la présence d'esprit de lui demander son numéro, cela n'allait pas s'arranger. « Il me rappellera peut-être pour ce motif », pensai-je.

Il ne me rappela pas. La voix m'avait semblé jeune. Cela ne m'aiderait pas beaucoup.

10   La jeunesse ne manquait pas à Tokyo, en 1989. À plus forte raison dans ce café d'Omote-Sando, le 26 janvier, vers quinze heures.

Je n'étais pas la seule étrangère, loin s'en fallait. Pourtant, il marcha vers moi sans hésiter.

– Vous êtes le professeur de français?

15   – Comment le savez-vous?

Il haussa les épaules. Très raide, il s'assit et se tut. Je compris que j'étais le professeur et que c'était à moi de m'occuper de lui. Je posai des questions et appris qu'il avait vingt ans, qu'il s'appelait Rinri et qu'il étudiait le français à l'université. Il apprit que j'avais vingt et un ans, que je m'appelais Amélie et que j'étudiais le japonais. Il ne comprit pas

20   ma nationalité. J'avais l'habitude.

– À partir de maintenant, nous n'avons plus le droit de parler anglais, dis-je.

Je conversai en français afin de connaître son niveau: il se révéla consternant. Le plus grave était sa prononciation: si je n'avais pas su que Rinri me parlait français, j'aurais cru avoir affaire à un très mauvais débutant en chinois. Son vocabulaire

25   languissait, sa syntaxe reproduisait mal celle de l'anglais qui semblait pourtant son absurde référence. Or il était en troisième année d'étude du français, à l'université. J'eus la confirmation de la défaite absolue de l'enseignement des langues au Japon. À un tel degré, cela ne pouvait même plus s'appeler l'insularité.

Le jeune homme devait se rendre compte de la situation car il ne tarda pas à s'excuser,

30   puis à se taire. Je ne pus accepter cet échec et tentai de le faire parler à nouveau. En vain. Il gardait sa bouche close comme pour cacher de vilaines dents. Nous étions dans une impasse.

Alors, je me mis à lui parler japonais. Je ne l'avais plus pratiqué depuis l'âge de cinq ans et les six jours que je venais de passer au pays du Soleil-Levant, après seize années

35   d'absence, n'avaient pas suffi, loin s'en fallait, à réactiver mes souvenirs enfantins de cette langue. Je lui sortis donc un galimatias puéril qui n'avait ni queue ni tête. Il était question d'agent de police, de chien et de cerisiers en fleur.

Le garçon m'écouta avec ahurissement et finit par éclater de rire. Il me demanda si c'était un enfant de cinq ans qui m'avait enseigné le japonais.

40   – Oui, répondis-je. Cette enfant, c'est moi.

Et je lui racontai mon parcours. Je le lui narrai lentement, en français; grâce à une émotion particulière, je sentis qu'il me comprenait.

Je l'avais décomplexé.

En un français pire que mauvais, il me dit qu'il connaissait la région où j'étais née et

45   où j'avais vécu mes cinq premières années: le Kansaï.

Lui était originaire de Tokyo, où son père dirigeait une importante école de joaillerie. Il s'arrêta, épuisé, et but son café d'un trait.

Ses explications semblaient lui avoir coûté autant que s'il avait dû franchir un fleuve en crue par un gué dont les pierres auraient été écartées de cinq mètres les unes des

50   autres. Je m'amusai à le regarder souffler après cet exploit.

Il faut reconnaître que le français est vicieux. Je n'aurais pas voulu être à la place de mon élève. Apprendre à parler ma langue devait être aussi difficile que d'apprendre à écrire la sienne.

Je lui demandai ce qu'il aimait dans la vie. Il réfléchit très longtemps. J'aurais voulu

55   savoir si sa réflexion était de nature existentielle ou linguistique. Après de telles recherches, sa réponse me plongea dans la perplexité:

– Jouer.

Impossible de déterminer si l'obstacle avait été lexical ou philosophique. J'insistai:

– Jouer à quoi?

60 Il haussa les épaules.

– Jouer.

Son attitude relevait soit d'un détachement admirable, soit d'une paresse face à l'apprentissage de ma langue colossale.

Dans les deux cas, je trouvai que le garçon s'en était bien sorti et j'abondai dans son 65 sens. Je déclarai qu'il avait raison, que la vie était un jeu: ceux qui croyaient que jouer se limitait à la futilité n'avaient rien compris, etc.

Il m'écoutait comme si je lui racontais des bizarreries. L'avantage des discussions avec les étrangers est que l'on peut toujours attribuer l'expression plus ou moins consternée de l'autre à la différence culturelle.

70 Rinri me demanda à son tour ce que j'aimais dans la vie. En détachant bien les syllabes, je répondis que j'aimais le bruit de la pluie, me promener dans la montagne, lire, écrire, écouter de la musique. Il me coupa pour dire:

– Jouer.

Pourquoi répétait-il son propos? Peut-être pour me consulter sur ce point. Je 75 poursuivis:

– Oui, j'aime jouer, surtout aux cartes.

C'était lui qui semblait perdu, à présent. Sur la page vierge d'un carnet, je dessinai des cartes: as, deux, pique, carreau.

Il m'interrompit: oui, bien sûr, les cartes, il connaissait. Je me sentis 80 extraordinairement stupide avec ma pédagogie à deux sous. Pour retomber sur mes pattes, je parlai de n'importe quoi: quels aliments mangeait-il? Péremptoire, il répondit:

– Ourrrrhhhh.

Je croyais connaître la cuisine japonaise, mais cela, je n'avais jamais entendu. Je lui 85 demandai de m'expliquer. Sobrement, il répéta:

– Ourrrrhhhh.

Oui, certes, mais qu'était-ce?

Stupéfait, il me prit le carnet des mains et traça le contour d'un œuf. Je mis plusieurs secondes à recoller les morceaux dans ma tête et m'exclamai:

90 – Œuf!

Il ouvrit les yeux comme pour dire: Voilà!

– On prononce œuf, enchaînai-je, œuf.

– Ourrrrhhhh.

– Non, regardez ma bouche. Il faut l'ouvrir davantage: œuf.

95 Il ouvrit grand la bouche:

– Orrrrhhhh.

Je m'interrogeai: était-ce un progrès? Oui, car cela constituait un changement. Il évoluait, sinon dans le bon sens, du moins vers autre chose.

– C'est mieux, dis-je, pleine d'optimisme.

100 Il sourit sans conviction, content de ma politesse. J'étais le professeur qu'il lui fallait. Il me demanda le prix de la leçon.

– Vous donnez ce que vous voulez.

Cette réponse dissimulait mon ignorance absolue des tarifs en vigueur, même par approximation. Sans le savoir, j'avais dû parler comme une vraie Japonaise, car Rinri

105   sortit de sa poche une jolie enveloppe en papier de riz dans laquelle, à l'avance, il avait glissé de l'argent.

Gênée, je refusai :

– Pas cette fois-ci. Ce n'était pas un cours digne de ce nom. À peine une présentation.

110   Le jeune homme posa l'enveloppe devant moi, alla payer nos cafés, revint pour me fixer rendez-vous le lundi suivant, n'eut pas un regard pour l'argent que je tentais de lui rendre, salua et partit.

Toute honte bue, j'ouvris l'enveloppe et comptai six mille yens. Ce qui est fabuleux quand on est payé dans une monnaie faible, c'est que les montants sont toujours

115   extraordinaires. Je repensai à « ourrrrhhhh » devenu « orrrrhhhh » et trouvai que je n'avais pas mérité six mille yens.

Je comparai mentalement la richesse du Japon avec celle de la Belgique et conclus que cette transaction était une goutte d'eau dans l'océan d'une telle disproportion. Avec mes six mille yens, au supermarché, je pouvais acheter six pommes jaunes. Adam devait

120   bien cela à Ève. La conscience apaisée, j'allai arpenter Omote-Sando.

30 janvier 1989. Mon dixième jour au Japon en tant qu'adulte. Depuis ce que j'appelais mon retour, chaque matin, en ouvrant les rideaux, je découvrais un ciel d'un bleu parfait. Quand, pendant des années, on a ouvert des rideaux belges sur des grisailles pesant des tonnes, comment ne pas s'exalter de l'hiver tokyoïte ?

125   Je rejoignis mon élève au café d'Omote-Sando. La leçon se concentra sur le temps qu'il faisait. Bonne idée, car le climat, sujet idéal pour ceux qui n'ont rien à se dire, est au Japon la conversation principale et obligatoire.

Rencontrer quelqu'un et ne pas lui parler de la météo équivaut à un manque de savoir-vivre.

130   Rinri me sembla avoir progressé depuis la dernière fois. Ce ne pouvait s'expliquer par mes seuls enseignements : il devait avoir travaillé de son côté. Sans doute la perspective de dialoguer avec une francophone l'avait-il motivé.

Il me racontait les rigueurs de l'été quand je le vis lever les yeux vers un garçon qui venait d'entrer. Ils échangèrent un signe.

135   – Qui est-ce ? demandai-je.

– Hara, un ami qui étudie avec moi.

Le jeune homme s'approcha pour saluer. Rinir fit les présentations en anglais. Je m'insurgeai :

– En français, s'il vous plaît. Votre ami aussi étudie cette langue.

140   Mon élève se reprit, pataugea un peu à cause du brusque changement de registre, puis articula comme il put :

–Hara, je te présente Amélie, ma maîtresse.

J'eus beaucoup de mal à cacher mon hilarité qui eût découragé d'aussi louables efforts. Je n'allais pas rectifier devant son ami : c'eût été lui faire perdre la face.

145   C'était le jour des coïncidences : je vis entrer Christine, sympathique jeune Belge qui travaillait à l'ambassade et m'avait aidée à remplir de la paperasse.

Je la hélai.

Il me sembla que c'était mon tour de faire les présentations. Mais Rinri, sur sa lancée, voulant sans doute répéter l'exercice, dit à Christine :

150   – Je vous présente Hara mon ami, et Amélie ma maîtresse.

Ni d'Ève ni d'Adam   Ni d'Ève ni d'Adam   Ni d'Ève ni d'Adam   Ni d'Ève ni d'Adam   Ni d'Ève ni d'Adam

La jeune femme me regarda brièvement. Je simulai l'indifférence et présentai Christine aux jeunes gens. À cause de ce malentendu, et de peur de paraître une dominatrice en amour, je n'osai plus donner de consigne à mon élève. Je me fixai comme unique objectif possible de maintenir le français comme langue d'échange.

155   – Vous êtes toutes les deux Belgique? demanda Hara.

– Oui, sourit Christine. Vous parlez très bien français.

– Grâce à Amélie qui est ma...

À cet instant je coupai Rinri pour dire:

– Hara et Rinri étudient le français à l'université.

160   – Oui, mais rien de tel que les cours particuliers pour apprendre, n'est-ce pas?

L'attitude de Christine me crispait, sans que je sois assez intime avec elle pour lui expliquer la vérité.

– Où avez-vous rencontré Amélie? demanda-t-elle à Rinri.

– Au supermarché Azabu.

165   – C'est drôle!

On avait échappé au pire: il eût pu répondre que c'était par une petite annonce.

La serveuse vint prendre les commandes des nouveaux arrivants. Christine regarda sa montre et dit que son rendez-vous d'affaires allait arriver. Au moment de partir, elle s'adressa à moi en néerlandais:

170   – Il est beau, je suis contente pour toi.

Quand elle eut filé, Hara me demanda si elle avait parlé Belgique. J'acquiesçai afin d'éviter une longue explication.

– Vous parlez très bien français, dit Rinri avec admiration.

« Encore un malentendu », pensai-je avec accablement.

175   Je n'avais plus d'énergie et priai Hara et Rinri de dialoguer en français, me contentant de rectifier les fautes les plus incompréhensibles. Ce qu'ils avaient à se dire m'étonna:

– Si tu viens chez moi samedi, apporte la sauce d'Hiroshima.

– Est-ce que Yasu jouera avec nous?

– Non, il joue chez Minami.

180   J'aurais aimé savoir à quoi ils jouaient. Je posai la question à Hara dont la réponse ne m'éclaira pas davantage que celle de mon élève lors de la leçon précédente.

– Samedi, vous aussi, venez jouer chez moi, dit Hara.

J'étais certaine qu'il m'invitait par politesse. J'avais néanmoins très envie d'accepter. De peur que ma venue dérange mon élève, je tâtai le terrain:

185   – Je ne connais pas Tokyo, je vais me perdre.

– Je viendrai vous chercher, proposa Rinri.

Rassurée, je remerciai Hara avec enthousiasme. Quand Rinri me tendit l'enveloppe qui contenait mon salaire, je fus encore plus gênée que la fois précédente. Je calmai ma conscience en décidant de consacrer cet argent à l'achat d'un cadeau pour mon hôte[18].

18. Amélie NOTHOMB, *Ni d'Ève ni d'Adam,* Paris, Albin Michel, 2007, p. 7 à 21.

EN ACTION

1. À la fin de l'extrait, Amélie accepte une invitation pour aller « jouer » chez Hara, en compagnie de Rinri. Poursuivez l'histoire amorcée par l'auteure en racontant cette soirée de « jeu ».

2. L'extrait met en scène deux personnages qui ont sensiblement le même âge et qui entretiennent une relation professeur-élève où ni l'un ni l'autre n'est totalement professeur ou totalement élève. Auquel des deux personnages vous identifiez-vous le plus ? Justifiez votre réponse en vous appuyant sur des exemples tirés de l'extrait.

3. Amélie est une narratrice à l'humour particulier. Peut-on dire que cet extrait est comique ? Justifiez votre réponse en présentant deux ou trois arguments.

4. Montrez que, dès le début du roman *Ni d'Ève ni d'Adam* d'Amélie Nothomb, les personnages d'Amélie et de Rinri s'opposent.

5. Imaginez que vous étiez présent dans le café d'Omote-Sando et que vous avez observé Amélie et Rinri lors des deux occasions où ils s'y sont rencontrés. Relatez les deux leçons de français comme si vous les racontiez à un ami.

SUR LA MÊME PISTE

Le Sabotage amoureux (1993), *Stupeur et tremblements* (1999), *Métaphysique des tubes* (2000) et *Biographie de la faim* (2004) sont d'autres autofictions d'Amélie Nothomb.

Folle (2004) de Nelly Arcan, *99 Francs* (2000) de Frédéric Beigbeder, *Un roman russe* (2007) d'Emmanuel Carrère, *l'Amant* (1984) de Marguerite Duras et *À l'ami qui ne m'a pas sauvé la vie* (1990) d'Hervé Guibert sont aussi des autofictions.

Hygiène de l'assassin (1999) de François Ruggieri et *Stupeur et tremblements* (2003) d'Alain Corneau sont des adaptations cinématographiques de romans d'Amélie Nothomb.

Texte
narratif

La Barbe-Bleue
Charles Perrault

Le **conte classique** est un court récit dont l'action, présentée de manière linéaire, est le principal moteur. Le conte classique (ou merveilleux) est l'occasion pour l'auteur de plonger dans l'imagination en situant ses personnages dans un univers de fantaisie dont l'époque et les lieux sont indéterminés. La grande majorité des contes classiques sont des versions écrites de contes populaires et oraux qui circulaient depuis des siècles avant que leur auteur ne les couche sur papier.

Présentation de l'œuvre

Charles Perrault (1628-1703) est le plus célèbre conteur français. Il est également un homme de lettres qui eut une grande influence sur son époque, celle de Louis XIV, dont il est un grand défenseur. Nous retenons cependant, presque exclusivement, un recueil de contes de son importante production littéraire : les *Contes de ma mère l'Oye*.

Ce recueil regroupe huit contes et trois autres récits. Les plus célèbres contes de la tradition française en font partie : « la Belle au bois dormant », « le Petit Chaperon rouge », « Cendrillon », « le Petit Poucet », etc.

Perrault écrivait ses contes pour éduquer, pour enseigner la morale et les normes sociales de son époque. « La Barbe-Bleue » comporte d'ailleurs deux moralités en vers rimés, à la fin du conte.

La Barbe-Bleue   La Barbe-Bleue   La Barbe-Bleue   La Barbe-Bleue   La Barbe-Bleue

Il était une fois un homme qui avait de belles maisons à la ville et à la campagne, de la vaisselle d'or et d'argent, des meubles en broderies et des carrosses tout dorés. Mais, par malheur, cet homme avait la barbe bleue : cela le rendait si laid et si terrible qu'il n'était ni femme ni fille qui ne s'enfuît de devant lui.

5   Une de ses voisines, dame de qualité, avait deux filles parfaitement belles. Il lui en demanda une en mariage, et lui laissa le choix de celle qu'elle voudrait lui donner. Elles n'en voulaient point toutes deux, et se le renvoyaient l'une à l'autre, ne pouvant se résoudre à prendre un homme qui eût la barbe bleue. Ce qui les dégoûtait encore, c'est qu'il avait déjà épousé plusieurs femmes, et qu'on ne savait ce que ces femmes étaient

10   devenues.

La Barbe-Bleue, pour faire connaissance, les mena, avec leur mère et trois ou quatre de leurs meilleures amies et quelques jeunes gens du voisinage, à une de ses maisons de campagne, où on demeura huit jours entiers. Ce n'étaient que promenades, que parties de chasse et de pêche, que danses et festins, que collations : on ne dormait point et on

15   passait toute la nuit à se faire des malices les uns aux autres ; enfin tout alla si bien que la cadette commença à trouver que le maître du logis n'avait plus la barbe si bleue, et que c'était un fort honnête homme. Dès qu'on fut de retour à la ville, le mariage se conclut.

Au bout d'un mois, la Barbe-Bleue dit à sa femme qu'il était obligé de faire un voyage
20   en province, de six semaines au moins, pour une affaire de conséquence; qu'il la priait
de se bien divertir pendant son absence; qu'elle fit venir ses bonnes amies; qu'elle les
menât à la campagne, si elle voulait; que partout elle fît bonne chère.

– Voilà, dit-il, les clefs des deux grands garde-meubles; voilà celles de la vaisselle d'or
et d'argent, qui ne sert pas tous les jours; voilà celles de mes coffres-forts où est mon
25   or et mon argent; celles des cassettes où sont mes pierreries, et voilà le passe-partout de
tous les appartements. Pour cette petite clef-ci, c'est la clef du cabinet au bout de la
grande galerie de l'appartement bas: ouvrez tout, allez partout; mais, pour ce petit
cabinet, je vous défends d'y entrer, et je vous le défends de telle sorte que s'il vous arrive
de l'ouvrir, il n'y a rien que vous ne deviez attendre de ma colère.

30   Elle promit d'observer exactement tout ce qui lui venait d'être ordonné, et lui, après
l'avoir embrassée, il monte dans son carrosse et part pour son voyage. Les voisines et les
bonnes amies n'attendirent pas qu'on les envoyât quérir pour aller chez la jeune mariée,
tant elles avaient d'impatience de voir toutes les richesses de sa maison, n'ayant osé y
venir pendant que le mari y était, à cause de sa barbe bleue, qui leur faisait peur.

35   Les voilà aussitôt à parcourir les chambres, les cabinets, les garde-robes, toutes plus
belles et plus riches les unes que les autres. Elles montèrent ensuite aux garde-meubles,
où elles ne pouvaient assez admirer le nombre et la beauté des tapisseries, des lits, des
sofas, des cabinets, des guéridons, des tables et des miroirs où l'on se voyait depuis les
pieds jusqu'à la tête, et dont les bordures, les unes de glace, les autres d'argent et de
40   vermeil doré, étaient les plus belles et les plus magnifiques qu'on eût jamais vues. Elles
ne cessaient d'exagérer et d'envier le bonheur de leur amie, qui cependant, ne se
divertissait point à voir toutes ces richesses, à cause de l'impatience qu'elle avait d'aller
ouvrir le cabinet de l'appartement bas.

Elle fut si pressée de sa curiosité que, sans considérer qu'il était malhonnête de
45   quitter sa compagnie, elle y descendit par un petit escalier dérobé, et avec tant de
précipitation qu'elle pensa se rompre le cou deux ou trois fois.

Étant arrivée à la porte du cabinet, elle s'y arrêta quelque temps, songeant à la
défense que son mari lui avait faite, et considérant qu'il pourrait lui arriver malheur
d'avoir été désobéissante; mais la tentation était si forte qu'elle ne put la surmonter:
50   elle prit donc la petite clef, et ouvrit en tremblant la porte du cabinet.

D'abord elle ne vit rien, parce que les fenêtres étaient fermées. Après quelques
moments, elle commença à voir que le plancher était tout couvert de sang caillé, et que,
dans ce sang, se miraient les corps de plusieurs femmes mortes et attachées le long des
murs: c'étaient toutes les femmes que la Barbe-Bleue avait épousées, et qu'il avait
55   égorgées l'une après l'autre. Elle pensa mourir de peur, et la clef du cabinet, qu'elle
venait de retirer de la serrure, lui tomba de la main.

Après avoir un peu repris ses esprits, elle ramassa la clef, referma la porte, et monta
à sa chambre pour se remettre un peu; mais elle n'en pouvait venir à bout, tant elle
était émue.

60   Ayant remarqué que la clef du cabinet était tachée de sang, elle l'essuya deux ou trois
fois; mais le sang ne s'en allait point: elle eut beau la laver, et même la frotter avec du
sablon et avec du grès, il demeura toujours du sang, car la clef était fée, et il n'y avait pas
moyen de la nettoyer tout à fait: quand on ôtait le sang d'un côté, il revenait de
l'autre.

65   La Barbe-Bleue revint de son voyage dès le soir même, et dit qu'il avait reçu des lettres, dans le chemin, qui lui avaient appris que l'affaire pour laquelle il était parti venait d'être terminée à son avantage. Sa femme fit tout ce qu'elle put pour lui témoigner qu'elle était ravie de son prompt retour.

Le lendemain, il lui redemanda les clefs; et elle les lui donna, mais d'une main si
70   tremblante, qu'il devina sans peine tout ce qui s'était passé.

– D'où vient, lui dit-il, que la clef du cabinet n'est point avec les autres?

– Il faut, dit-elle, que je l'aie laissée là-haut sur ma table.

– Ne manquez pas, dit Barbe-Bleue, de me la donner tantôt.

Après plusieurs remises, il fallut apporter la clef. La Barbe-Bleue, l'ayant considérée,
75   dit à sa femme:

– Pourquoi y a-t-il du sang sur cette clef?

– Je n'en sais rien, répondit la pauvre femme, plus pâle que la mort.

– Vous n'en savez rien! reprit la Barbe-Bleue; je le sais bien, moi. Vous avez voulu entrer dans le cabinet! Eh bien, madame, vous y entrerez et irez prendre votre place
80   auprès des dames que vous y avez vues.

Elle se jeta aux pieds de son mari en pleurant et en lui demandant pardon, avec toutes les marques d'un vrai repentir, de n'avoir pas été obéissante. Elle aurait attendri un rocher, belle et affligée comme elle était; mais la Barbe-Bleue avait le cœur plus dur qu'un rocher.

85   – Il faut mourir, Madame, lui dit-il, et tout à l'heure.

– Puisqu'il faut mourir, répondit-elle en le regardant les yeux baignés de larmes, donnez-moi un peu de temps pour prier Dieu.

– Je vous donne un demi-quart d'heure, reprit la Barbe-Bleue, mais pas un moment davantage.

90   Lorsqu'elle fut seule, elle appela sa sœur, et lui dit:

– Ma sœur Anne (car elle s'appelait ainsi), monte, je te prie, sur le haut de la tour pour voir si mes frères ne viennent point: ils m'ont promis qu'ils me viendraient voir aujourd'hui; et, si tu les vois, fais-leur signe de se hâter.

La sœur Anne monta sur le haut de la tour, et la pauvre affligée lui criait de temps
95   en temps:

– Anne, ma sœur Anne, ne vois-tu rien venir?

Et la sœur Anne lui répondait:

– Je ne vois rien que le soleil qui poudroie, et l'herbe qui verdoie.

Cependant la Barbe-Bleue, tenant un grand coutelas à sa main, criait de toute sa
100   force à sa femme:

– Descends vite, ou je monterai là-haut.

– Encore un moment, s'il vous plaît, lui répondit sa femme.

Et, aussitôt, elle criait:

– Anne, ma sœur Anne, ne vois-tu rien venir?

105   Et la sœur Anne répondait:

– Je ne vois rien que le soleil qui poudroie, et l'herbe qui verdoie.

– Descends donc vite, criait la Barbe-Bleue, ou je monterai là-haut.

– Je m'en vais, répondait la femme.

Et puis elle criait:

110   – Anne, ma sœur Anne, ne vois-tu rien venir?

– Je vois, répondit la sœur Anne, une grosse poussière qui vient de ce côté-ci...

– Sont-ce mes frères ?

– Hélas ! non, ma sœur : c'est un troupeau de moutons…

– Ne veux-tu pas descendre ? criait la Barbe-Bleue.

115 – Encore un moment, répondait sa femme.

Et puis elle criait :

– Anne, ma sœur Anne, ne vois-tu rien venir ?

– Je vois, répondit-elle, deux cavaliers qui viennent de ce côté-ci, mais ils sont bien loin encore.

120 – Dieu soit loué ! s'écria-t-elle un moment après, ce sont mes frères. Je leur fais signe tant que je puis de se hâter.

La Barbe-Bleue se mit à crier si fort que toute la maison en trembla. La pauvre femme descendit et alla se jeter à ses pieds tout éplorée et échevelée.

– Cela ne sert à rien, dit la Barbe-Bleue ; il faut mourir. »

125 Puis, la prenant d'une main par les cheveux et de l'autre levant le coutelas en l'air, il allait lui abattre la tête. La pauvre femme, se tournant vers lui et le regardant avec des yeux mourants, le pria de lui donner un petit moment pour se recueillir.

– Non, non, dit-il, recommande-toi bien à Dieu.

Et, levant son bras…

130 Dans ce moment, on heurta si fort à la porte que la Barbe-Bleue s'arrêta tout court. On ouvrit, et aussitôt, on vit entrer deux cavaliers qui, mettant l'épée à la main, coururent droit à la Barbe-Bleue.

Il reconnut que c'étaient les frères de sa femme, l'un dragon et l'autre mousquetaire, de sorte qu'il s'enfuit aussitôt pour se sauver, mais les deux frères le poursuivirent de si 135 près qu'ils l'attrapèrent avant qu'il pût gagner le perron. Ils lui passèrent leur épée au travers du corps, et le laissèrent mort. La pauvre femme était presque aussi morte que son mari, et n'avait pas la force de se lever pour embrasser ses frères.

Il se trouva que la Barbe-Bleue n'avait point d'héritiers, et qu'ainsi sa femme demeura maîtresse de tous ses biens. Elle en employa une partie à marier sa sœur Anne avec un 140 jeune gentilhomme dont elle était aimée depuis longtemps ; une autre partie à acheter des charges de capitaines à ses deux frères, et le reste à se marier elle-même à un fort honnête homme, qui lui fit oublier le mauvais temps qu'elle avait passé avec la Barbe-Bleue.

MORALITÉ

145   La curiosité, malgré tous ses attraits,

     Coûte souvent bien des regrets ;

     On en voit, tous les jours, mille exemples paraître.

     C'est, n'en déplaise au sexe, un plaisir bien léger ;

     Dès qu'on le prend, il cesse d'être.

150   Et toujours il coûte trop cher.

AUTRE MORALITÉ

     Pour peu qu'on ait l'esprit sensé

     Et que du monde on sache le grimoire,

     On voit bientôt que cette histoire

155   Est un conte du temps passé.

     Il n'est plus d'époux si terrible,

     Ni qui demande l'impossible,

La Barbe-Bleue   La Barbe-Bleue   La Barbe-Bleue   La Barbe-Bleue   La Barbe-Bleue

Fût-il malcontent et jaloux.
Près de sa femme on le voit filer doux;
160   Et, de quelque couleur que sa barbe puisse être,
On a peine à juger qui des deux est le maître[19].

EN ACTION

1. Choisissez l'une ou l'autre des moralités pour écrire un nouveau conte qui se déroulera à notre époque.

2. Le conte se termine, assez étrangement, par deux moralités différentes. Choisissez celle des deux qui s'accorde le mieux à votre système de valeurs et justifiez votre choix à l'aide de trois arguments.

3. Que cherche à enseigner ce conte? D'après vous, Perrault a-t-il choisi une histoire qui illustre efficacement cette morale? Relevez deux éléments qui font de ce conte un récit édifiant et deux éléments qui nuisent à l'enseignement que veut transmettre l'auteur.

4. « La Barbe-Bleue » est un conte qui repose sur la peur. Prouvez-le en vous appuyant sur le personnage de la Barbe-Bleue, puis sur la progression du récit.

5. Délimitez chacune des parties du schéma narratif de « la Barbe-Bleue ». À l'aide de ce schéma, rédigez un condensé du conte dans lequel chaque partie se limitera à quelques phrases.

SUR LA MÊME PISTE

Contes choisis (1835-1872) de Hans Christian Andersen, un conteur danois célèbre pour « le Vilain Petit Canard » et « la Petite Sirène ».

Les *Contes* (1812) de Jacob et Wilhelm Grimm, les auteurs de « Blanche-Neige » et de « Hansel et Gretel », entre autres.

Au cinéma, les contes de Perrault ont connu plusieurs adaptations, dont *Peau d'Âne* (1970) de Jacques Demy, avec Catherine Deneuve.

Parmi les classiques de Walt Disney, évidemment, il y a *Cendrillon* (1950) et *la Belle au bois dormant* (1959), des adaptations de contes de Perrault.

---

19. Charles PERRAULT, *La Barbe-Bleue,* Wikisource, *La bibliothèque libre,* [en ligne], http://fr.wikisource.org/wiki/La_Barbe_Bleue (page consultée le 4 avril 2008). Titre du recueil original : *Histoires ou Contes du temps passé : Contes de ma mère l'Oye.*

Texte
narratif

La Vérité sur le cas de M. Valdemar
Edgar Allan Poe

La **nouvelle fantastique** est une fiction en prose qui se distingue de la nouvelle traditionnelle par la présence d'un univers réaliste qui fait place à des phénomènes paranormaux angoissants pour les personnages. Elle se termine par un revirement de situation, la chute, qui doit surprendre le lecteur. Souvent, la nouvelle fantastique simule la réalité en appuyant certains phénomènes étranges sur des fondements scientifiques.

Présentation de l'œuvre

Poe
Histoires extraordinaires
Préface de Julio Cortázar

folio classique

Edgar Allan Poe (1809-1849) est un écrivain américain appartenant au courant romantique. Il est surtout reconnu pour ses nouvelles sombres et macabres et on lui attribue souvent l'invention du roman policier. Poe vit dans la souffrance et la pauvreté toute sa vie et, peut-être à cause de cela, il sombre dans l'alcoolisme.

De son vivant, Poe est beaucoup mieux connu en France qu'aux États-Unis. La majorité de ses nouvelles et quelques-uns de ses poèmes sont traduits par Charles Baudelaire, qui se reconnaît dans cet univers antibourgeois et onirique. Poe a d'ailleurs été l'objet d'un véritable culte de la part des auteurs symbolistes français qui ont succédé à Baudelaire.

La Vérité sur le cas de M. Valdemar   La Vérité sur le cas de M. Valdemar

Que le cas extraordinaire de M. Valdemar ait excité une discussion, il n'y a certes pas lieu de s'en étonner. C'eût été un miracle qu'il n'en fût pasainsi, – particulièrement dans de telles circonstances. Le désir de toutes les parties intéressées à tenir l'affaire secrète, au moins pour le présent, ou en attendant l'opportunité d'une nouvelle investigation, et

5   nos efforts pour y réussir ont laissé place à un récit tronqué ou exagéré qui s'est propagé dans le public, et qui, présentant l'affaire sous les couleurs les plus désagréablement fausses, est naturellement devenu la source d'un grand discrédit.

Il est maintenant devenu nécessaire que je donne *les faits,* autant du moins que je les comprends moi-même. Succinctement, les voici:

10   Mon attention, dans ces trois dernières années, avait été à plusieurs reprises attirée vers le magnétisme; et, il y a environ neuf mois, cette pensée frappa presque soudainement mon esprit, que dans la série des expériences faites jusqu'à présent il y avait une très remarquable et très inexplicable lacune: – personne n'avait encore été magnétisé *in articulo mortis*. Restait à savoir, d'abord, si dans un pareil état existait

15   chez le patient une réceptibilité quelconque de l'influx magnétique; en second lieu, si, dans le cas d'affirmative, elle était atténuée ou augmentée par la circonstance; troisièmement, jusqu'à quel point ou pour combien de temps les empiétements de la mort pouvaient être arrêtés par l'opération. Il y avait d'autres points à vérifier, mais ceux-ci excitaient le plus ma curiosité, – particulièrement le dernier, à cause du

20   caractère immensément grave de ses conséquences.

En cherchant autour de moi un sujet au moyen duquel je pusse éclaircir ces points, je fus amené à jeter les yeux sur mon ami, M. Ernest Valdemar, le compilateur bien connu de la *Bibliotheca forensica,* et auteur (sous le pseudonyme d'Issachar Marx) des

traductions polonaises de *Wallenstein* et de *Gargantua*. M. Valdemar, qui résidait
25 généralement à Harlem (New York) depuis l'année 1839, est ou était particulièrement
remarquable par l'excessive maigreur de sa personne, – ses membres inférieurs
ressemblant beaucoup à ceux de John Randolph, – et aussi par la blancheur de ses
favoris qui faisaient contraste avec sa chevelure noire, que chacun prenait conséquemment pour une perruque. Son tempérament était singulièrement nerveux et en
30 faisait un excellent sujet pour les expériences magnétiques. Dans deux ou trois
occasions, je l'avais amené à dormir sans grande difficulté ; mais je fus désappointé
quant aux autres résultats que sa constitution particulière m'avait naturellement
fait espérer. Sa volonté n'était jamais positivement ni entièrement soumise à mon
influence, et relativement à la *clairvoyance* je ne réussis à faire avec lui rien sur quoi
35 l'on pût faire fond. J'avais toujours attribué mon insuccès sur ces points au déran-
gement de sa santé. Quelques mois avant l'époque où je fis sa connaissance, les
médecins l'avaient déclaré atteint d'une phthisie bien caractérisée. C'était à vrai dire
sa coutume de parler de sa fin prochaine avec beaucoup de sang-froid, comme d'une
chose qui ne pouvait être ni évitée ni regrettée.
40   Quand ces idées, que j'exprimais tout à l'heure, me vinrent pour la première fois, il
était très nature que je pensasse à M. Valdemar. Je connaissais trop bien la solide
philosophie de l'homme pour redouter quelques scrupules de sa part, et il n'avait
point de parents en Amérique qui pussent plausiblement intervenir. Je lui parlai
franchement de la chose ; et, à ma grande surprise, il parut y prendre un intérêt très vif.
45 Je dis à ma grande surprise, car, quoiqu'il eût toujours gracieusement livré sa personne
à mes expériences, il n'avait jamais témoigné de sympathie pour mes études. Sa maladie
était de celles qui admettent un calcul exact relativement à l'époque de leur *dénouement* ;
et il fut finalement convenu entre nous qu'il m'enverrait chercher vingt-quatre heures
avant le terme marqué par les médecins pour sa mort.
50   Il y a maintenant sept mois passés que je reçus de M. Valdemar lui-même le
billet suivant :

Mon cher P...,

Vous pouvez aussi bien venir maintenant. D... et F... s'accordent à dire que je n'irai pas,
demain, au-delà de minuit ; et je crois qu'ils ont calculé juste, ou bien peu s'en faut.

55   VALDEMAR.

Je recevais ce billet une demi-heure après qu'il m'était écrit, et, en quinze minutes
au plus, j'étais dans la chambre du mourant. Je ne l'avais pas vu depuis dix jours, et
je fus effrayé de la terrible altération que ce court intervalle avait produite en lui.
Sa face était d'une couleur de plomb ; les yeux étaient entièrement éteints,
60 et l'amaigrissement était si remarquable que les pommettes avaient crevé la peau.
L'expectoration était excessive ; le pouls à peine sensible. Il conservait néanmoins d'une
manière fort singulière toutes ses facultés spirituelles et une certaine quantité de force
physique. Il parlait distinctement, – prenait sans aide quelques drogues palliatives,
– et, quand j'entrai dans la chambre, il était occupé à écrire quelques notes sur un
65 agenda. Il était soutenu dans son lit par des oreillers. Les docteurs D... et F... lui
donnaient leurs soins.
    Après avoir serré la main de Valdemar, je pris ces messieurs à part et j'obtins un
compte rendu minutieux de l'état du malade. Le poumon gauche était depuis dix-huit
mois dans un état semi-osseux ou cartilagineux, et conséquemment tout à fait impropre
70 à toute fonction vitale. Le droit, dans sa région supérieure, s'était aussi ossifié, sinon en

totalité, du moins partiellement, pendant que la partie inférieure n'était plus qu'une masse de tubercules purulents, se pénétrant les uns les autres. Il existait plusieurs perforations profondes, et en un certain point il y avait adhérence permanente des côtes. Ces phénomènes du lobe droit étaient de date comparativement récente.

75 L'ossification avait marché avec une rapidité très insolite, – un mois auparavant on n'en découvrait encore aucun symptôme, – et l'adhérence n'avait été remarquée que dans ces trois derniers jours. Indépendamment de la phthisie, on soupçonnait un anévrisme de l'aorte, mais sur ce point les symptômes d'ossification rendaient impossible tout diagnostic exact. L'opinion des deux médecins était que M. Valdemar mourrait le

80 lendemain dimanche vers minuit. Nous étions au samedi, et il était sept heures du soir.

En quittant le chevet du moribond pour causer avec moi, les docteurs D... et F... lui avaient dit un suprême adieu. Ils n'avaient pas l'intention de revenir, mais à ma requête, ils consentirent à venir voir le patient vers dix heures de la nuit.

85 Quand ils furent partis, je causai librement avec M. Valdemar de sa mort prochaine, et plus particulièrement de l'expérience que nous nous étions proposée. Il se montra toujours plein de bon vouloir; il témoigna même un vif désir de cette expérience et me pressa de commencer tout de suite. Deux domestiques, un homme et une femme, étaient là pour donner leurs soins; mais je ne me sentis pas tout à fait libre de m'engager dans

90 une tâche d'une telle gravité sans autres témoignages plus rassurants que ceux que pourraient produire ces gens-là en cas d'accident soudain. Je renvoyais donc l'opération à huit heures, quand l'arrivée d'un étudiant en médecine, avec lequel j'étais un peu lié, M. Théodore L..., me tira définitivement d'embarras. Primitivement j'avais résolu d'attendre les médecins; mais je fus induit à commencer tout de suite, d'abord par les

95 sollicitations pressantes de M. Valdemar, en second lieu par la conviction que je n'avais pas un instant à perdre, car il s'en allait évidemment.

M. L... fut assez bon pour accéder au désir que j'exprimai qu'il prît des notes de tout ce qui surviendrait; et c'est d'après son procès-verbal que je décalque pour ainsi dire mon récit. Quand je n'ai pas condensé, j'ai copié mot pour mot.

100 Il était environ huit heures moins cinq, quand, prenant la main du patient, je le priai de confirmer à M. L... aussi distinctement qu'il le pourrait, que c'était son formel désir, à lui, Valdemar, que je fisse une expérience magnétique sur lui, dans de telles conditions.

Il répliqua faiblement, mais très distinctement: – Oui, je désire être magnétisé;

105 – ajoutant immédiatement après: – Je crains bien que vous n'ayez différé trop longtemps.

Pendant qu'il parlait, j'avais commencé les passes que j'avais déjà reconnues les plus efficaces pour l'endormir. Il fut évidemment influencé par le premier mouvement de ma main qui traversa son front; mais, quoique je déployasse toute ma puissance, aucun

110 autre effet sensible ne se manifesta jusqu'à dix heures dix minutes, quand les médecins D... et F... arrivèrent au rendez-vous. Je leur expliquai en peu de mots mon dessein; et comme ils n'y faisaient aucune objection, disant que le patient était déjà dans sa période d'agonie, je continuai sans hésitation, changeant toutefois les passes latérales en passes longitudinales, et concentrant tout mon regard juste dans l'œil du moribond.

115 Pendant ce temps, son pouls devint imperceptible, et sa respiration obstruée et marquant un intervalle d'une demi-minute.

Cet état dura un quart d'heure, presque sans changement. À l'expiration de cette période, néanmoins, un soupir naturel, quoique horriblement profond, s'échappa du sein du moribond, et la respiration ronflante cessa, c'est-à-dire que son ronflement ne
120   fut plus sensible ; les intervalles n'étaient pas diminués. Les extrémités du patient étaient d'un froid de glace.

À onze heures moins cinq minutes, j'aperçus des symptômes non équivoques de l'influence magnétique. Le vacillement vitreux de l'œil s'était changé en cette expression pénible de regard *en dedans* qui ne se voit jamais que dans les cas de somnambulisme,
125   et à laquelle il est impossible de se méprendre ; avec quelques passes latérales rapides, je fis palpiter les paupières, comme quand le sommeil nous prend, et en insistant un peu je les fermai tout à fait. Cependant ce n'était pas assez pour moi, et je continuai mes exercices vigoureusement et avec la plus intense projection de volonté, jusqu'à ce que j'eusse complètement paralysé les membres du dormeur, après les avoir placés dans une
130   position en apparence commode. Les jambes étaient tout à fait allongées ; les bras à peu près étendus, et reposant sur le lit à une distance médiocre des reins. La tête était très légèrement élevée.

Quand j'eus fait tout cela, il était minuit sonné, et je priai ces messieurs d'examiner la situation de M. Valdemar. Après quelques expériences, ils reconnurent qu'il était dans
135   un état de catalepsie magnétique extraordinairement parfaite. La curiosité des deux médecins était grandement excitée. Le docteur D... résolut tout à coup de passer toute la nuit auprès du patient, pendant que le docteur F... prit congé de nous en promettant de revenir au petit jour, M. L... et les gardes-malades restèrent.

Nous laissâmes M. Valdemar absolument tranquille jusqu'à trois heures du matin ;
140   alors je m'approchai de lui et le trouvai exactement dans le même état que quand le docteur F... était parti, – c'est-à-dire qu'il était étendu dans la même position ; que le pouls était imperceptible, la respiration douce, à peine sensible, – excepté par l'application d'un miroir aux lèvres ; les yeux fermés naturellement, et les membres aussi rigides et aussi froids que du marbre. Toutefois l'apparence générale n'était certainement
145   pas celle de la mort.

En approchant de M. Valdemar, je fis une espèce de demi-effort pour déterminer son bras droit à suivre le mien dans les mouvements que je décrivais doucement çà et là au-dessus de sa personne. Autrefois, quand j'avais tenté ces expériences avec le patient, elles n'avaient jamais pleinement réussi, et assurément je n'espérais guère mieux réussir
150   cette fois ; mais, à mon grand étonnement, son bras suivit très doucement, quoique les indiquant faiblement, toutes les directions que le mien lui assigna. Je me déterminai à essayer quelques mots de conversation.

– Monsieur Valdemar, – dis-je, – dormez-vous ?

Il ne répondit pas, mais j'aperçus un tremblement sur ses lèvres, et je fus obligé de
155   répéter ma question une seconde et une troisième fois. À la troisième, tout son être fut agité d'un léger frémissement ; les paupières se soulevèrent d'elles-mêmes comme pour dévoiler une ligne blanche du globe ; les lèvres remuèrent paresseusement et laissèrent échapper ces mots dans un murmure à peine intelligible :

– Oui ; je dors maintenant. Ne m'éveillez pas ! – Laissez-moi mourir ainsi !

160   Je tâtais les membres et les trouvai toujours aussi rigides. Le bras droit, comme tout à l'heure, obéissait à la direction de ma main. Je questionnai de nouveau le somnambule :

– Vous sentez-vous toujours mal à la poitrine, monsieur Valdemar ?

La réponse ne fut pas immédiate; elle fut encore moins accentuée que la première:

165 – Mal? – non, – je meurs.

Je ne jugeai pas convenable de le tourmenter davantage pour le moment, et il ne se dit, il ne se fit rien de nouveau jusqu'à l'arrivée du docteur F..., qui précéda un peu le lever du soleil, et exprima un étonnement sans bornes en trouvant le patient toujours vivant. Après avoir tâté le pouls du somnambule et lui avoir appliqué un miroir sur les

170 lèvres, il me pria de lui parler encore. – J'obéis, et lui dis:

– Monsieur Valdemar, dormez-vous toujours?

Comme précédemment, quelques minutes s'écoulèrent avant la réponse; et, durant l'intervalle, le moribond sembla rallier toute son énergie pour parler. À ma question répétée pour la quatrième fois, il répondit très faiblement, presque inintelligiblement:

175 – Oui, toujours; – je dors, – je meurs.

C'était alors l'opinion, ou plutôt le désir des médecins, qu'on permit à M. Valdemar de rester sans être troublé dans cet état actuel de calme apparent, jusqu'à ce que la mort survînt; et cela devait avoir lieu, – on fut unanime là-dessus, – dans un délai de cinq minutes. Je résolus cependant de lui parler encore une fois, et je répétai simplement la

180 question précédente.

Pendant que je parlais, il se fit un changement marqué dans la physionomie du somnambule. Les yeux roulèrent dans leurs orbites, lentement découverts par les paupières qui remontaient; la peau prit un ton général cadavéreux, ressemblant moins à du parchemin qu'à du papier blanc; et les deux taches hectiques circulaires, qui

185 jusque-là étaient vigoureusement fixées dans le centre de chaque joue, s'éteignirent tout d'un coup. Je me sers de cette expression, parce que la soudaineté de leur disparition me fait penser à une bougie soufflée plutôt qu'à toute autre chose. La lèvre supérieure, en même temps, se tordit en remontant au-dessus des dents que tout à l'heure elle couvrait entièrement, pendant que la mâchoire inférieure tombait avec une saccade qui

190 put être entendue, laissant la bouche toute grande ouverte, et découvrant en plein la langue noire et boursouflée. Je présume que tous les témoins étaient familiarisés avec les horreurs d'un lit de mort; mais l'aspect de M. Valdemar en ce moment était tellement hideux, hideux au-delà de toute conception, que ce fut une reculade générale loin de la région du lit.

195 Je sens maintenant que je suis arrivé à un point de mon récit où le lecteur révolté me refusera toute croyance. Cependant, mon devoir est de continuer.

Il n'y avait plus dans M. Valdemar le plus faible symptôme de vitalité; et, concluant qu'il était mort, nous le laissions aux soins des gardes-malades, quand un fort mouvement de vibration se manifesta dans la langue. Cela dura pendant une minute

200 peut-être. À l'expiration de cette période, des mâchoires distendues et immobiles jaillit une voix, – une voix telle que ce serait folie d'essayer de la décrire. Il y a cependant deux ou trois épithètes qui pourraient lui être appliquées comme des à-peu-près: ainsi, je puis dire que le son était âpre, déchiré, caverneux; mais le hideux total n'est pas définissable, par la raison que de pareils sons n'ont jamais hurlé dans l'oreille de

205 l'humanité. Il y avait cependant deux particularités qui, – je le pensai alors, et je le pense encore, – peuvent être justement prises comme caractéristiques de l'intonation, et qui sont propres à donner quelque idée de son étrangeté extraterrestre. En premier lieu, la voix semblait parvenir à nos oreilles, – aux miennes du moins, – comme d'une très lointaine distance ou de quelque abîme souterrain. En second lieu, elle

210 m'impressionna (je crains, en vérité, qu'il ne me soit impossible de me faire

comprendre), de la même manière que les matières glutineuses ou gélatineuses affectent le sens du toucher.

J'ai parlé à la fois de son et de voix. Je veux dire que le son était d'une syllabisation distincte, et même terriblement, effroyablement distincte. M. Valdemar *parlait*,
215 évidemment pour répondre à la question que je lui avais adressée quelques minutes auparavant. Je lui avais demandé, on s'en souvient, s'il dormait toujours. Il disait maintenant :

– Oui, – non, – *j'ai dormi ;* – et maintenant, – maintenant *je suis mort.*

Aucune des personnes présentes n'essaya de nier ni même de réprimer l'indescriptible,
220 la frissonnante horreur que ces quelques mots ainsi prononcés étaient si bien faits pour créer. M. L..., l'étudiant, s'évanouit. Les gardes-malades s'enfuirent immédiatement de la chambre, et il fut impossible de les y ramener. Quant à mes propres impressions, je ne prétends pas les rendre intelligibles pour le lecteur. Pendant près d'une heure, nous nous occupâmes en silence (pas un mot ne fut prononcé) à rappeler M. L... à la vie.
225 Quand il fut revenu à lui, nous reprîmes nos investigations sur l'état de M. Valdemar.

Il était resté à tous égards tel que je l'ai décrit en dernier lieu, à l'exception que le miroir ne donnait plus aucun vestige de respiration. Une tentative de saignée au bras resta sans succès. Je dois mentionner aussi que ce membre n'était plus soumis à ma volonté. Je m'efforçais en vain de lui faire suivre la direction de ma main. La seule
230 indication réelle de l'influence magnétique se manifestait maintenant dans le mouvement vibratoire de la langue. Chaque fois que j'adressais une question à M. Valdemar, il semblait qu'il fît un effort pour répondre, mais que sa volition ne fût pas suffisamment durable. Aux questions faites par une autre personne que moi il paraissait absolument insensible, – quoique j'eusse tenté de mettre chaque membre de la société
235 en rapport magnétique avec lui. Je crois que j'ai maintenant relaté tout ce qui est nécessaire pour faire comprendre l'état du somnambule dans cette période. Nous nous procurâmes d'autres infirmiers, et à dix heures je sortis de la maison, en compagnie des deux médecins et de M. L...

Dans l'après-midi, nous revînmes tous voir le patient. Son état était absolument le
240 même. Nous eûmes alors une discussion sur l'opportunité et la possibilité de l'éveiller ; mais nous fûmes bientôt d'accord en ceci qu'il n'en pouvait résulter aucune utilité. Il était évident que jusque-là, la mort, ou ce que l'on définit habituellement par le mot *mort*, avait été arrêtée par l'opération magnétique. Il nous semblait clair à tous qu'éveiller M. Valdemar, c'eût été simplement assurer sa minute suprême, ou au moins
245 accélérer sa désorganisation.

Depuis lors jusqu'à la fin de la semaine dernière, – *un intervalle de sept mois à peu près,* – nous nous réunîmes journellement dans la maison de M. Valdemar, accompagnés de médecins et d'autres amis. Pendant tout ce temps le somnambule resta *exactement* tel que je l'ai décrit. La surveillance des infirmiers était continuelle.

250 Ce fut vendredi dernier que nous résolûmes finalement de faire l'expérience du réveil, ou du moins d'essayer de l'éveiller ; et c'est le résultat, déplorable peut-être, de cette dernière tentative qui a donné naissance à tant de discussions dans les cercles privés, à tant de bruits dans lesquels je ne puis m'empêcher de voir le résultat d'une crédulité populaire injustifiable.

255 Pour arracher M. Valdemar à la catalepsie magnétique, je fis usage des passes accoutumées. Pendant quelque temps, elles furent sans résultat. Le premier symptôme de retour à la vie fut un abaissement partiel de l'iris. Nous observâmes comme un fait

très remarquable que cette descente de l'iris était accompagnée du flux abondant d'une liqueur jaunâtre (de dessous les paupières) d'une odeur âcre et fortement désagréable.

260   On me suggéra alors d'essayer d'influencer le bras du patient, comme par le passé. J'essayai, je ne pus. Le docteur F... exprima le désir que je lui adressasse une question. Je le fis de la manière suivante :

– Monsieur Valdemar, pouvez-vous nous expliquer quels sont maintenant vos sensations ou vos désirs ?

265   Il y eut un retour immédiat des cercles hectiques sur les joues ; la langue trembla ou plutôt roula violemment dans la bouche (quoique les mâchoires et les lèvres demeu-rassent toujours immobiles), et à la longue la même horrible voix que j'ai déjà décrite fit éruption :

– Pour l'amour de Dieu ! – vite ! – vite ! faites-moi dormir, – ou bien, vite ! éveillez-
270   moi ! – vite – *Je vous dis que je suis mort !*

J'étais totalement énervé, et pendant une minute je restai indécis sur ce que j'avais à faire. Je fis d'abord un effort pour calmer le patient ; mais cette totale vacance de ma volonté ne me permettant pas d'y réussir, je fis l'inverse et m'efforçai aussi vivement que possible de le réveiller. Je vis bientôt que cette tentative aurait un plein succès, – ou du
275   moins je me figurai bientôt que mon succès serait complet, – et je suis sûr que chacun dans la chambre s'attendait au réveil du somnambule.

Quant à ce qui arriva en réalité, aucun être humain n'aurait jamais pu s'y attendre ; c'est au-delà de toute possibilité.

Comme je faisais rapidement les passes magnétiques à travers les cris de : – Mort !
280   – mort ! – qui faisaient littéralement explosion sur la langue et non sur les lèvres du sujet, – tout son corps, – d'un seul coup, – dans l'espace d'une minute, et même moins, – se déroba, – s'émietta, – *se pourrit* absolument sous mes mains. Sur le lit, devant tous les témoins, gisait une masse dégoûtante et quasi liquide, – une abominable putréfaction[20].

20. Edgar Allan POE, « La Vérité sur le cas de M. Valdemar », dans *Histoires extraordinaires,* trad. Charles Baudelaire, Paris, Gallimard, coll. « Folio classique », n° 4081, 2005, p. 274 à 285.

EN ACTION

1. Cette nouvelle étrange est narrée par un personnage du nom de P... En prenant soin de décrire ses sensations, réécrivez la même histoire à partir du point de vue de M. Valdemar.

2. La nouvelle fantastique de Poe cherche à susciter angoisse et malaise chez le lecteur. Décrivez, avec le plus de détails possible, ce que vous avez ressenti à la lecture de cette nouvelle.

3. L'action d'une nouvelle fantastique se résume le plus souvent à un évènement en apparence paranormal qui doit apparaitre au lecteur comme plausible. Avez-vous cru au magnétisme, qu'on appelle aujourd'hui hypnose, dans « la Vérité sur le cas de M. Valdemar »? Poe a-t-il rendu son récit crédible ? Présentez votre réponse en vous appuyant sur des exemples tirés du texte.

4. Edgar Allan Poe, dans sa nouvelle fantastique « la Vérité sur le cas de M. Valdemar », a su créer une illusion de réalisme pour confronter son lecteur à une situation surprenante. Prouvez-le en vous appuyant sur le vocabulaire et sur le style, qui relèvent tous les deux de la description clinique.

5. Rédigez un rapport de laboratoire dans lequel vous résumerez l'expérience tentée par P... sur M. Valdemar.

SUR LA MÊME PISTE

Le Horla (1887) de Guy de Maupassant.

Frankenstein ou le Prométhée moderne (1817) de Mary Godwin Shelley.

L'Étrange cas du Dr Jekyll et de M. Hyde (1885) de Robert Louis Stevenson.

Histoires extraordinaires (1968), film réalisé par Federico Fellini avec la collaboration de Roger Vadim et de Louis Malle.

La Saveur Montréal

Monique Proulx

Texte
courant

Le **billet** est un texte journalistique plutôt court. À la différence de l'éditorial, qui présente la position du journal, le billet expose, dans un style libre et personnel, le point de vue de son auteur. Le ton y est souvent empreint d'humour ou d'ironie et les prises de position y sont plus tranchées.

Présentation de l'œuvre

Monique Proulx (1952-...) est une écrivaine et une scénariste originaire de Québec. Après ses études en littérature et en théâtre à l'Université Laval, elle travaille comme animatrice de théâtre, professeure et agente d'information.

Elle publie d'abord des nouvelles, puis écrit quelques pièces de théâtre et des romans. Elle entreprend l'écriture de scénarios lorsque son roman *le Sexe des étoiles* est adapté au cinéma par Paule Baillargeon. Plusieurs de ses œuvres sont primées. Parallèlement à sa carrière d'écrivaine, Monique Proulx a enseigné la littérature au collège Édouard-Montpetit, à Longueuil.

« La Saveur Montréal » a été publiée dans le périodique *Montréal cultures* lorsque Montréal a été nommée Capitale mondiale du livre par l'UNESCO en 2005-2006. L'organisme reconnaissait ainsi le meilleur programme consacré au livre et à la lecture proposé par une ville.

La Saveur Montréal La Saveur Montréal La Saveur Montréal La Saveur Montréal

On peut écrire sur Montréal. On peut encore écrire sur Montréal, alors que ce n'est plus possible avec New York, avec Paris, villes à la splendeur installée auxquelles il n'y a rien à ajouter. La splendeur de Montréal est encore devant, encore à faire. En ce moment même, une multitude d'individus s'affairent à bâtir la splendeur de Montréal:
5   des marchands, des cuisiniers, des architectes, des éboueurs, des piétons au sourire facile, des automobilistes au pied nerveux, des jardiniers du dimanche, des immigrants reçus et en attente, des artistes, des patenteux, des madames et des messieurs anonymes, vous, moi. En ce moment même, une multitude d'ouvriers qui s'ignorent clapotent joyeusement dans le grand chantier qu'est Montréal, chacun y allant de son
10   bout de ficelle, de sa brique, de son morceau de puzzle. Personne ne sait à quoi ressemblera l'édifice, une fois terminé, personne n'a vu les plans.
    Ça ne s'est jamais vu, une ville en chantier depuis sa naissance, une ville qui n'en finit pas de collectionner des matériaux d'une incroyable richesse, mais qui ne les raboute jamais ensemble. Quand on s'installe à Montréal comme je l'ai fait il y a vingt
15   ans, en provenance d'une petite ville coquette et homogène comme une carte postale, quand on s'installe à Montréal, donc, et qu'on arrive de Québec, on cherche la couleur dominante, la qualité qui résumerait tout. La ville lumière, la ville rouge, la ville grosse pomme, la ville éternelle... On cherche, on cherche, on angoisse, on croit que c'est par manque de perspicacité qu'on ne trouve pas. Mais il n'y a rien à trouver.

20   Montréal n'a pas de couleur unique. Montréal est un foutoir, Montréal est barbare,
cru et foisonnant, Montréal est un désordre qui n'a pas trouvé son architecture. Mais
c'est dans le désordre que les molécules chimiques s'agglutinent le mieux pour créer
de nouveaux organismes. Sans désordre, comment les créateurs pourraient-ils
créer de l'ordre, c'est-à-dire des œuvres ?

25   Quand on est écrivain et qu'on s'installe à Montréal, on a tout de suite envie de
participer au chaos d'ensemble, on est fatalement incité à apporter sa touche
personnelle dans le projet de splendeur. Il n'y a pas de plans, comme je disais, pas de
contremaîtres pour vous taper sur les doigts et brimer votre énergie bouillonnante.
Tout est possible. On peut écrire sur ses propres ténèbres ou ses néons intérieurs, on

30   peut décrypter la psyché des huîtres ou la géographie des Aléoutiennes, on peut se
perdre dans les sagas familiales ou les épopées terroristes, on peut faire de la poésie,
et c'est toujours Montréal qui parle. Si on est installé à Montréal, on a beau écrire à
propos des forêts laurentiennes, Montréal dicte le regard. Montréal est un filtre
universel.

35   J'ai écrit sur Montréal. Des nouvelles, des romans, plein de petits textes comme
celui-ci destinés à des journaux, des livres de photos, des revues européennes. Et je
n'ai rien épuisé, toujours rien dit. Plus j'ai ouvert de portes et de fenêtres pour
sonder les âmes montréalaises, plus les fenêtres et les portes se sont multipliées.
C'est ainsi, c'est fantastique ou désespérant, selon les journées. Montréal est infinie.

40   (Montréal est indéniablement une femme : jadis Bag Lady, maintenant femme
d'affaires mâtinée d'artiste un peu fauchée, et peut-être après tout transsexuelle.)
Montréal est infinie, non pas parce qu'elle est plus brillante que Vancouver ou
meilleure que Rio, mais simplement parce qu'elle est devenue avec les années, à force
d'accumulations et de disparités juxtaposées, l'exact reflet du monde. Écrire sur

45   Montréal, maintenant, c'est écrire sur le monde.

À Montréal, il y a des clochers, des synagogues, des gurudwaras sikhs, des
mosquées, des temples hindous et mormons, des pagodes. Il y a des centres
bouddhistes qui avoisinent des Future Shop. Il y a la solidarité et le néocapitalisme
sauvage. Il y a les Arabes et les Juifs. Il y a le désir de souveraineté et la pulsion de

50   globalisation. Il y a les petits villages et les grands ensembles. Il y a la fierté gaie et
la paranoïa boursière. Il y a Westmount et Pointe-aux-Trembles. Il y a *L'actualité* et
L'Itinéraire. À Montréal, tout a un droit égal à l'existence, toute chose y cohabite avec
son exact contraire. Les promoteurs avides croisent le fer avec des protecteurs de
patrimoines aussi butés qu'eux. Un Anglophone fascisant est assuré de rencontrer

55   sur son chemin un Francophone nationaliste enragé. Les hassidim et les gentils
partagent les mêmes trottoirs. Les cols bleus de Montréal se croient dans le Chicago
d'Al Capone tandis que les maires de Montréal se pensent à la campagne. Les quêteux
vous sollicitent à la porte des banques. Les banquiers s'excusent de parler d'argent.
Les intellectuelles flirtent avec les menuisiers. À Montréal, les velléités d'extrémismes

60   s'érodent les unes contre les autres, ne laissant dans l'arène qu'une tolérance
obligée.

À bien y penser, peut-être que Montréal n'est pas tant le reflet du monde qu'un
modèle à l'usage du monde.

C'est dire que j'attends beaucoup de Montréal.

65   J'attends que Montréal sauvegarde et peaufine dans les années à venir sa saveur
particulière. Car si elle n'a pas de couleur unique, elle a une saveur à elle. Qui goûte

le frais, l'espace, le futur encore possible. Qui a un arrière-parfum de sauvagerie et de *slotche*, piquant, surprenant, mi-cru mi-cuit. Qui marie le nordique et le méditerranéen, le branché et le nostalgique, les tam-tam et l'électro-acoustique, les
70 sushis et la poutine au foie gras. J'attends de Montréal qu'elle garde sa déviance, son effronterie, sa dégaine débraillée, sa social-démocratie populaire, ses squeegees au coin des rues, ses créateurs aussi nombreux que les nids-de-poule (je souhaite néanmoins l'extinction des nids-de-poule). J'attends qu'elle fasse un pied de nez à la théorie des ensembles et à la loi des probabilités, j'attends qu'elle soit de plus en
75 plus francophone dans un univers de plus en plus anglophile, tout en mariant les cultures de partout et les langues d'ailleurs. J'attends qu'elle réunisse, si elle ne peut les réconcilier, des spécimens humains de toutes les allégeances possibles et impossibles, et qu'elle les fasse déambuler paisiblement sur le même boulevard Saint-Laurent et le même mont Royal comme autant de preuves éclatantes que la diversité
80 est belle et essentielle. J'attends qu'elle réinvente la paix et l'égalité dans la tour de Babel.

J'ai jadis attendu de Montréal un chef à sa démesure, aussi swinguant, aussi inspiré, un mélange excitant de Clint Eastwood et de Jack Lang, ou alors carrément un délinquant, une femme, un Portugais, que sais-je, un body-painter, ou encore un
85 utopiste pur et dur, une sorte de Dalaï-Lama des choses municipales. Devant les prétendants se succédant au fil des années, éternellement cravatés, pasteurisés et blancs comme des frigidaires usagés, j'ai cessé d'attendre. Mais je ne désespère pas. D'ailleurs, je sais que Montréal s'en fiche. Depuis le temps, Montréal sait se passer de contremaîtres, ou feindre de s'accommoder de ceux qu'elle a. J'attends de Montréal
90 qu'elle reste ainsi, libre, qu'elle continue de suivre son chemin à elle, tortueux et inextricable, qu'elle échappe toujours à la domestication.

Et comme il n'y a pas de hasard, c'est aussi ce que j'attends des écrivains[21].

---

21. Monique PROULX, « La Saveur Montréal », *Montréal cultures*, n° 7, 25 janvier 2006, p. 3.

EN ACTION

1. Par ce billet, Monique Proulx rend hommage à la ville de Montréal. En vous inspirant de ce texte, rendez vous-même hommage à la ville où vous habitez.

2. Reconnaissez-vous la ville de Montréal telle que vous la connaissez dans « la Saveur Montréal » de Monique Proulx ? Réagissez à cette lecture en proposant votre propre vision de la métropole.

3. Utilisez des arguments et des faits exposés dans ce billet pour écrire une lettre au maire de Montréal. Vous pouvez le féliciter pour sa ville ou, au contraire, lui demander de régler certains problèmes.

4. Montréal est le thème principal de ce billet de Monique Proulx. Montrez-le en développant deux ou trois arguments.

5. Résumez en deux phrases chacun des paragraphes de « la Saveur Montréal » de Monique Proulx.

SUR LA MÊME PISTE

Les Aurores montréales (1996) de Monique Proulx, un recueil de nouvelles sur Montréal.

À vrai dire (2004) de Mary Soderstrom, un recueil de nouvelles d'une auteure anglo-montréalaise.

Le Sexe des étoiles (1987 pour le roman ; 1993 pour le film) de Monique Proulx, film réalisé par Paule Baillargeon.

Souvenirs intimes (1999) de Jean Beaudin, adaptation cinématographique d'*Homme invisible à la fenêtre* (1993), roman de Monique Proulx.

Le français frisote

Mathieu-Robert Sauvé

Texte
courant

Le **reportage** est un texte journalistique qui rend compte d'un évènement ou d'une situation. Il se caractérise particulièrement par son style direct et la présence de discours rapportés pour créer un contact entre ce qui est décrit et le lecteur. Le journaliste y fait preuve d'objectivité et présente souvent plusieurs points de vue sur le même sujet. C'est alors au lecteur de se forger sa propre opinion sur la question soulevée par l'article.

Présentation de l'œuvre

Mathieu-Robert Sauvé (1961-...) est un journaliste et un essayiste québécois. Il écrit dans de nombreux périodiques et journaux (*Forum, Le Devoir, L'actualité, Québec Science*, etc.). Il est aussi connu pour des essais comme *Échecs et mâles* (2005), *l'Éthique et le fric* (2000) et *le Québec à l'âge ingrat* (1993), qui lui a valu le Prix littéraire Desjardins en 1994. Il a également publié quelques biographies de personnages qui ont marqué la culture québécoise : Joseph Casavant, Léo-Ernest Ouimet et Louis Hémon.

Le français frisote   Le français frisote   Le français frisote   Le français frisote

La nouvelle orthographe fait son entrée dans toutes les écoles de France. Et au Québec? C'est la confusion totale.

Ognon, nénufar, exéma, évènement, époussète, aout... Voici l'orthographe rectifiée de certains mots que doivent enseigner, dès cet automne, les professeurs des 68 000
5 écoles, collèges et lycées de France. Après la Suisse, en 1996, et la Belgique, en 1998 – et 17 ans après l'avis favorable de l'Académie française –, la France vient donc de « s'inscrire dans le cadre de la nouvelle orthographe », comme l'a fait savoir le ministère de l'Éducation nationale le 12 avril dernier. Au total, environ 2 000 mots sur les 60 000 que compte la langue française sont touchés.
10 Il n'est pas trop tôt, soupirent les partisans de ces rectifications orthographiques – trop modestes pour qu'on puisse parler de « réforme », précisent-ils – largement méconnues dans la population. Les changements, qui concernent à peu près un mot pour chaque page dactylographiée, ont comme objectif de simplifier certaines règles et d'abolir des aberrations. Par exemple, on soude des mots composés, comme extramuros,
15 millepatte, socioéconomie; on modifie d'autres mots en les alignant sur ceux avec lesquels ils ont des racines communes (bonhomme, bonhommie; imbécile, imbécilité); et on francise certains mots empruntés à des langues étrangères (révolver, péséta, téquila). D'autres règles sont revues et corrigées de façon à en faciliter la mémorisation.

Au Québec, les nouvelles graphies sont acceptées dans les examens officiels, du pri-
20 maire à l'université, mais ne sont pas enseignées dans les écoles... sauf dans certaines classes. Au ministère de l'Éducation, du Loisir et du Sport (MELS), la confusion règne. Après avoir dit qu'un comité se penchait actuellement sur la question, Stéphanie Tremblay, porte-parole du MELS, déclare plutôt que le Ministère n'a « pas de position officielle sur les rectifications orthographiques et n'accorde aucune entrevue à ce sujet ».

25   Mais elle confirme que les correcteurs des examens nationaux ne pénalisent pas les nouveaux usages : si un élève applique l'orthographe rectifiée dans sa copie, il n'aura pas de faute.

Cette situation embarrasse Arlette Pilote, présidente de l'Association québécoise des professeurs de français, qui a fait connaitre en janvier 2005 un avis très net en faveur
30   des rectifications.

« Nous approuvons ces changements, mais les enseignants ne savent pas sur quel pied danser. Ils attendent du Ministère une consigne claire. » Elle ajoute que ses membres appellent l'Association pour s'informer des directives. « Chaque année, les formations que nous offrons sur le sujet sont très suivies et nous savons que certains
35   enseignants appliquent les nouvelles règles. » Combien d'enseignants ? Du primaire ou du secondaire ? « Aucune idée », confie Arlette Pilote.

Manifestement, la nouvelle orthographe ne s'est pas imposée dans le monde francophone. Parmi les périodiques nationaux, par exemple, aucune ne l'applique intégralement (et *L'actualité* ne fait pas exception). Mais elle a fait d'indiscutables percées
40   en Suisse et en Belgique – dans ce dernier pays, le programme scolaire national de français est rédigé en orthographe rectifiée. « Les rectifications ont atteint un point de non-retour. Nous surveillons à quel rythme elles vont s'intégrer dans l'usage. Ce n'est qu'une question de temps », estime la linguiste Chantal Contant, chargée de cours à l'UQAM, qui est l'une des premières partisanes des rectifications au Québec. Avec les
45   linguistes Annie Desnoyers (Université de Montréal) et Karine Pouliot (HEC Montréal), elle a lancé, en 2004, le Groupe québécois pour la modernisation de la norme du français, qui s'est joint à un mouvement international, baptisé RENOUVO (Réseau pour la nouvelle orthographe du français), dont l'objectif est de « diffuser les rectifications orthographiques proposées et recommandées par les instances francophones compétentes ».

50   Chantal Contant fait valoir que certains dictionnaires, tels le *Hachette,* le *Littré* et le *Bescherelle*, ont adopté intégralement les rectifications, tout comme les logiciels de correction Antidote, Myriade, Pro-Lexis, Cordial et le correcteur de Word – l'utilisateur doit toutefois activer une icône. Même les dictionnaires réputés conservateurs, comme le *Robert* ou le *Petit Larousse illustré,* s'y sont mis à moitié. Le *Robert* ne mentionne que
55   52 % des graphies rectifiées, et le *Larousse,* à peine 39 %. Par ailleurs, toutes les facultés d'éducation des universités québécoises francophones l'enseignent aux futurs maitres. « Ces rectifications ne sont pas parfaites, mais elles ont le mérite d'exister », souligne Érick Falardeau, didacticien du français à l'Université Laval, qui les applique depuis trois ans dans sa correspondance personnelle et son enseignement. « Je crois que le Québec
60   n'a plus le choix. Maintenant que la France a clairement pris position, nous ne pouvons plus reculer. »

Cofondateur de Druide informatique, qui commercialise le populaire logiciel Antidote (100 000 utilisateurs dans le monde), André d'Orsonnens affirme que son équipe a décidé d'adopter les nouvelles règles dès 2003. « Nous avons regardé attentivement les
65   changements proposés et en sommes venus à la conclusion qu'ils répondaient à un besoin de simplification de la langue écrite. Antidote a été le premier correcteur informatique à intégrer les rectifications orthographiques », dit-il.

Depuis, les communications internes et externes de l'entreprise montréalaise se font en nouvelle orthographe et les 28 employés l'utilisent dans leur correspondance. « Au
70   début, ça fait drôle de voir "aout" ou "maitrise" sans accent circonflexe. Mais on s'y habitue, je vous assure », dit d'un ton amusé cet avocat devenu chef d'entreprise.

Le français frisote   Le français frisote   Le français frisote   Le français frisote

Les rectifications ne représentent en rien un changement radical de la grammaire et de la syntaxe, mais elles soulèvent bien des débats dans les milieux linguistiques. « À cause du mot "nénufar", avec un f, de nombreuses personnes ont pensé qu'on éliminait
75 les spécificités de la langue française. Ce n'est pas ça du tout. Que les gens prennent le temps de voir ce que propose la nouvelle orthographe. On n'écrira jamais "téléfone", avec un f, ou "animals", avec un s », rigole Joceleyn Lavoie, correcteur-réviseur au Bureau de normalisation du Québec (BNQ).

Au BNQ, on l'applique dans la majorité des documents normatifs publiés depuis
80 mai 2005. « Des commentaires négatifs, on en reçoit à l'occasion, reconnait Joceleyn Lavoie. Quand nos lecteurs signalent un mot qu'ils croient mal orthographié, nous leur expliquons simplement que nous appliquons la nouvelle orthographe. Ces personnes sont généralement satisfaites. »

Le BNQ est l'un des premiers organismes publics à avoir adopté la nouvelle
85 orthographe. Dès 1991, son directeur, Philippe Fontaine, s'était laissé convaincre de la pertinence des rectifications. Mais après quelques mois, se sentant seul dans son camp, il y a renoncé. Ce n'est qu'au printemps 2005 que l'idée s'est pointée de nouveau. « Nous en avons discuté et il y a eu consensus, relate Joceleyn Lavoie. Pour nous, les avantages étaient plus nombreux que les désavantages. Mais pas question de l'imposer. Les auteurs
90 qui tiennent à conserver l'orthographe traditionnelle peuvent le faire. »

Est-il possible d'appliquer une partie des nouvelles graphies en laissant les autres de côté ? « Ces rectifications s'imposeront d'elles-mêmes, par l'usage », soutient Romain Muller, membre actif du RENOUVO, à Paris, et coauteur avec Chantal Contant du guide *Connaitre et maitriser la nouvelle orthographe* (De Champlain, 2005). « Mais je vois mal
95 comment elles pourraient disparaitre, alors que les écoles françaises doivent maintenant l'enseigner. »

Conseillère en communication à l'Office québécois de la langue française, Noëlle Guilloton recommande de s'en remettre aux dictionnaires avant de passer à l'application de la nouvelle orthographe. Or, quand on lui dit que les dictionnaires attendent
100 justement que l'usage la sanctionne avant de l'intégrer, elle dit que c'est ainsi qu'une langue évolue. Noëlle Guilloton estime qu'on prête à ces rectifications beaucoup trop de vertus. « Elles ont aussi leurs incohérences. Pourquoi souder "porteclé" et non "porte-document" ou "porte-cigarette" ? Pourquoi écrire "époussète" et non "rejète" ? Et pourquoi un accent grave à "cèleri" ? Au Québec, on prononce depuis toujours ce mot avec
105 un accent aigu… »

L'argument de la simplification ne convainc pas la linguiste Marie-Éva de Villers, auteure du *Multidictionnaire de la langue française* (Québec/Amérique). Pas question d'écrire « connaître » et « apparaître » sans accent circonflexe dans son *Multi*, et encore moins « ognon ». Jointe alors qu'elle prépare la cinquième édition de cet ouvrage vendu
110 à plus de 800 000 exemplaires, elle ne cache pas son malaise. « Les rectifications ne feront que créer des perturbations dans le système scolaire, sans assurer une amélioration de la connaissance de la langue. Je les considère tout au plus comme l'introduction de 2 000 nouvelles variantes orthographiques. »

Malgré tout, elle a fait siennes la plupart des soudures de mots composés et la
115 francisation des mots étrangers qui étaient entrées tout naturellement dans l'usage. Elle accepte aussi les traits d'union dans les numéraux. Autant de changements suggérés dans les propositions de 1990. Autre preuve que les rectifications font leur chemin, la nouvelle édition du *Multi*, qui paraitra en juillet 2008, présentera un aide-mémoire

Le français frisote   Le français frisote   Le français frisote   Le français frisote

complet sur le sujet. « Mais dans un document clairement marqué comme tel, à part. Pas
120   question de les intégrer dans le corps du texte », précise l'auteure.

Professeure au Département de linguistique de l'Université de Sherbrooke, Hélène Cajolet-Laganière travaille actuellement au premier dictionnaire usuel de la langue française fait entièrement au Québec : le *Franqus,* qui paraitra en 2008. « Nous avons décidé d'utiliser la forme rectifiée lorsque les dictionnaires en ont approuvé l'usage.
125   Dans les autres cas, nous indiquons clairement dans l'article que les rectifications orthographiques préconisent telle ou telle orthographe. »

Le *Franqus* sera d'abord un outil informatique, accessible en ligne gratuitement durant les premiers mois. « Si, dans deux ans, tel ou tel mot a été approuvé par les dictionnaires de référence, alors il sera toujours temps pour nous de l'inclure de façon
130   officielle », signale la linguiste.

La nouvelle orthographe s'imposera-t-elle ? Certains disent qu'elle connaitra le même destin que la féminisation des titres. Il y a 20 ans, on ne disait pas la première ministre, la pompière ou la chef d'entreprise. *(L'aviez-vous remarqué ? Ce texte a été écrit en nouvelle orthographe*[22]*.)*

EN ACTION

1. Imaginez une entrevue que vous accorderiez à Mathieu-Robert Sauvé au sujet de la nouvelle orthographe. Quelles questions vous poserait-il ? Que lui répondriez-vous ?

2. Connaissiez-vous l'existence de la nouvelle orthographe ? Quelles sont vos réactions relativement à ce phénomène ? En vous appuyant sur le reportage de Mathieu-Robert Sauvé et, au besoin, en complétant les informations par une recherche sur les rectifications orthographiques, exprimez votre position par rapport à cette question.

3. Quelle position, parmi celles des personnes citées dans cet article, se rapproche le plus de la vôtre ? Justifiez votre réponse en vous appuyant sur les passages qui lui sont consacrés.

4. Montrez que Mathieu-Robert Sauvé fait preuve d'objectivité dans son reportage en présentant des positions divergentes et en apportant des nuances à son sujet.

5. Synthétisez le reportage en regroupant les personnes qui favorisent l'enseignement des rectifications orthographiques, celles qui ont une position nuancée à ce sujet et celles qui s'y opposent. Notez alors quels sont les principaux arguments exposés par chacun des partis. Rédigez enfin un compte rendu de lecture.

SUR LA MÊME PISTE

Connaitre et maitriser la nouvelle orthographe (2005) de Chantal Contant et Romain Muller.

Le Millepatte sur un nénufar : Vadémécum de l'orthographe recommandée (2005) du Réseau pour la nouvelle orthographe du français (RENOUVO).

Le Québec à l'âge ingrat (1993) de Mathieu-Robert Sauvé.

Le site www.orthographe-recommandee.info, sur les rectifications orthographiques.

22. Mathieu-Robert SAUVÉ, « Le français frisote », *L'actualité*, 15 octobre 2007, p. 70 à 73.

Texte
courant

La Géographie
Al-Idrîsî

Le **traité** n'est pas un ouvrage littéraire. C'est un texte courant dont la valeur est surtout pédagogique. Il s'agit d'un manuel qui présente, de manière systématique, un sujet d'étude, le plus souvent technique ou scientifique.

Présentation de l'œuvre

Al-Idrîsî (v. 1100-v. 1166) est un géographe marocain. On sait peu de choses de lui, mais on retient qu'il a produit une importante mappemonde en argent pour le roi Roger II de Sicile. Son traité de géographie, connu sous plusieurs titres, a été rédigé pour accompagner cette carte.

La Géographie   La Géographie   La Géographie   La Géographie   La Géographie

Dans l'ensemble, l'Égypte est prospère, on y trouve quantité de comestibles, de boissons et de beaux habits. Sa population aime le confort, l'élégance parfaite et la douceur. Elle est de tous côtés entourée de vergers, de jardins, d'arbres fruitiers, de palmeraies, de canne à sucre, le tout arrosé par les eaux du Nil qui est entouré de champs

5 cultivés depuis Assouan jusqu'à Alexandrie. L'eau reste sur les terres dans la campagne depuis le commencement des chaleurs jusqu'à l'automne ; alors les eaux sont absorbées par la terre ; on ensemence des champs, et l'on n'a plus besoin de les arroser. Il ne tombe en Égypte ni pluie ni neige, et, à l'exception du Fayoum, il n'y a point dans ce pays de ville où l'on voie de l'eau courante qui reste sans emploi.

10 Le Nil coule, en général, vers le nord, et la mise en culture sur ses rives est, depuis Assouan jusqu'à Fostat, large d'une demie à une journée. Ensuite, cet espace s'agrandit et cette largeur, depuis Alexandrie jusqu'à al-Hawf, où la mise en valeur atteint la mer Rouge, devient de huit jours de large. Sur les rives du Nil, il n'y a pas de lieu désert, tout y est mis en valeur par des jardins, des arbres, des villages, des villes, des habitants et

15 des marchés où le commerce est actif. L'espace compris entre les deux extrémités du fleuve est, s'il en faut croire divers auteurs, de cinq mille six cent trente-quatre milles. La longueur de son cours, d'après l'auteur du *Khazanât,* est de quatre mille cinq cent quatre-vingt-quinze milles. Quant à sa largeur, elle est, en Nubie et en Abyssinie, de moins de trois milles, et en Égypte, de trois milles. C'est un fleuve auquel nul autre ne

20 peut être comparé.

Quant à l'île en face de Misr, dont nous avons déjà indiqué les édifices, les lieux de repos et la maison du nilomètre, elle s'étend, en largeur, entre les deux branches du Nil, d'est en ouest, tandis que sa longueur va du sud au nord. La partie supérieure, où est localisé le nilomètre, est large ; la partie médiane est encore plus large, tandis que la

25 partie inférieure l'est peu. La longueur de cette île, d'une extrémité à l'autre, est de deux milles, et sa largeur moyenne, d'un jet de flèche. La maison du nilomètre est dans l'extrémité la plus large de l'île, à l'est, non loin de Fostat. C'est un édifice considérable, intérieurement entouré d'arcades arrondies soutenues par des colonnes. Au centre est un puits vaste et profond où l'on descend par un escalier de marbre circulaire. Au milieu,

30 une colonne en marbre s'élève, où sont inscrits des nombres qui correspondent à des

La Géographie   La Géographie   La Géographie   La Géographie   La Géographie

coudées, divisées en doigts. Au-dessus de la colonne est une construction parfaite en pierre, peinte de diverses couleurs où l'or et l'azur s'entremêlent avec d'autres teintures solides. L'eau parvient à ce bassin au moyen d'un large canal communiquant avec le Nil ; elle ne pénètre cependant dans ce bassin que pendant la crue du fleuve qui a lieu au
35   mois d'août. La hauteur nécessaire pour arroser convenablement la terre du sultan est de seize coudées ; lorsque les eaux s'élèvent à dix-huit coudées, l'irrigation s'étend sur toutes les terres ; lorsque la crue s'élève à vingt coudées, elle est préjudiciable ; la plus petite crue possible est de douze coudées. La coudée équivaut à vingt-quatre doigts. Lors d'une crue qui excède dix-huit coudées, les eaux emportent les arbres et détruisent
40   tout sur leur passage. Une crue inférieure à douze coudées entraîne la sécheresse et la pénurie[23].

EN ACTION

L'enquête ne se termine pas ici.

Lisez aussi l'extrait suivant, *Voyages,* de Ibn Battûta, pour comparer les points de vue sur le Nil et ensuite répondre aux questions de la rubrique « En action ».

---

23. AL-IDRÎSÎ, *La Géographie, Bibliothèque nationale de France* [en ligne], http://classes.bnf.fr/idrisi/pedago/index.htm (page consultée le 27 février 2008).

Texte *narratif*

Voyages
Ibn Battûta

Le récit de voyage est un récit dans lequel l'auteur, le plus souvent à la première personne, fait la description de ce qu'il a vécu au cours d'un voyage. C'est l'occasion pour lui de décrire les choses qu'il a vues et les personnes qu'il a rencontrées, mais également ses perceptions et ses émotions. Pour cette raison, un peu à la manière d'un journal intime, le récit de voyage est bien davantage qu'une banale énumération de dates et de lieux.

Présentation de l'œuvre

Ibn Battûtat (1304-1377) est un exceptionnel explorateur marocain d'origine berbère. On le compare souvent à Marco Polo. Il a voyagé pendant 28 ans, explorant le continent africain, l'Europe orientale et l'Asie. Ses voyages l'ont mené jusqu'à Pékin, en Chine. De retour au Maroc, il a passé douze ans de sa vie à dicter ses récits à Ibn Juzayy, son secrétaire, qui les a regroupés et publiés sous le titre *Rihla*.

Voyages   Voyages   Voyages   Voyages   Voyages   Voyages   Voyages   Voyages   Voyages

Le Nil d'Égypte l'emporte sur tous les fleuves de la terre par la douceur de ses eaux, la vaste étendue de son cours et sa grande utilité [pour les populations riveraines]. Les villes et les villages se succèdent avec ordre le long de ses rivages. Ils n'ont vraiment pas leurs pareils dans toute la terre habitée. On ne connaît pas un fleuve dont les rives soient
5   aussi bien cultivées que celles du Nil. Aucun autre fleuve ne porte le nom de mer. Dieu très haut a dit : « Lorsque tu craindras pour lui, jette-le dans la mer. » Dans ces mots, il a appelé le Nil Yemm, ce qui veut dire la même chose que *bahr* (mer). On lit dans la tradition véridique que le Prophète de Dieu arriva, lors de son voyage nocturne, au Lotus placé à l'extrême limite du Paradis, et qu'il vit sortir de ses racines quatre fleuves,
10   dont deux jaillissaient à l'extérieur et deux restaient à l'intérieur. Il interrogea là-dessus Gabriel, qui lui répondit : « Quant aux deux fleuves intérieurs, ils coulent dans le Paradis, mais pour les deux fleuves extérieurs ce sont le Nil et l'Euphrate. » On lit aussi dans la tradition que le Nil, l'Euphrate, le Seïhân et le Djeïhân, sont tous au nombre des fleuves du Paradis. Le cours du Nil se dirige du midi au nord, contrairement à celui de tous les
15   autres fleuves. Une des particularités merveilleuses qu'il présente, c'est que le commencement de sa crue a lieu pendant les grandes chaleurs, lorsque les rivières décroissent et se dessèchent ; et le commencement de la diminution de ses eaux coïncide avec la crue et les débordements des autres fleuves. Le fleuve du Sind lui ressemble en cela, ainsi que nous le dirons ci-après. Le premier commencement de la crue du Nil a lieu
20   au mois de *hazîrân*, qui est le même que celui de juin. Lorsqu'elle atteint seize coudées, l'impôt territorial prélevé par le sultan est acquitté intégralement. Si le Nil dépasse ce chiffre d'une seule coudée, l'année est fertile et le bien-être complet. Mais, s'il parvient à dix-huit coudées, il cause du dommage aux métairies et amène des maladies épidémiques. Si, au contraire, il reste, ne fût-ce que d'une coudée, au-dessous de seize
25   coudées, l'impôt territorial décroît. S'il s'en faut de deux coudées qu'il atteigne ce dernier chiffre, les populations implorent de la pluie, et le dommage est considérable.

Voyages Voyages Voyages Voyages Voyages Voyages Voyages Voyages Voyages

Le Nil est un des cinq plus grands fleuves du monde, qui sont: le Nil, l'Euphrate, le Tigre, le Seïhoûn et le Djeïhoûn. Cinq autres fleuves leur ressemblent sous ce rapport, savoir: le fleuve du Sind, que l'on appelle Bendj âb; le fleuve de l'Inde, que l'on appelle
30 Canc, où les Indiens vont en pèlerinage, et dans lequel ils jettent les cendres de leurs morts, car ils prétendent qu'il sort du Paradis; le fleuve Djoûn, qui se trouve aussi dans l'Inde; le fleuve Etel, qui arrose les steppes du Kifdjak et sur les bords duquel est la ville de Séra; et le fleuve Sarou, dans le Khitha, sur la rive duquel s'élève la ville de Khân Bâlik, d'où il descend jusqu'à la ville de Khinsa, puis jusqu'à la ville de Zeïtoun, en
35 Chine. Toutes ces localités seront mentionnées en leur lieu, s'il plaît à Dieu. À quelque distance du Caire, le Nil se partage en trois branches, dont aucune ne peut être traversée qu'en bateau, hiver comme été. Les habitants de chaque ville ont des canaux dérivés du Nil. Lorsque ce fleuve est dans sa crue, il remplit ces canaux, et ils se répandent alors sur les champs ensemencés[24].

EN ACTION

1. Ces deux textes décrivent le Nil à deux époques lointaines. Imaginez qu'Ibn Battûta ou Al-Idrîsî aient voyagé jusqu'au Québec pour découvrir le fleuve Saint-Laurent. Qu'en auraient-ils écrit? Rédigez un pastiche de *Voyages* ou de *la Géographie* dont le sujet serait le fleuve Saint-Laurent.

2. Les deux extraits portent sur le Nil, un fleuve dont le parcours façonne le paysage égyptien. Relevez les aspects du Nil qui sont abordés dans les deux textes. Dans lequel des deux le propos vous semble-t-il le plus clair? Pourquoi? Justifiez votre réponse à l'aide de citations.

3. Comparez les deux extraits. Lequel des deux vous semble avoir le plus de valeur du point de vue de la géographie? Justifiez votre réponse en vous appuyant sur des exemples tirés des deux textes.

4. Montrez que le texte d'Al-Idrîsî, bien qu'il soit plus ancien que celui d'Ibn Battûta, fait preuve de plus d'objectivité.

5. Utilisez les deux extraits pour écrire un texte sur le Nil. Vous puiserez vos données dans les extraits et citerez quelques passages utiles.

SUR LA MÊME PISTE

L'Islam et sa civilisation (2003) d'André Miquel.

Atlas historique du monde méditerranéen: chrétiens, juifs et musulmans de l'Antiquité à nos jours (1995) de Gérard Chaliand et Jean-Pierre Rageau.

L'Orient des croisades (1999) de Georges Tate.

Le site pédagogique de la Bibliothèque nationale de France présente un excellent dossier sur la cartographie d'Idrîsî (http://classes.bnf.fr/).

---

24. Ibn BATTÛTA, « Voyages », dans *De l'Afrique du Nord à La Mecque : Tome 1*, trad. C. Defremery et B. R. Sanguinetti, Paris, La Découverte, coll. « Poche », 1982, p. 127 à 130.

TROUSSES DE SURVIE

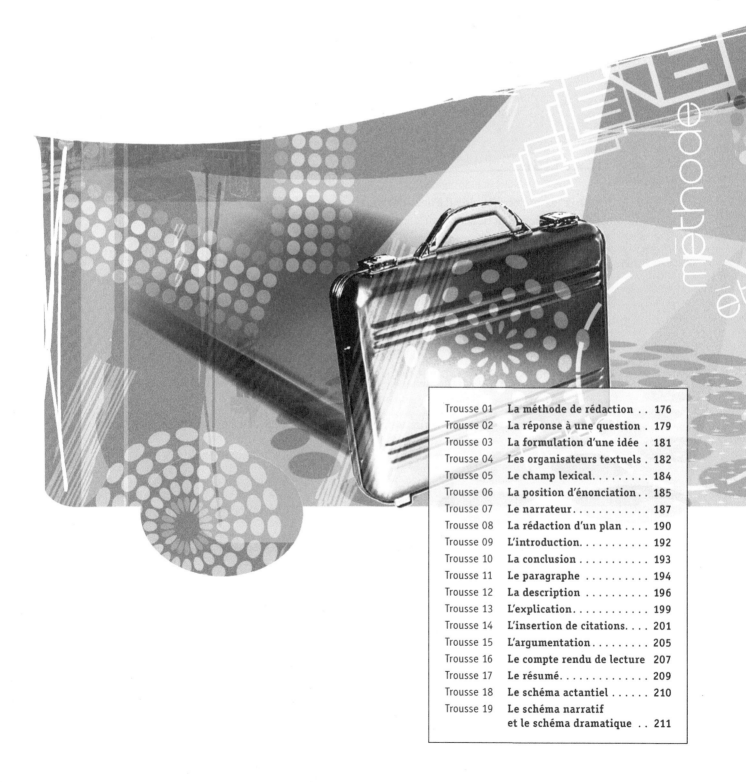

Chapitre : 005

MISSION: *POSSIBLE*

Fiches pratiques

Ce chapitre regroupe les notions qui relèvent des méthodes utilisées en rédaction, en compréhension et en analyse de texte. Chacune d'elles est présentée sous forme de trousse de survie qui résume ses caractéristiques essentielles.

Les notions retenues sont d'abord celles qui pourraient être utilisées relativement aux sujets de rédaction proposés dans l'ouvrage, mais aussi celles qui correspondent à l'entrée au collégial en français. Ainsi, certaines trousses sont consacrées à des démarches et décrivent, étape par étape, des opérations qui permettent de mieux organiser le travail pour arriver à de meilleurs résultats. D'autres sont présentées comme des outils qui facilitent la compréhension ou l'analyse en se greffant au travail d'écriture.

Ce chapitre peut donc être utilisé comme un répertoire, un guide de référence qui appuie l'écriture à partir d'un texte lu, mais aussi les étapes qui la précèdent, comme la compréhension ou l'analyse. Ce chapitre vise donc à résumer les outils qui serviront à développer la maitrise des opérations intellectuelles essentielles en français, mais aussi dans toutes les disciplines où l'écriture occupe une place de premier plan.

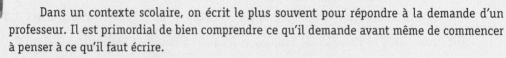

01
LA MÉTHODE DE RÉDACTION

Écrire un bon texte, c'est avant tout organiser sa pensée de manière à s'exprimer de la meilleure façon possible. Il faut également, dans un contexte scolaire, veiller à respecter la consigne qui est donnée pour éviter les travaux hors sujet ou hors propos.

La préécriture

Avant de commencer à écrire un texte, il faut d'abord s'assurer de comprendre ce qui est demandé, puis penser à la meilleure stratégie pour répondre à cette demande.

1. La compréhension et l'analyse de la consigne

Dans un contexte scolaire, on écrit le plus souvent pour répondre à la demande d'un professeur. Il est primordial de bien comprendre ce qu'il demande avant même de commencer à penser à ce qu'il faut écrire.

- Quel type de travail demande-t-on?
- Quels sont les éléments de la consigne qui sont obligatoires dans le texte (sujet, contraintes, arguments, etc.)?
- Quelle est la longueur du texte?
- Quelles notions abordées en classe sont nécessaires à la rédaction de ce texte?

2. L'intention d'écriture

Le type de travail qui est demandé appelle certaines contraintes qui influencent les intentions et la position d'énonciation du scripteur. En effet, on ne s'exprime pas de la même façon s'il faut convaincre quelqu'un du bienfondé d'un point de vue ou s'il faut inventer une histoire riche en rebondissements.

Doit-on:

- informer?

- inventer, imaginer, créer?

- réagir en s'appuyant sur un texte?

- analyser?

- critiquer, prendre position, justifier?

- comprendre, rendre compte?

3. Le remue-méninges

Il faut noter tout ce qui traverse l'esprit en lien avec la consigne. On note donc des arguments, des images, des idées de péripéties, des éléments du texte sur lequel on écrit, etc.

Certains types de texte demandent également une analyse. Il convient alors de se reporter à des stratégies d'analyse avant de faire un remue-méninges.

4. Le choix

À partir de toutes les notes prises lors du remue-méninges, il faut choisir et retenir ce qui sera développé à l'intérieur du texte. Des critères bien précis orientent le choix de ce qui sera retenu.

- Quels sont les éléments les plus pertinents compte tenu de la consigne?
- Quelles sont les idées qui servent le mieux l'intention d'écriture?
- Quel espace (quelle longueur) est nécessaire pour un développement? Qu'est-ce qui correspond le mieux (en quantité et en qualité) à la longueur du texte qui est demandé?
- Est-ce que toutes les contraintes imposées dans le sujet apparaissent dans les idées retenues?

5. La mise en forme

En respectant la consigne et le type de texte qui est attendu (certains textes doivent respecter une structure très précise), on organise les idées retenues sous la forme d'un plan. La mise en forme sert à assurer la progression cohérente des idées et le respect des contraintes.

On ne rappellera jamais assez l'importance de cette étape pour éviter la panique au moment de l'écriture, mais surtout pour relever la qualité du texte en général. De plus, en progressant au cours des études, le niveau de difficulté et la complexité des textes à rédiger exigent de plus en plus de maitrise de la structure et de la planification. Il importe alors de prendre de bonnes habitudes et de s'entrainer à produire un plan.

La rédaction

Le temps dont on dispose pour rédiger et le contexte dans lequel on le fait ont une influence déterminante sur la mise en texte. En effet, si peu de temps est alloué à l'écriture, on évitera de faire un brouillon pour gagner du temps (on s'assurera alors que le plan est suffisamment détaillé pour diriger la rédaction). Dans un même ordre d'idées, si la rédaction se fait à l'ordinateur, il n'est pas nécessaire de faire un brouillon (manuscrit ou non), car il est simple d'apporter des modifications et des correctifs au texte.

Qu'on fasse un brouillon ou non, qu'on écrive à la main ou à l'ordinateur, il est essentiel de réunir autour de soi le matériel nécessaire à la rédaction[1]. Il faut avoir à portée de main les ouvrages de révision linguistique (dictionnaires, grammaire, précis de conjugaison, etc.), les consignes, les notes, le plan et les textes nécessaires à l'écriture.

---

1. Dans un contexte d'évaluation, le matériel autorisé lors de la rédaction peut être limité. Il importe alors de se conformer rigoureusement aux consignes touchant les ouvrages autorisés.

1. Le brouillon

S'il est possible de faire un brouillon, on préfèrera les ratures à l'effacement pour conserver une trace des modifications apportées au texte en cours de rédaction ou au moment de sa correction. Cela évite de faire complètement disparaitre des passages qui pourraient par ailleurs être utiles. Dans ce contexte, il est pertinent de passer à l'étape de l'évaluation (voir plus bas) avant celle de la mise au propre.

2. La mise au propre

Si le scripteur a eu la possibilité de produire un brouillon, la mise au propre est l'étape ultime, celle qui précède la remise du texte.

Si la mise au propre correspond également à la mise en texte, il importe de s'appuyer sur un plan et de s'y conformer pour éviter les dérives.

En tout temps, il faut veiller à respecter rigoureusement les règles de présentation et soigner la propreté du travail.

L'évaluation

Avant de remettre un travail, même s'il n'est pas corrigé par un professeur, il est important de l'évaluer pour s'assurer de sa qualité et de sa conformité aux consignes de départ. Si l'on sait que le correcteur utilisera une grille d'évaluation, on peut se servir de cette grille pour évaluer le texte. S'il n'y a pas de grille, on tient compte d'un ensemble de critères énumérés ci-dessous :

- la qualité de la langue (en particulier ses aspects qui relèvent des missions) ;
- le respect de la consigne (type de texte, éléments obligatoires de la consigne, longueur, intégration des notions abordées en classe, etc.) ;
- le respect de l'intention d'écriture (informer, inventer, réagir, analyser, critiquer, comprendre, etc.) ;
- la qualité et la pertinence du contenu compte tenu de la consigne ;
- le respect de la structure qui convient au type de texte (plan argumentatif, schéma narratif, etc.).

Avant de présenter le travail ou de le considérer comme terminé, les corrections exigées par l'évaluation doivent être apportées soit au brouillon, soit au texte mis au propre.

02
LA RÉPONSE À UNE QUESTION

Le point de départ d'un travail scolaire est bien souvent une question à laquelle il faut répondre. Certaines d'entre elles appellent une réponse courte, qui s'exprime en une phrase ou deux, alors que d'autres exigent un développement plus étendu. Peu importe le type de réponse attendue, celle-ci doit être **indépendante.** Cela signifie que le correcteur doit comprendre la réponse sans avoir à relire la question. La réponse doit également **fournir les informations demandées** et **ne pas dériver** en exposant des éléments inutiles.

1. On lit attentivement la question et on s'assure d'en comprendre chaque mot.

2. On dégage ce qui est demandé en éliminant les éléments complémentaires et en portant une attention particulière au verbe qui commande souvent un type de réponse bien précis.

3. On évalue le type de réponse attendue (courte ou longue, explicative ou critique, etc.).

Répondre à une question à réponse courte

1. On pratique la reprise de l'information pour montrer que la question a été bien comprise.

2. On complète l'information déjà fournie dans la question avec la réponse attendue.

EXEMPLES

Question

information fournie dans la question
Qui est le créateur de Sherlock Holmes?
ce qui est demandé

Réponse

reprise de l'information   réponse
Le créateur de Sherlock Holmes est sir Arthur Conan Doyle.

Question

information fournie dans la question
Quel est le titre du roman policier de Marie Laberge?
ce qui est demandé

Réponse

reprise de l'information   réponse
Le titre du roman policier de Marie Laberge est *Sans rien ni personne.*

Répondre à une question à développement

1. On fait d'abord l'analyse de la question à développement. Il faut repérer les éléments qui la composent, soit:
   - le domaine, ou ce sur quoi porte la question;
   - la question, ou ce qu'il faut faire, ce qui est demandé;
   - les termes, ou le parcours à suivre pour répondre à la question (facultatif).

2. On regroupe les informations nécessaires pour rédiger la réponse. Cela demande souvent de parcourir un texte ou des notes de cours. On doit, entre autres, penser à des exemples qui appuieront la réponse.

3. On fait ensuite un plan de réponse qui respecte soit le paragraphe simple, soit le paragraphe complexe. Plus le développement demande d'informations, plus le paragraphe complexe est à privilégier. La réponse peut demander la rédaction de plus d'un paragraphe. Il faut se rappeler qu'on ne présente qu'une seule idée principale par paragraphe de développement.

EXEMPLES

Question

domaine
Dans la nouvelle « Le Dieu dans le placard » de Pierre Véry, question comment s'exprime

l'humour noir?

Question

question
Montrez que Fred Vargas utilise ses connaissances sur le Moyen Âge pour créer

domaine
un climat de terreur dans son roman *Pars vite et reviens tard* en s'appuyant à la

premier terme   second terme
fois sur des faits historiques et des éléments mythiques.

03
LA FORMULATION D'UNE IDÉE

Un travail argumentatif s'articule à partir d'idées clairement énoncées dans le texte. Pour **formuler correctement une idée**, il faut s'assurer qu'elle est composée d'une phrase dont la structure se divise en deux parties : le thème et le propos. Le **thème** est ce dont on parle, ce qui est le plus souvent le sujet de la phrase. Le **propos** est ce qu'on en dit, ce qui correspond habituellement au groupe verbal et à ses compléments.

Il faut différencier une idée – qui appelle un développement, une explication ou une argumentation – de la présentation d'un fait. Ainsi, un énoncé de fait n'est pas discutable alors que l'idée l'est et sert à lancer le développement d'un paragraphe.

EXEMPLES

✗   Voyons d'abord thème le travail de l'espion.

Cette phrase n'est pas une idée.

✗   Vladimir Poutine est un ancien membre du KGB.

Cette phrase n'est pas une idée.

thème   propos
Le travail de l'espion   ne demande qu'une grande acuité.

Cette phrase est une idée correctement énoncée.

04
LES ORGANISATEURS TEXTUELS

Un texte se décline en plusieurs phrases et paragraphes. Pour que le lecteur puisse suivre la progression de l'information, l'auteur le guide à l'aide d'**organisateurs textuels**. Ceux-ci permettent, entre autres, de préciser certains rapports logiques entre les idées et de situer le propos dans le temps et l'espace. Les organisateurs textuels, qu'on appelle aussi *connecteurs, charnières* ou *marqueurs,* se classent en trois groupes : les organisateurs logiques, les organisateurs spatiaux et les organisateurs temporels. Plusieurs classes de mots et locutions sont des organisateurs.

Les **organisateurs logiques**, souvent nommés *marqueurs de relation,* servent à expliciter les rapports logiques entre les différentes parties du texte. Ils mettent en relief la cohérence du propos et la progression des idées.

ADDITION	ainsi que	de même que	et	par ailleurs
	aussi (bien que)	de plus	le deuxième aspect	par delà
	au surplus	deuxièmement	ni	pour sa part
	avec	encore	non plus que	puis
	bien plus	enfin	non seulement…	quant à
	comme	en plus de	mais encore	un autre point de vue
	d'autre part	ensuite	observons le cas de	voici
BUT	à cet effet	avec la ferme intention que	dans l'intention de	en vue de
	à cette fin	dans ce but	de crainte que	pour
	afin de	dans cette optique	de façon que	pour cela
	afin que	dans cette perspective	de manière que	pour que
			de peur que	
CAUSE	à cause de	comme	du fait que	puisque
	attendu que	compte tenu de	en raison de	sous prétexte que
	car	d'autant plus que	étant donné que	tant
	c'est pourquoi	de ce fait	grâce à	vu que
	c'est que	de par	parce que	
COMPARAISON	ainsi que	autant que	de la même manière	plus que
	à mesure que	autrement	de même que	selon que
	aussi (bien que)	comme	moins que	
CONCESSION	alors (même) que	d'ailleurs	malgré que	sans doute
	au lieu que	du moins	même si	tandis que
	bien que	du reste	néanmoins	toutefois
	cependant	encore que	peut-être	
	certes	mais	quoique	
CONDITION	à la condition que	au cas où	en admettant que	si
	à moins que	dans le cas où	en supposant que	soit que… soit que…
	à supposer que	dans l'hypothèse où	pour peu que	supposé que

CONSÉQUENCE	ainsi	de sorte que	par voie de	tant que
	alors	donc	conséquence	tellement que
	aussi	en conséquence	pour cette raison	voilà pourquoi
	à tel point que	il s'ensuit que	pourtant	
	c'est pourquoi	par conséquent	si… alors	
	dans ce cas	partant	si bien que	
EXPLICATION	apparemment	c'est ainsi que	en ce sens	par exemple
	autrement dit	de même	en d'autres mots	(à) savoir
	certes	donc	en effet	soit
	c'est-à-dire	effectivement	or	
INSISTANCE	à plus forte raison	même	non seulement…	tellement… que
	d'autant plus que		mais…	
OPPOSITION	à l'opposé	(par) contre	mais	par ailleurs
	apparemment	d'ailleurs	malgré	plutôt que
	au contraire	du reste	néanmoins	pourtant
	au demeurant	en dépit de	ni… ni…	soit… soit…
	au moins	en revanche	or	tantôt… tantôt…
	cependant	en tout cas	ou bien… ou bien…	toutefois

Les **organisateurs temporels** servent à situer le propos dans le temps. Parfois, il s'agit de situer une action par rapport à une autre ou, plus simplement, de préciser l'ordre dans lequel les informations sont présentées.

ORGANISATEURS TEMPORELS	alors que	aussitôt que	dès que	le lendemain
	après que	avant que	en même temps que	lorsque
	au début	chaque fois que	ensuite	pendant que
	aujourd'hui	comme	et puis	puis
	au moment où	d'abord	jusqu'à ce que	quand
	aussi longtemps que	depuis que	la veille	tandis que

Les **organisateurs spatiaux** situent le propos dans l'espace. Ils peuvent servir à définir le contexte ou à placer des éléments par rapport à d'autres dans un espace donné. Ils permettent au lecteur de s'imaginer l'espace.

ORGANISATEURS SPATIAUX	à droite	au milieu	d'une part	ici
	à l'opposé	au sud	en arrière	là
	au-dedans	dehors	en bas	partout
	au-delà	de l'autre côté	en dehors	plus loin
	au-dessus	devant	en face	tout au bout
	au loin	d'un côté	hors	

TROUSSE

05
LE CHAMP LEXICAL

Le **champ lexical** est un ensemble de mots qui se rattachent à un même thème. À l'intérieur d'un texte, l'analyse d'un ou de plusieurs champs lexicaux permet de révéler la présence de thèmes. Quand on écrit, l'utilisation de champs lexicaux permet de présenter au lecteur, de manière originale, une idée liée au propos du texte.

Les mots qui composent un champ lexical sont liés par le sens. Ils peuvent être des synonymes, des mots rapprochés par analogie ou des mots de même racine.

EXEMPLE

Mais au bout de quelques minutes, il eut l'impression **désagréable** qu'on le **suivait**. De fait, s'étant retourné, il aperçut l'ombre d'un homme qui se **glissait** entre les arbres. Il n'était point **peureux**; cependant il **hâta** le pas afin d'arriver le plus vite possible à l'octroi des Ternes. Mais l'homme se mit à **courir**. Assez **inquiet**, il jugea plus **prudent** de lui faire face et de tirer son revolver[2].

Le champ lexical composé des mots mis en relief dans cet extrait traduit l'intention de l'auteur, soit de faire peur au lecteur en créant un climat peu rassurant. Les mots appartiennent au **champ lexical de la peur.** On remarque qu'ils relèvent de plusieurs classes: noms, verbes, adjectifs, adverbes.

2.   Maurice LEBLANC, « Le Coffre-fort de madame Imbert »,dans *Arsène Lupin gentleman cambrioleur*, Paris,
     Librairie générale française, coll. « Le Livre de poche », n° 843, 1972, p. 205-206.

06
LA POSITION D'ÉNONCIATION

Chaque situation d'écriture appelle une **position d'énonciation** particulière motivée par une intention. Ainsi, on ne s'exprime pas de la même façon lorsqu'on défend une position et lorsqu'on crée une histoire.

L'intention est d'informer

Lorsqu'on écrit pour informer, on utilise principalement l'**explication** et la **description**. Dans ce cas, on s'efface au maximum pour faire preuve d'une certaine objectivité. On doit alors :

- favoriser les phrases impersonnelles ;
- utiliser un langage précis et expliquer au besoin certains termes plus techniques ;
- avoir recours à un plan clair qui utilise le paragraphe simple ou complexe ;
- répondre aux questions potentielles du lecteur.

L'intention est de créer

Lorsqu'on écrit pour créer, tout est possible, mais il faut néanmoins tenir compte des consignes. Pour ce faire, on doit :

- faire preuve d'originalité dans le propos et la forme ;
- utiliser ses connaissances pour s'inspirer ;
- déjouer l'anticipation du lecteur ;
- mettre à profit toutes les ressources de la langue en portant une grande attention au style.

L'intention est de réagir

Il est possible de réagir à une situation, à un évènement ou à une lecture. Souvent, un texte de ce type demande d'utiliser les ressources expressives de la langue, pour appuyer la réaction non seulement sur des faits, mais surtout sur des émotions. Il est alors permis d'être à l'écoute de ce que l'on ressent. On doit :

- écrire à la première personne ;
- utiliser des verbes expressifs ;
- conserver un registre de langue acceptable pour ne pas déstabiliser le lecteur ;
- exprimer clairement des émotions et des sentiments.

L'intention est d'analyser

Une analyse suppose d'abord un fin travail qui prépare l'écriture. Dans un texte analytique, il est important de faire preuve d'objectivité et de distance par rapport à l'objet de l'analyse pour conserver sa crédibilité. Ainsi, on doit:

- éviter toute présence de l'auteur dans l'énonciation ;
- respecter rigoureusement un plan dont le développement est constitué de paragraphes complexes ;
- appuyer le propos sur des exemples éloquents ;
- tirer le maximum de l'analyse pour ne pas rester en superficie.

L'intention est de critiquer

La critique demande une grande habileté, car elle doit s'appuyer à la fois sur une analyse et sur une argumentation solide. Si elle est superficielle, elle sera facile à déboulonner. Pour cette raison, une critique autorise une certaine implication de l'auteur, mais on doit conserver quelque réserve par rapport à ce qu'on commente. On doit donc:

- éviter une trop grande présence du locuteur ;
- conserver une distance par rapport à l'objet de la critique ;
- appuyer le propos sur des exemples éloquents ;
- développer l'argumentation en respectant un plan dont le développement est constitué de paragraphes complexes.

L'intention est de rendre compte

Dans un contexte scolaire, il arrive souvent que l'on ait à rendre compte d'une situation ou d'une lecture. Il importe alors de montrer au lecteur que ce qui est décrit est compris. Il faut donc faire preuve d'une grande distance par rapport au sujet et:

- adopter le même ton que ce dont on rend compte ;
- conserver la même structure que ce dont on rend compte ;
- éviter tout commentaire ou jugement ;
- garder une vue d'ensemble sur ce qui fait l'objet du texte.

LE NARRATEUR

Le **narrateur** est celui qui raconte l'histoire. Il s'agit d'ailleurs d'une composante essentielle de tous les genres narratifs (roman, nouvelle, conte, biographie, etc.). Il en existe trois types: le narrateur omniscient, le narrateur témoin et le narrateur héros. Il est important de ne pas confondre le narrateur avec l'auteur, qui est celui qui écrit l'œuvre.

Le narrateur omniscient

Le **narrateur omniscient** est celui qui est le plus éloigné de l'histoire qu'il raconte. Il s'agit d'un **locuteur abstrait**, dont la présence est discrète, puisqu'elle se situe à l'extérieur de l'action. Il ne s'exprime qu'à la **troisième personne**, créant ainsi une illusion d'**objectivité** par rapport à l'histoire qu'il raconte. C'est le narrateur qui présente la plus **grande quantité d'information**, car il n'est entravé par aucune limite de temps ou d'espace. C'est le narrateur qui **connait le mieux les personnages** dont il relate les actions: il sait d'où ils viennent et où ils vont, ce qui les motive ou ce qui leur fait peur; il connait l'issue de l'histoire.

EXEMPLE

Posté sur un banc public, face au commissariat du 5ᵉ arrondissement de Paris, ❶ **le vieux Vasco crachait** des noyaux d'olive. ❷ **Cinq points** ❶ **s'il touchait le pied du réverbère.** ❶ **Il guettait** ❷ **l'apparition d'un grand flic blond** au corps mou qui, ❸ ❹ **chaque matin,** ❶ **sortait vers neuf heures et demie et déposait une pièce sur le banc, l'air maussade.** En ce moment, ❶ **le vieux,** ❹ **tailleur de profession, était vraiment fauché.** Ainsi ❶ **qu'il l'exposait** à qui voulait l'entendre, le siècle avait sonné le glas des virtuoses de l'aiguille. Le sur-mesure agonisait.

Le noyau passa à deux centimètres du pied métallique. ❶ **Vasco soupira et avala** quelques gorgées au goulot d'un litre de bière. Le mois de juillet était chaud et, dès neuf heures, ❷ **il faisait soif, sans même parler des olives**[3].

❶ Narration à la 3ᵉ personne

❷ Motivation du personnage

❸ Information s'étendant sur une longue période

❹ Connaissance du personnage

---

3. Fred VARGAS, « Salut et liberté », dans *Salut et liberté suivi de La nuit des brutes*, Paris, J'ai lu (E.J.L.), coll. « Librio policier », n° 547, 2004, p. 9.

Le narrateur témoin

Le **narrateur témoin** est un **personnage** identifiable dans le récit. Toutefois, il se situe **en marge de l'histoire,** puisqu'il n'y participe pas directement. Il est d'ailleurs souvent très discret. Il s'exprime principalement à la **troisième personne**, mais aussi à la **première**. Cela marque la différence entre sa présence dans le récit et l'histoire qu'il relate. Il ne dispose pas de toute l'information sur l'histoire et les personnages et porte souvent un **jugement** sur ce qu'il raconte. Il fait donc preuve de **subjectivité.**

EXEMPLE

1 **Il paraît que** le… du mois de… **2** **(je ne me rappelle pas positivement la date),** **3** **une foule immense était rassemblée,** **4** **dans un but qui n'est pas spécifié,** sur la grande place de la Bourse de la confortable ville de Rotterdam. La journée était singulièrement chaude pour la saison, – il y avait à peine un souffle d'air, et **5** **la foule n'était pas trop fâchée** de se trouver de temps à autre aspergée d'une ondée amicale de quelques minutes, qui s'épanchait des vastes masses de nuages blancs abondamment éparpillés à travers la voûte bleue du firmament.

Toutefois, vers midi, il se manifesta dans l'assemblée une légère mais remarquable agitation, suivie du brouhaha de dix mille langues; une minute après, **3** **dix mille visages se tournèrent** vers le ciel, **3** **dix mille pipes descendirent** simultanément du coin de dix mille bouches, et un cri, qui ne peut être comparé qu'au rugissement du Niagara, **3** **retentit** longuement, hautement, furieusement, à travers toute la cité et tous les environs de Rotterdam[4].

1 Subjectivité

2 Présence du narrateur à la 1re personne

3 Narration à la 3e personne

4 Le narrateur ne dispose pas de toute l'information

---

4. Edgar Allan POE, « Aventure sans pareille d'un certain Hans Pfaall », dans *Histoires extraordinaires*, trad. Charles Baudelaire, Paris, Gallimard, coll. « Folio classique », n° 310, 1973, p. 179-180.

Le narrateur héros

Le **narrateur héros** est un **personnage qui prend clairement part à l'histoire** qu'il raconte, puisqu'il y participe directement. Il s'exprime à la **première personne** et relate l'histoire de manière **subjective**, à partir de son propre point de vue. Il ne dispose pas de toute l'information, car il ne peut évoluer sans contraintes spatiales ou temporelles. Il décrit les situations par rapport à ce **qu'il perçoit** (ce qu'il voit, ressent, comprend); les autres personnages sont donc toujours abordés de l'extérieur. Le narrateur héros n'est pas nécessairement le personnage principal du récit: il peut être un personnage secondaire qui participe néanmoins à l'action.

EXEMPLE

(1) (2) **Je n'aime pas beaucoup le palais de Justice**, qui – (2) **je le signale** en passant (1) **pour ceux de** (2) **mes lecteurs qui n'auraient pas encore été arrêtés** – abrite des locaux de la P.J. Mais enfin, (2) **je traînais** dans le coin, (5) **désœuvré, et comme cela faisait une paye que** (2) **je n'avais pas eu l'occasion de voir le commissaire Florimond Faroux** (2) **je montai** lui dire bonjour. (2) (4) **Je ne sais pourquoi**, dès qu' (3) **il** (2) **me vit,** (3) **il sursauta et** (2) **me toisa** immédiatement d'un œil soupçonneux.

« Je ne suis pas Pierrot-le-Fou », (2) **protestai-je**, en ricanant.

(3) **Il répliqua:**

« Vous êtes Nestor Burma. Et ça suffit à mon bonheur.

– On ne le dirait guère.

– Ça va. (4) **Votre visite ne me plaît pas**.

– Bon. Fallait le dire. »

(2) **Je voltai et me dirigeai** vers la sortie.

« Restez, (3) **ordonna-t-il.** Et asseyez-vous… (1) ((2) **j'obéis…**) **que je boive le calice jusqu'à la lie**[5]. »

(1) Subjectivité

(2) Présence du narrateur à la 1re personne

(3) Narration à la 3e personne

(4) Le narrateur ne dispose pas de toute l'information

(5) Motivation du narrateur

---

5. Léo MALET, « Faux Frère », dans *Noire Série… Nouvelles policières 2,* Paris, GF Flammarion, coll. « Étonnants Classiques », n° 2222, 2005, p. 55.

08
LA RÉDACTION D'UN PLAN

La **rédaction d'un plan** est une étape essentielle pour produire un texte organisé, équilibré et pertinent. Cette étape succède à la collecte d'information (remue-méninges, choix, analyse, etc.) et permet de classer et de mettre en forme le propos du travail.

1. Dans la rédaction d'un plan, il faut d'abord tenir compte du type de travail à produire. Certains textes appellent un plan précis et prédéterminé qu'il est impératif de respecter. D'autres travaux, comme des textes de création, permettent plus de liberté, mais demandent néanmoins une structure.

2. On n'inscrit que les grandes étapes du travail en prenant soin, s'il y a lieu, de formuler des idées complètes. Les explications, les exemples, les commentaires peuvent être notés dans un style télégraphique.

3. On porte une attention soutenue à l'organisation logique du texte. Les liens entre les idées doivent être explicites. Il est d'ailleurs possible d'inscrire la nature du lien pour ensuite choisir un connecteur approprié au moment de rédiger.

Voici les plans les plus fréquemment utilisés dans les travaux de français.

 Le plan détaillé d'un travail dont le développement est constitué de paragraphes simples

I. INTRODUCTION	II. DÉVELOPPEMENT			III. CONCLUSION

Sujet amené
Sujet posé
Sujet divisé
	1er paragraphe
	1re idée principale
	   Exemple A
	   Exemple B
	   Exemple C
		2e paragraphe
		2e idée principale
		   Exemple A
		   Exemple B
		   Exemple C
			3e paragraphe
			3e idée principale
			   Exemple A
			   Exemple B
			   Exemple C
				Synthèse
				Ouverture

Logigramme d'un plan dont le développement est constitué de paragraphes simples

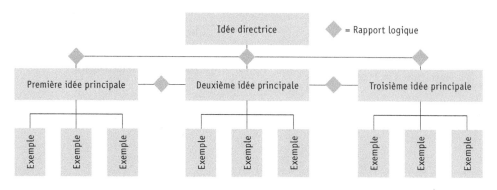

Le plan détaillé d'un travail dont le développement est constitué de paragraphes complexes

I. INTRODUCTION	II. DÉVELOPPEMENT			III. CONCLUSION

Sujet amené
Sujet posé
Sujet divisé
	1er paragraphe
	  1re idée principale
	    Exemple A
	    Exemple B
	    Exemple C
	  1re idée secondaire
	    Exemple A
	    Exemple B
	    Exemple C
	  2e idée secondaire
	    Exemple A
	    Exemple B
	    Exemple C
	  3e idée secondaire
	    Exemple A
	    Exemple B
	    Exemple C
		2e paragraphe
		  2e idée principale
		    Exemple A
		    Exemple B
		    Exemple C
		  1re idée secondaire
		    Exemple A
		    Exemple B
		    Exemple C
		  2e idée secondaire
		    Exemple A
		    Exemple B
		    Exemple C
		  3e idée secondaire
		    Exemple A
		    Exemple B
		    Exemple C
			3e paragraphe
			  3e idée principale
			    Exemple A
			    Exemple B
			    Exemple C
			  1re idée secondaire
			    Exemple A
			    Exemple B
			    Exemple C
			  2e idée secondaire
			    Exemple A
			    Exemple B
			    Exemple C
			  3e idée secondaire
			    Exemple A
			    Exemple B
			    Exemple C
				Synthèse
				Ouverture

Logigramme d'un plan dont le développement est constitué de paragraphes complexes

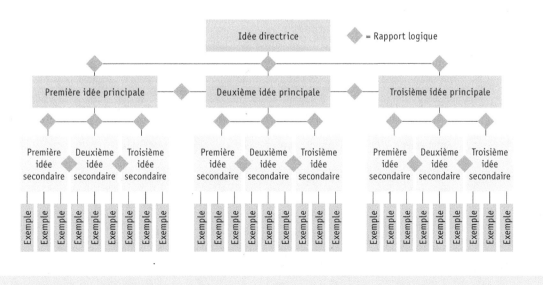

TROUSSE 09
L'INTRODUCTION

L'**introduction** marque l'entrée dans le texte. Elle vise, à l'aide d'une structure en entonnoir, à présenter le sujet et les grands axes du propos au lecteur. Sa longueur correspond à environ un dixième du travail entier. Elle est divisée en trois parties : le sujet amené, le sujet posé et le sujet divisé.

Le **sujet amené** est l'occasion de diriger le lecteur vers le sujet du travail. Sans s'égarer ou s'étirer, il permet de situer le propos dans un contexte plus large. Cette partie, la plus longue de l'introduction, correspond à la moitié du paragraphe. Dans certains travaux, on doit y présenter des informations qui montrent que le sujet est maitrisé.

Le **sujet posé** constitue l'énoncé de l'idée directrice, de la question ou du sujet du travail. Le plus souvent, il ne suffit que d'une phrase pour poser le sujet correctement. Dans un cadre scolaire, le sujet du travail est généralement imposé. Il faut éviter de le reproduire mot à mot et plutôt le formuler d'une autre façon pour faire la preuve que l'énoncé de départ est compris. Il est parfois possible de poser le sujet sous la forme d'une question, mais un étudiant vérifiera toujours ce que favorise son correcteur.

Le **sujet divisé**, pour sa part, présente l'articulation du développement. On y énonce, en respectant scrupuleusement l'ordre retenu dans le corps du texte, les idées principales qui font l'objet de chacun des paragraphes de développement.

EXEMPLE

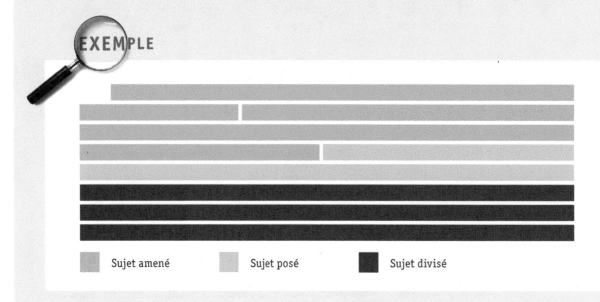

 Sujet amené   Sujet posé   Sujet divisé

10
LA CONCLUSION

La **conclusion** marque la fin du travail. Elle vise à montrer la cohésion du texte et à expliciter les grandes articulations du propos. Comme l'introduction, elle correspond à environ un dixième du texte entier. Elle se divise en deux parties: la synthèse et l'ouverture (ou élargissement).

La **synthèse** est un bilan qui reprend, en les résumant, les grandes articulations du travail. On vise à y faire la preuve que ce qui était annoncé en introduction est bien ce qui a été écrit. Jamais on n'y retrouvera de citations ou d'arguments nouveaux car, à ce moment du texte, l'ensemble des preuves aura été présenté. D'une manière générale, la synthèse correspond à la moitié de la conclusion.

Enfin, l'**ouverture** vise à élargir le sujet en proposant une nouvelle piste de réflexion dont le point de départ est l'aboutissement du texte qui se termine. Selon le contexte ou le type de texte, l'ouverture peut être une phrase interrogative. Une façon habile de rédiger une ouverture est de reprendre un élément du sujet amené pour proposer l'élargissement du propos.

EXEMPLE

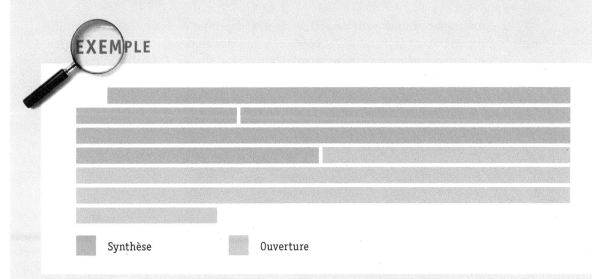

TROUSSE 11
LE PARAGRAPHE

Le **paragraphe** se caractérise, sous l'aspect graphique, par un groupe de phrases délimité au moyen de retours à la ligne avant et après. Du point de vue du contenu, il correspond à une unité de sens dans un texte en prose.

Dans un texte narratif, le paragraphe souligne un changement. Le passage d'un paragraphe à un autre peut être justifié par un déplacement dans le temps ou l'espace, un passage d'un personnage à un autre ou une variation dans l'énonciation.

Dans un texte argumentatif, un paragraphe correspond à une idée principale qui sera d'abord énoncée, puis développée et appuyée. Dans les travaux scolaires (une analyse, une dissertation ou même une réponse à une question à développement), on privilégie soit le paragraphe simple, soit le paragraphe complexe. Ils ont tous deux l'avantage de proposer une structure éprouvée pour argumenter efficacement.

Le paragraphe simple

Le **paragraphe simple** est le paragraphe de développement le plus fréquemment utilisé dans le cadre de travaux scolaires. Il est consacré à une idée énoncée, expliquée et illustrée. Pour rédiger un paragraphe simple, on énonce dès la première phrase l'idée qui sera développée. La suite du paragraphe est consacrée à la justification de cette idée par des explications et des exemples précis. Le paragraphe se termine par une phrase de clôture qui rappelle brièvement l'idée énoncée plus haut et, selon le contexte, agit comme transition vers le paragraphe suivant.

EXEMPLE

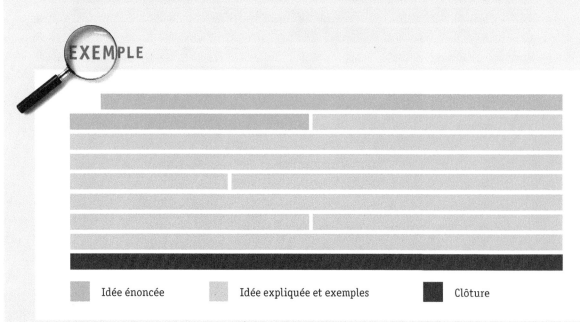

■ Idée énoncée   ■ Idée expliquée et exemples   ■ Clôture

Le paragraphe complexe

Le **paragraphe complexe** est plus long et plus élaboré que le paragraphe simple. Il n'est pas rare qu'il contienne 250 à 300 mots. C'est celui qu'on privilégie dans les longs travaux littéraires. Comme pour le paragraphe simple, il porte sur une idée principale, mais celle-ci est ensuite fractionnée en quelques idées secondaires. Pour rédiger le paragraphe complexe, on énonce dès la première phrase l'idée principale. On expose ensuite la première idée secondaire qui sera développée et appuyée par quelques exemples. Puis, on formule la deuxième idée secondaire, développée selon le même modèle que la première, et ainsi de suite jusqu'à la phrase de clôture. La clôture sert alors à rappeler l'idée principale et à créer une transition vers le paragraphe suivant.

EXEMPLE

Idée principale énoncée

Idée secondaire développée et exemples

Idée secondaire énoncée

Clôture et transition

12
LA DESCRIPTION

La **description** est, dans un texte narratif, un passage qui permet de visualiser un lieu ou un personnage. Il s'agit souvent d'un moyen de faire entrer le lecteur dans le récit en lui fournissant des détails plus ou moins nombreux qui lui permettront de se représenter ce qui est décrit. La description marque une **pause dans le récit,** dans la mesure où il n'y a aucune évolution chronologique.

Comme on le ferait en regardant une photographie, le narrateur énonce une série d'éléments qui apparaissent à son regard et qui constituent la description. Il rend compte de ce qu'il perçoit en suivant un **trajet dans l'espace,** ce qui permet de structurer son propos. Ainsi, on parcourra un lieu ou un personnage du général au particulier, de droite à gauche, de haut en bas, etc.

Il est également possible de **situer le narrateur** par rapport à ce qu'il décrit. Le point où il est situé influence la description puisque certains détails lui échappent. Par exemple, il peut décrire une pièce vue à travers une fenêtre ou un personnage alors qu'il regarde par le trou d'une serrure.

Puisque le temps semble se fixer, il n'y a pas vraiment d'organisateurs temporels dans la description. Par contre, les **organisateurs spatiaux** abondent. L'action n'évolue pas, donc les verbes d'action laissent leur place aux **verbes de perception ou d'état.** Souvent, c'est la capacité du narrateur à nous transporter ailleurs qui fait la qualité d'une description : il nous donne l'impression d'être face au personnage ou à l'intérieur d'un lieu. Pour cette raison, il y a souvent une profusion de détails qui trahissent des caractéristiques psychologiques des personnages.

EXEMPLE

description du général vers le détail

(1) La rue du Bourg, à Lausanne, (2) est une voie en pente située **(1) dans le quartier Saint-François, (1) en plein cœur de la ville. (1) Dans le milieu** de cette artère animée, Adolphe Ramono possédait un local ténébreux **(1) au fond** d'un couloir sur les murs décrépis duquel s'étageaient des boîtes aux lettres déglinguées. Une ampoule nue, à la lumière assombrie par des chiures de mouches, éclairait minablement l'étroit corridor mal entretenu. On **(3) sentait** que cette survivance de masure vivait ses derniers jours dans un endroit **(1) où** proliféraient les commerces de luxe.

(4) Lorsqu'on atteignait l'extrémité de l'entrée, on **(3) trouvait, (1) sur la droite,** l'escalier accédant aux étages et, **(1) sur la gauche,** un seuil de trois marches branlantes devant une porte peinte en brun excrémentiel.

(4) Un panneau blanc accrochait le regard. On y lisait, écrit en caractères en relief que la colle trop ancienne trahissait:

L   s   Frères de l   Vé   ité
Éd   tions Religieuses

Le timbre blanc d'une sonnette **(4) dont on suivait le fil le long du chambranle, (2) était surmonté** d'un autre avis, rédigé à la main celui-là: *Sonnez et entrez*[6].

(1) Organisateur spatial   **(3) Verbe de perception**

(2) Verbe d'état   **(4) Trajet dans l'espace**

---

6. SAN-ANTONIO, *La Vieille qui marchait dans la mer,* Paris, Fleuve noir, coll. « Presses pocket », n° 3357, 1988, p. 89.

EXEMPLE

Les yeux un peu mouillés et les cils qui battent la chamade, Blanche Beaulieu implore :

— Vous allez me le retrouver n'est-ce pas?

— Je ferai tout ce que je peux, madame Beaulieu, je vous le promets, répond-il en fixant les mains nerveuses de sa cliente.

arrêt dans la chronologie

description détaillée des mains

De vieilles mains parsemées de taches de rousseur. Les marques indélébiles de la vieillesse. Des mains rouillées pour avoir lavé trop de vaisselle, trop de linge. Des mains fatiguées d'avoir trop travaillé. Des mains pour y pleurer, des mains pour caresser. De vieilles mains. Gilbert **③** l'**examine** avec attendrissement. Blanche pourrait être sa mère.

rêverie du narrateur

La vieillesse **②** **est** à la fois pénible et belle à regarder. La vieillesse, une drôle de compagne, qui a un œil sur nous dès le berceau. Blanche avait certainement déjà été jeune et jolie. C'était hier et ça ne se voit plus. Elle avait un regard perçant et une mémoire étonnante sûrement, alors que maintenant, elle ne distinguerait même pas un parapluie d'une horloge à dix mètres.

Blanche Beaulieu **②** **est** **①** **là devant lui** comme un miroir qui lui dit qu'il **②** **sera** vieux un jour. Et tout à coup, Gilbert n'a plus du tout envie de rire de son fard à joue appliqué maladroitement ou de son parfum d'un autre temps. Gilbert Millaire n'a plus du tout envie de rire d'elle. C'est trop facile de rire des vieux. Blanche **③** **paraît** si démunie, si fragile. Un coup de vent et puis plus rien...

reprise de la chronologie

— Et c'est combien? demande-t-elle d'une voix soudainement forte qui tire Gilbert de sa rêverie. Quel est votre tarif[7]?

① Organisateur spatial   **②** Verbe d'état   **③** Verbe de perception

---

7. Robert SOULIÈRES, *Casse-tête chinois*, Montréal, Pierre Tisseyre, coll. « Conquêtes », 1985, p. 33-34.

13
L'EXPLICATION

Dans un texte, l'**explication** répond à des questions implicites en présentant des informations qui facilitent la compréhension. Elle sert à rendre intelligible quelque chose qui ne l'est pas au premier abord ou à clarifier une notion complexe. L'explication crée donc une relation étroite entre le locuteur et le lecteur. Le premier, par ses connaissances, joue le rôle d'un instructeur, alors que le second est dans la position d'un élève à qui l'on apprend quelque chose.

L'explication est le plus souvent **objective et neutre**, ce qui permet d'expliciter les sous-entendus existant dans une situation ou dans un texte. Elle ne fait pas que présenter une série d'informations : elle développe une réponse en faisant la lumière sur un problème. L'utilisation du **présent de l'indicatif** révèle la valeur actuelle du propos et lui donne un caractère général de vérité. En ce sens, les marques de l'énonciation s'effacent pour lui donner plus d'objectivité.

Du point de vue de la syntaxe, on privilégie les **phrases subordonnées** qui mettent en relief les explications et les **phrases juxtaposées** qui marquent les étapes de la démonstration. Dans un même ordre d'idées, les **signes d'encadrement et d'introduction** ponctuent l'explication en permettant d'apporter des précisions ou d'introduire un exemple.

Dans une explication, la **précision du vocabulaire** est fondamentale, car elle permet au locuteur de donner une valeur à son propos. Il importe alors de maitriser le lexique propre à la discipline à laquelle appartient le sujet du texte. L'explication utilise, par ailleurs, beaucoup d'**organisateurs logiques** qui expriment les liens entre les faits et facilitent l'insertion de preuves.

EXEMPLE

Dans le cas actuel, — et, **en somme**, dans tous les cas d'écriture secrète, — la première question à vider, c'**est** la *langue* du chiffre ③ ; **car** les principes de solution, ① **particulièrement quand** ② **il s'agit des chiffres les plus simples**, **dépendent** du génie de chaque idiome ③ , et **peuvent** en être modifiés. En général, ② **il** n'y **a** pas d'autre moyen que d'essayer successivement, en se dirigeant suivant les probabilités, toutes les langues ① **qui vous sont connues jusqu'à ce que vous ayez trouvé la bonne. Mais** ① **dans le chiffre qui nous** occupe, toute difficulté à **cet égard** était résolue par la signature. Le **rébus** sur le mot *Kidd* n'**est** possible que dans la langue anglaise. **Sans cette circonstance**, j'aurais commencé mes essais par l'espagnol et le français, comme étant les langues ① **dans lesquelles un pirate des mers espagnoles avait dû le plus naturellement enfermer un secret de cette nature. Mais,** dans le cas actuel, je présumerai ① **que le** cryptogramme **était anglais**[8].

Encadrement	① **Phrase subordonnée**
Organisateur logique	② **Pronom impersonnel**
Présent de l'indicatif	③ **Juxtaposition**
Vocabulaire précis	

---

8. Edgar Allan POE, « Le Scarabée d'or », dans *Histoires extraordinaires,* trad. Charles Baudelaire, Paris, Gallimard, coll. « Folio classique », n° 310, 1973, p. 149-150.

14
L'INSERTION DE CITATIONS

La **citation** est un emprunt au texte d'un auteur. Elle sert presque toujours à appuyer l'argumentation en jouant le rôle de preuve ou d'exemple. Il en existe deux types: les citations textuelles et les citations d'idée. Pour éviter toute ambiguïté qui pourrait laisser supposer un plagiat, chaque citation est accompagnée d'une note qui précise sa référence.

La citation textuelle

La **citation textuelle** est un passage reproduit sans apporter de modification à l'énoncé de l'auteur. Elle est toujours encadrée par des guillemets. S'il s'agit d'un passage de moins de cinq lignes, on parlera de **citation courte**. Celle-ci peut reproduire une phrase complète ou une partie de phrase. Si on cite **une phrase complète**, il importe de l'introduire dans son texte par une phrase indépendante qui se terminera par un deux-points.

 EXEMPLE

phrase indépendante qui introduit la citation   citation qui est une phrase complète

Peter Høeg décrit d'emblée son enquêtrice comme une rebelle: « Entre ma septième année, âge de mon premier séjour au Danemark, et ma treizième année, âge auquel je me suis résignée, j'ai fait plus de fugues que ma mémoire peut se le rappeler[9]. »

S'il s'agit d'**une partie de phrase**, on veillera alors à l'incorporer à l'intérieur d'une phrase indépendante où seuls les passages cités seront entre guillemets, sans utiliser le deux-points.

 EXEMPLE

phrase indépendante qui incorpore la citation

citation qui n'est pas une phrase complète

Yambo mène une enquête systématique « avec la méthode d'un historien[10] » qui lui permet de fouiller dans ses souvenirs d'enfance.

---

9. Peter HØEG, *Smilla et l'amour de la neige,* trad. de Alain Gnaedig et de Martine Selvadjian, Paris, Seuil, 1995, p. 70.

10. Umberto ECO, *La Mystérieuse flamme de la reine Ioana,* Paris, Grasset, 2005, p. 195.

Si, par contre, le passage cité dépasse cinq lignes, on parlera de **citation longue**. On doit alors clairement différencier la citation de son propre texte en la plaçant en retrait, à gauche et à droite, à simple interligne. Puisque les retraits indiquent qu'il s'agit d'une citation, il est superflu d'ajouter des guillemets. Toutefois, cette longue citation doit être introduite par une phrase indépendante qui se termine par un deux-points.

EXEMPLE

phrase indépendante qui introduit la citation

La description de l'inspecteur s'oppose aux clichés du genre policier. En effet, Lemaître a peu à voir avec les brutes:

longue citation en retrait à gauche et à droite, à simple interligne

> Que le lieutenant Lemaître doive sa vie à la littérature signifie-t-il qu'il doit en être ainsi de tous les hommes? C'est qu'il est des remèdes qu'on voudrait voir s'étendre sur toute l'humanité. La dévotion littéraire du lieutenant Lemaître est née d'un miracle, qui eut lieu trente-deux ans plus tôt. Toute sa tendre enfance, il a souffert d'un asthme des plus sévères, et n'a connu du monde que ce qu'il en voyait depuis le lit de sa chambre. Le jour de ses dix-huit ans, sa grand-mère Ursula a déposé à son chevet un paquet qui a libéré, une fois le nœud de raphia défait, un vaste roman de huit tomes dont le seul titre a provoqué dans ses bronches comme une entrée d'air: *À la recherche du temps perdu*[11].

Il existe quelques **cas particuliers** lorsqu'on cite textuellement. Il peut arriver que l'on doive citer **un passage en vers**, un poème par exemple. Si le passage cité est court, on sépare chaque vers par une barre oblique, mais s'il est plus long, il est préférable de placer l'extrait en retrait.

EXEMPLES

phrase indépendante qui introduit la citation   vers séparés par des barres obliques

Chez Verlaine, les yeux deviennent des espions: « Dans nos têtes nos yeux rapides avec ordre / Veillent, fins espions, et derrière nos fronts / Notre cervelle pense[12] ».

---

11. Fabien MÉNAR, *Le Musée des introuvables,* Montréal, Québec Amérique, coll. « Littérature d'Amérique », 2005, p. 56.

12. Paul VERLAINE, « Les Vaincus », dans *Jadis et naguère*, 1884.

phrase indépendante qui introduit la citation

Le poème de Verhaeren débute par un quatrain qui semble inachevé, malgré qu'il se poursuive, en quelque sorte, dans le monostiche utilisé comme refrain pendant tout le poème:

> Avec les doigts de ma torture
> Gratteurs de mauvaise écriture,
> Maniaque inspecteur de maux,
> J'écris encor des mots, des mots...
>
> Quant à mon âme, elle est partie[13].

Citer un extrait d'une **pièce de théâtre** peut également poser problème à cause des différentes répliques. Comme pour marquer les vers, un changement de réplique est donc signalé par une barre oblique si l'extrait est court.

EXEMPLE

phrase indépendante qui introduit la citation

Le personnage de la pièce ne porte pas de nom, malgré l'insistance de l'inspecteur à

répliques séparées par des barres obliques

le connaitre: « L'inspecteur: Ton nom. / Lui: Ça, oubliez ça, vous l'saurez pas[14]. »

---

13. Émile VERHAEREN, « Un soir », dans *Les bords de la route*, 1895.

14. René-Daniel DUBOIS, *Being at home with Claude*, Montréal, Leméac, coll. « Théâtre », n° 150, 1986, p. 18.

Bien qu'une citation doive toujours être une transcription exacte du passage, il est parfois nécessaire d'y apporter des modifications. Le plus souvent, on abrège une citation inutilement longue ou on ajoute des précisions nécessaires à la bonne compréhension du passage. Chaque modification est clairement encadrée par des crochets.

EXEMPLE

Texte original

Nous passâmes une excellente soirée, bien que j'eusse commis l'erreur de conduire Poirot à un film policier. Un conseil à mes lecteurs: n'emmenez jamais un soldat voir une pièce militaire, un marin une pièce navale, un Écossais une pièce écossaise, un détective une pièce policière... et un acteur quelque pièce que ce soit! L'avalanche de leurs critiques vous dégoûtera du spectacle. Poirot découvrit mille faiblesses dans la psychologie du film et le manque de méthode et d'ordre du détective faillit le rendre fou[15].

Citation tronquée et modifiée

Nous passâmes une excellente soirée, bien que j'eusse commis l'erreur de conduire

précision qui favorise la compréhension   *passage tronqué*

[Hercule] Poirot à un film policier. [...] L'avalanche de [ses] critiques [me] dégoût[a]

modification de la citation à cause de la coupe

du spectacle. Poirot découvrit mille faiblesses dans la psychologie du film et le

manque de méthode et d'ordre du détective faillit le rendre fou.

La citation d'idée

La **citation d'idée,** aussi appelée paraphrase, consiste à reformuler dans ses propres mots un passage emprunté à un autre auteur. Souvent, une citation d'idée sert à éviter de reproduire un long passage. La plupart du temps, un résumé suffit pour appuyer le propos. Puisqu'il ne s'agit pas d'une reproduction fidèle d'un extrait, les guillemets ne sont pas nécessaires, mais il faut néanmoins indiquer la source.

EXEMPLE

passage reformulé et abrégé

Christopher Boone admire Sherlock Holmes, mais il dédaigne sir Arthur Conan Doyle, car celui-ci, contrairement au personnage, croyait qu'il était possible de communiquer avec l'au-delà[16]. Cette anecdote met en relief l'importance qu'accorde le jeune Boone à la logique et aux preuves dans la façon dont il mène l'enquête, et ce, malgré son trouble mental.

---

15. Agatha CHRISTIE, *Témoin muet,* trad. de Louis Postif, Paris, Librairie des Champs-Élysées, coll. « Club des masques », n° 54, 1950, p. 235.

16. Mark HADDON, *Le Bizarre incident du chien pendant la nuit,* trad. de Odile Demange, Paris, Nil éditions, 2004, p. 127.

15
L'ARGUMENTATION

L'**argumentation** sert à convaincre à l'aide d'idées souvent appuyées par des exemples. Elle est efficace lorsqu'elle repose sur le raisonnement et sur la démonstration. Les textes dans lesquels on propose une opinion ou une critique sont des textes argumentatifs, tout comme le sont les dissertations et maints travaux scolaires.

Dans la majorité des textes argumentatifs, le ton peut être **subjectif**, mais ce n'est pas toujours la meilleure façon de convaincre. En effet, faire preuve d'**objectivité** peut faciliter l'adhésion du lecteur aux idées défendues et donner l'illusion d'une vérité générale qui évite les emportements émotifs. L'auteur privilégie le **présent de l'indicatif**, qui sert bien la présentation des idées et des exemples. Il pourrait également être utile d'employer l'**impératif** pour forcer le lecteur à adhérer au propos ou, d'une manière plus nuancée, le **conditionnel** et le **subjonctif** pour mettre en relief la réflexion.

Une solide argumentation met à profit toutes les ressources syntaxiques. Les **phrases simples** permettent, par exemple, de mettre en évidence les idées énoncées et de clarifier la structure de la démonstration. Les arguments peuvent s'accumuler à l'aide de **phrases coordonnées ou juxtaposées**, donnant une impression de profusion de preuves. Mais encore, des **phrases plus complexes** soulignent la qualité du raisonnement et le travail subtil de l'argumentation. Ces phrases sont ponctuées à l'aide de **signes d'encadrement et d'introduction** et, pour créer un effet rhétorique dont il ne faut pas abuser, de quelques points d'exclamation ou d'interrogation.

Le vocabulaire d'un texte argumentatif est **précis** pour montrer que l'auteur maitrise le sujet. Les idées sont parfois énoncées en utilisant un **vocabulaire plus abstrait**, alors que les exemples mettent à profit un **langage plus concret**. Pour convaincre, il est souvent utile d'avoir recours au **vocabulaire mélioratif ou péjoratif**, qui permet de présenter des faits selon le point de vue de l'auteur. Le recours aux **organisateurs logiques** est évidemment essentiel et les rapports entre les différents arguments ont avantage à être explicites pour guider le lecteur à travers le raisonnement et lui permettre de partager la démarche de l'auteur.

Du point de vue de la structure, le développement d'un texte argumentatif gagne à respecter le plan du **paragraphe simple** ou du **paragraphe complexe**. Leur composition est établie de manière à faciliter l'exposition des arguments et leur justification.

EXEMPLE

citation qui appuie le propos

« Les gens nient la réalité. Ils combattent des sentiments réels causés par des circonstances réelles. Ils se bâtissent tout un monde de "aurait, devrait, aurait pu". Les changements réels commencent avec l'évaluation et l'acceptation de ce qui est. C'est ensuite que l'action réaliste est possible. »

Ces mots sont de David Reynolds, un Américain ① qui expose ainsi la psychothérapie japonaise de Morita. Il évoque là le comportement personnel, mais ses commentaires sont également applicables au comportement économique des nations.

Tôt ou tard, les États-Unis devront bien reconnaître ① que le Japon est devenu la principale puissance industrielle du monde. Ce sont les Japonais ① qui ont l'espérance de vie la plus longue. C'est au Japon ① qu'il y a la meilleure situation de l'emploi, le taux d'alphabétisation le plus élevé, le plus petit écart entre riches et pauvres. ② Leurs produits manufacturés sont de la meilleure qualité. ② Leurs produits alimentaires sont les meilleurs. La vérité, c'est ① qu'un pays de la taille de l'État du Montana, et avec une population deux fois moins importante que celle des États-Unis, aura bientôt une économie égale à la nôtre.

Mais ② ils n'ont pas remporté un tel succès en utilisant nos méthodes à nous. Le Japon n'est pas un pays industriel occidental ③ ; son organisation est toute différente. Les Japonais ont inventé une nouvelle manière de commercer ④ : le commerce comme une confrontation, comme une guerre, le commerce mené dans le but de balayer la concurrence. Et cela fait plusieurs dizaines d'années ① que les États-Unis refusent de l'admettre. Les États-Unis demandent inlassablement au Japon d'adopter nos méthodes. Mais plus le temps passe, et plus le Japon demande ① pourquoi il devrait changer. Pourquoi, en effet, puisqu'il réussit mieux[17] ?

Encadrement	**Vocabulaire précis**	① **Phrase subordonnée**
Présent de l'indicatif	**Vocabulaire abstrait**	② **Phrase simple**
Organisateur logique	**Vocabulaire mélioratif**	③ **Juxtaposition**
Interrogation	**Vocabulaire péjoratif**	④ **Introduction**

17. Michael CRICHTON, *Soleil levant*, trad. de Bernard Ferry, Paris, Robert Laffont, coll. « BS », 1993, p. 355.

LE COMPTE RENDU DE LECTURE

Le **compte rendu de lecture** est une présentation générale d'un texte dont l'objectif est de montrer qu'il a été lu et compris. Contrairement au résumé, il ne nécessite pas de reprendre les faits dans le même ordre, mais plutôt de les regrouper de manière à les expliquer au lecteur. Habituellement, la structure du compte rendu est organisée de manière à répondre aux six questions « qui ? », « quoi ? », « où ? », « quand ? », « comment ? » et « pourquoi ? ».

1. Pour rédiger un compte rendu de lecture, on commence par faire une lecture attentive du texte afin d'en prendre connaissance. On note dans le texte les informations qui relèvent des six questions, ce qui facilitera le repérage au moment de préparer le plan.

2. Une fois le texte lu et compris, on regroupe les informations pour répondre aux six questions. Si le compte rendu de lecture porte sur un très long texte, comme un roman, on se limitera aux éléments absolument essentiels.

    QUI ? Qui sont les personnages principaux, les acteurs en jeu ?

    QUOI ? Que font les personnages, quel est leur objectif ? **Quelles** sont les grandes étapes du récit ?

    OÙ ? Où l'action se déroule-t-elle ? Y a-t-il des déplacements importants ?

    QUAND ? Quand l'action se situe-t-elle ? **Combien** de temps dure-t-elle ?

    COMMENT ? Comment les personnages s'y prennent-ils pour atteindre leur but ?

    Quels sont les moyens mis en œuvre pour atteindre un objectif ?

    POURQUOI ? Pourquoi ont-ils un but à atteindre ? **Quelle** est leur motivation ?

3. On prépare un plan où chacune des six questions fait l'objet d'un paragraphe.

4. On rédige le compte rendu de lecture en prenant soin d'expliquer au lecteur les éléments clés du texte tout en conservant un ton objectif. Il n'est pas question de faire une critique. Selon l'importance de chacune des parties, les paragraphes qui y sont consacrés n'ont pas à avoir une longueur égale : certains peuvent être plus longs, d'autres plus courts. Quand le compte rendu est imposé, on prend soin de respecter la consigne, particulièrement à l'égard du nombre de mots. Une convention du compte rendu veut qu'on inscrive la notice bibliographique du texte avant d'écrire.

EXEMPLE

Notice bibliographique　　Qui?　　Où?　　Comment?

Quoi?　　Quand?　　Pourquoi?

17
LE RÉSUMÉ

Le **résumé** est un texte qui reprend le contenu d'un autre texte en le raccourcissant. Puisqu'il se limite aux éléments indispensables, l'écriture d'un résumé sert à montrer que le propos du texte de départ est compris.

1. Pour faire un bon résumé, on commence par lire le texte de manière à en avoir une compréhension générale. On note au passage les mots-clés, les idées qui structurent le texte (souvent situées au début des paragraphes) et les organisateurs logiques qui permettent de saisir la progression de la pensée de l'auteur.

2. On formule l'idée directrice du texte en résumant l'ensemble en une phrase.

3. Une fois le texte compris tant du point de vue du propos que de celui de la structure, on rédige un plan en se limitant aux idées indispensables, sans tenir compte des éléments secondaires ou des exemples.

4. On rédige enfin le résumé sous la forme d'un texte suivi qui respecte le ton et l'ordre des idées de l'auteur en se limitant aux éléments retenus pour le plan. Souvent, une longueur est imposée dans un cadre scolaire, il faut donc en tenir compte. Il est aussi pertinent, dans la première phrase du résumé, de préciser le nom de l'auteur et le titre du texte qui fait l'objet du travail.

TROUSSE 18
LE SCHÉMA ACTANTIEL

Un récit ou un texte dramatique peut être analysé à partir d'un **schéma actantiel.** Ce schéma repose sur l'identification des éléments, appelés *actants*, qui ont une influence sur l'action. Ces actants peuvent être des personnages, mais aussi des éléments de toutes natures (objet, climat, émotion, etc.). Il existe six types d'actants et chacun remplit une fonction liée à un objectif, appelé *objet*.

 EXEMPLE

DESTINATEUR
Il s'agit de ce qui motive la quête de l'objet, ce qui lance l'histoire vers l'objectif.

DESTINATAIRE
Il s'agit de celui à qui (ou de ce à quoi) profite l'objet de l'histoire.

OBJET
Il s'agit de ce vers quoi l'histoire est orientée, de l'objectif à atteindre par le sujet, de la quête. Il n'est pas nécessaire que l'objet soit atteint ou concrétisé à l'intérieur de l'histoire.

SUJET
C'est ce qui tend vers l'objet, soit le héros ou l'héroïne. Il est à noter que le sujet peut être bon ou méchant.

ADJUVANTS
C'est ce qui aide le sujet dans l'atteinte de l'objet.

OPPOSANTS
Ce sont les obstacles qui nuisent au sujet dans l'atteinte de l'objet.

19
LE SCHÉMA NARRATIF
ET LE SCHÉMA DRAMATIQUE

Lorsqu'une œuvre raconte une histoire, il est possible de la découper en étapes. C'est ce qui s'appelle schématiser une histoire et cela peut se faire en présence de genres narratifs ou dramatiques. Le schéma qui en résulte permet d'avoir une vue d'ensemble et aussi de distinguer les moments clés de la progression vers la fin. Dans la schématisation d'un récit, on parlera de **schéma narratif**, alors qu'au théâtre, on parle de **schéma dramatique**. Il existe de petites nuances dans la dénomination des étapes entre le schéma narratif et le schéma dramatique, mais l'essentiel demeure le même dans les deux cas.

EXEMPLE

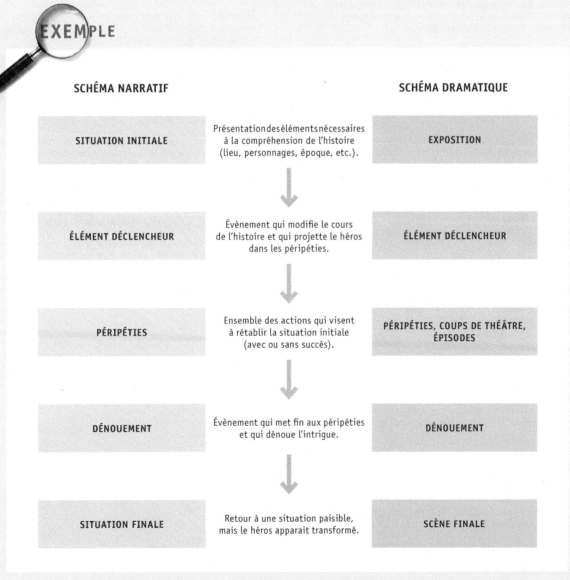

SCHÉMA NARRATIF		SCHÉMA DRAMATIQUE
SITUATION INITIALE	Présentation des éléments nécessaires à la compréhension de l'histoire (lieu, personnages, époque, etc.).	EXPOSITION
ÉLÉMENT DÉCLENCHEUR	Évènement qui modifie le cours de l'histoire et qui projette le héros dans les péripéties.	ÉLÉMENT DÉCLENCHEUR
PÉRIPÉTIES	Ensemble des actions qui visent à rétablir la situation initiale (avec ou sans succès).	PÉRIPÉTIES, COUPS DE THÉÂTRE, ÉPISODES
DÉNOUEMENT	Évènement qui met fin aux péripéties et qui dénoue l'intrigue.	DÉNOUEMENT
SITUATION FINALE	Retour à une situation paisible, mais le héros apparait transformé.	SCÈNE FINALE

Bibliographie

« Mission impossible » dans *Wikipédia : L'encyclopédie libre*, [en ligne], http://fr.wikipedia.org/wiki/Mission_:_Impossible (page consultée le 29 octobre 2007).

« Schéma actantiel » dans *Wikipédia : L'encyclopédie libre*, [en ligne], http://fr.wikipedia.org/wiki/Schéma_actantiel (page consultée le 31 octobre 2007).

AMON, Évelyne, et Yves BOMATI. *Méthodes et pratiques du français au lycée*, Paris, Magnard, coll. « Amon-Bomati », 2000, 384 p.

BESCHERELLE, *L'Art de conjuguer. Dictionnaire de 12 000 verbes*, éd. révisée par Chantal Contant, linguiste, avec la collab. de Noëlle Guilloton, term. a. Montréal, Hurtubise HMH, coll. « Bescherelle », 2006, 264 p.

BOIVIN, Marie-Claude, Reine PINSONNEAULT et Marie-Élaine PHILIPPE. *Bien écrire : la grammaire revue au fil des textes littéraires*, Laval, Beauchemin, 2003, 263 p.

CCDMD. *Amélioration du français*, [en ligne], http://www.ccdmd.qc.ca/fr (page consultée le 20 mars 2008).

Centre de communication écrite, Université de Montréal. « Correcteurs orthographiques et grammaticaux : une aide, oui, mais... », [en ligne], http://www.cce.umontreal.ca/auto/correcteurs.htm (page consultée le 24 novembre 2007).

CHARTRAND, Suzanne-G., et autres. *Grammaire pédagogique du français d'aujourd'hui*, Boucherville, Graficor, 1999, 397 p.

CLÉMENT, Gaëtan. « Fiche d'autocorrection : Orthographe d'usage », [en ligne], http://www.ccdmd.qc.ca/fr/documents_theoriques/?id=14 (page consultée le 3 février 2008).

FORTIER, Dominique, et Suzanne BEAUCHEMIN. *Parce que : un guide d'autocorrection du français écrit*, Anjou, Éditions CEC, 2005, 152 p.

GAGNON, Anne, Carl PERRAULT et Huguette MAISONNEUVE. *Guide des procédés d'écriture*, Saint-Laurent, Éditions du Renouveau Pédagogique Inc., 2007, 108 p.

GICQUEL, Bernard. *L'Explication de textes et la dissertation*, Paris, Presses universitaires de France, coll. « Que sais-je ? », n° 1 805, 1979, 128 p.

IZAUTE, Frédérique, et Julie ROBERGE. *Sans fautes. Cahier de grammaire. Notions, exercices*, Anjou, Éditions CEC, coll. « Tout pour écrire », 2006, 234 p.

LECAVALIER, Jacques. *L'express grammatical. Révision et correction de textes*, avec la collaboration de Josée Bonneville, Saint-Laurent, Éditions du Renouveau Pédagogique Inc., 2006, 111 p.

MALO, Marie. *Guide de la communication écrite au cégep, à l'université et en entreprise*, Montréal, Québec Amérique, 1996, 322 p.

OFFICE QUÉBÉCOIS DE LA LANGUE FRANÇAISE. *Le Grand Dictionnaire terminologique*, [en ligne], http://www.granddictionnaire.com (page consultée le 29 octobre 2007).

PILOTE, Carole. *Guide littéraire : analyse, plan, rédaction, procédés, courants, genres*, 2e édition, Montréal, Beauchemin, 2007, 144 p.

PRÉFONTAINE, Clémence, et Gilles FORTIER. *Guide pédagogique : Mon portfolio : Apprentissage en écriture au secondaire (1re à 5e année)*, Montréal, Éditions de la Chenelière, 2005, 86 p.

PRÉFONTAINE, Clémence, et Gilles FORTIER. *Mon portfolio : Apprentissage en écriture au secondaire (1re à 5e année)*, Montréal, Éditions de la Chenelière, 2004, pagination multiple.

RENOUVO. *Le Millepatte sur un nénufar. Vadémécum de l'orthographe recommandée*, s.l., Réseau pour la nouvelle orthographe du français, 2005, 38 p.

ROBERT, Paul (dir.). *Le Nouveau Petit Robert 2006 : Dictionnaire alphabétique et analogique de la langue française*, texte remanié et amplifié sous la direction de Josette Rey-Debove et Alain Rey, nouvelle édition du Petit Robert, Paris, Dictionnaires Le Robert, 2005, 2 952 p.

ROBERT, Paul (dir.). *Le Petit Robert des noms propres 2007 : Dictionnaire illustré*, rédaction dirigée par Alain Rey, nouvelle édition, Paris, Dictionnaires Le Robert, 2006, 2 527 p.

SABBAH, Hélène (dir.). *Littérature : Textes et méthode*, Montréal, Hurtubise HMH, 1996, 448 p.

ST-PIERRE, Martine, et le Collectif de la formation générale du Collège Ahuntsic. *Le Petit Rédac*, Montréal, Éditions Saint-Martin / Collège Ahuntsic, 2007, 84 p.

TRUDEAU, Sophie. *Le Crayon rouge 2 : Activités pour apprendre à corriger l'orthographe, la construction des phrases et la ponctuation*, Saint-Laurent, Éditions du Renouveau Pédagogique Inc., 2005, 136 p.

VILLERS, Marie-Éva de. *La Nouvelle Grammaire en tableaux*, avec la collaboration de Annie Desnoyers, Montréal, Éditions Québec Amérique, coll. « Langue et culture », 2003, 313 p.

VILLERS, Marie-Éva de. *Multidictionnaire de la langue française*, 4e éd., Montréal, Éditions Québec Amérique, coll. « Langue et culture », 2003, 1 542 p.

Index